Beck'scheReihe

BsR 1264

W0105054

Dieses Buch versammelt Auszüge aus Tagebüchern von Frauen und dokumentiert die Erfahrungen der Zeit des Nationalsozialismus in vielfältiger Weise: Es sind die Stimmen der Opfer, der Frauen im Widerstand, auf der Flucht, in Lagern; es sind aber auch Stimmen der Mitläuferinnen, der jungen hoffnungsfrohen Schülerinnen, der Töchter von erklärten Parteigängern, der Gesellschaftsreporterin oder der Wehrmachtshelferin. Das Buch zeigt die Verblendungen, Hoffnungen und Enttäuschungen, die Verzweiflung und die Reaktionsmuster angesichts des Untergangs vieler Fronten. Lebensentwürfe werden zerstört und Gedanken dem Tagebuch anvertraut, die die Schreiberin keiner Menschenseele gesagt hätte: eine Dokumentation authentischer Lebenserfahrung.

Barbara Bronnen lebt als freie Schriftstellerin in München. Zuletzt erschienen ihr Roman „Leas siebter Brief", 1998 und „Meine Toskana Eine Liebeserklärung", 1995. Sie schrieb u.a. die Romane „Dschungelträume", „Liebe um Liebe", „Die Überzählige" und „Die Tochter". In der Beck'schen Reihe gab sie u.a. heraus: Eifersucht. Ein literarisches Lesebuch (BsR 1090); Lauter Seitensprünge. Ein literarisches Lesebuch (BsR 1173).

Geschichten vom Überleben

Frauentagebücher aus der NS-Zeit

Herausgegeben von
Barbara Bronnen

VERLAG C. H. BECK

Meiner Mutter gewidmet,
die diese Zeiten erlebt hat.

Die Deutsche Bibliothek – CIP Einheitsaufnahme

Geschichten vom Überleben: Frauentagebücher aus der
NS-Zeit / hrsg. von Barbara Bronnen. – Orig.-Ausg. –
München : Beck, 1998

   (Beck'sche Reihe ; 1264)
   ISBN 3 406 42064 8

Originalausgabe
ISBN 3 406 42064 8

Umschlagentwurf: Uwe Göbel, München
Umschlagabbildung: Robert Capa, Bürgerkriegsflüchtlinge,
Sizilien 1943 © Magnum, Paris 1943
© C. H. Beck'sche Verlagsbuchhandlung (Oscar Beck), München 1998
Gesamtherstellung: C. H. Beck'sche Buchdruckerei, Nördlingen
Gedruckt auf säurefreiem, alterungsbeständigem Papier
(hergestellt aus chlorfrei gebleichtem Zellstoff)
Printed in Germany

Inhalt

Vorwort

In einer Zeit, die Mitgerissenheit der Massen propagierte, die von Zwangsritualen nur so strotzte und die an Stelle von Reflexion und Unbefangenheit nichts als Abwehrfloskeln und militärische Durchhalteparolen anbot, haben sie „Ich" gesagt. Sie haben sich nicht von der banalen Alltagsroutine, der Gegenseite der Ungeheuerlichkeit nationalsozialistischer Greueltaten, oder von am eigenen Leib erlebtem Schrecken einbinden lassen, sondern sich hingesetzt, Feder und Papier genommen und nachgedacht. Sie haben nicht der allgemeinen Verdrängungshaltung nachgegeben, sondern ihre Gefühlswelt in ihren Tagebüchern bewahrt, haben Scham und Schuld und Leid nicht abgewehrt, sondern ausgehalten und formuliert.

Diese Generation hat den Krieg am eigenen Leib erlebt, den Abschied vom Mann, seinen Tod. Sie sind ins KZ gekommen, gingen in die Emigration, arbeiteten als Wehrmachtshelferin und Rot-Kreuz-Schwester, blieben in den Städten, litten Hunger, erkämpften Nahrung für ihre Familien, suchten Verbindung zum Widerstand, wurden verfolgt, schlüpften unter, lebten im Versteck. Und manche führten ihr Tagebuch mit sich.

„Man muß mit sich selbst leben, als lebte man mit einem ganzen Volk von Menschen", schreibt die niederländische Studentin Etty Hillesum, die 1943, neunundzwanzigjährig, in Auschwitz starb. „Und an sich selbst lernt man dann alle guten und bösen Eigenschaften der Menschen kennen. Und man muß zuerst sich selbst die eigenen schlechten Eigenschaften vergeben, wenn man den anderen vergeben will". Nicht alle haben sich das Ziel so hochgesteckt, doch alle zogen sie gegen den Haß und die Vernichtung auf ihre Weise zu Felde. Die Tagebücher begleiteten ihre schmerzlichen Verluste, ihr Schicksal, ihre Verwicklungen und Ächtungen. In ihren Tagebüchern lesen wir von Angst und von Tod, vom Sterben, von Schmerzen, Hunger, Leid, vom Abschiednehmen, von Erbitterung, Haß und Wut.

Tagebücher, die Fragen stellen – um Leben und Tod. Versuche, das Gute und Böse im Menschen zu akzeptieren. Wir erfahren, was Grauen sein kann, Verzweiflung, das Schwanken zwischen Furcht und Hoffnung. Diese Schatten um noch junge Frauen, denen man alles nahm, die den Zusammenbruch ihrer gesamten Existenz erfuhren. „Sie haben meine Seele verbrannt", schreibt die Berliner Ärztin Hertha Nathorff, der man die Approbation entzog und die Deutschland verlassen mußte, „mein Leben zerstört, meine Jugend, meinen Frohsinn, mein ganzes Ich ausgelöscht wie der Sturm ein brennendes Licht ..."

Eine Frauengeneration hat ihre Tagebücher geöffnet und ist bereit, uns Einblick nehmen zu lassen. Ihre Tagebücher aus dem Krieg erzählen auch von einem anderen, geheimen Leben, halten Gedanken fest, die man sonst nicht ausspricht, Lebensentwürfe, die gebrochen werden, Proteste, Widerstand, Revolte. Tagebücher, in einer Zeit geschrieben, da das Aufschreiben ketzerischer Gedanken eine lebensgefährliche Aktion ist. Faszinierend genaue, manchmal sarkastische und witzige Episoden aus dem Kriegsalltag wechseln ab mit Episoden über Freiheit, Liebe, Verantwortung, Aufrichtigkeit.

Geschichte von unten geschrieben. Aus der Sicht der gelernten Damenschneiderin, zur Wehrmachtshelferin einberufen, oder der Schülerin mit dem nationalsozialistischen Weltbild, die mit jugendlichem Pathos einen Brief an Himmler schreibt, um ihren Vater zu retten.

Geschichte als Chronik, ohne Pathos oder Heroisierung, festgehalten in den Äußerungen des Mannes auf der Straße, in Redewendungen, die „Volksmeinung", in kleinen Begebenheiten. Selbstbehauptung, Kritisches und Sarkastisches über die Männerwelt, geisterhafte Banketts politisch einflußreicher Zirkel, Teegesellschaften und Wohltätigkeitsbälle, Musikabende und vertrauliche Frühstücksrunden: die Ullstein-Kolumnistin Bella Fromm, als Gesellschaftsreporterin immer mittendrin, 1928 aus „rassischen Gründen" zwangsentlassen, hält in scharfsinnigen Aufzeichnungen fest, daß sie sich angesichts völkischer Begeisterung wie ein „Fremdling in meinem Vaterland" fühlt: „Es ist schrecklich zu hassen, wo man geliebt hat, zu verdammen, wo man früher zustimmen konnte."

Ja, eine Welt ging unter. Die Frauen sehen nicht nur genau zu bei diesen maß- und geschmacklosen Darbietungen, sie handeln. Nicht durch Reflexion allein, sondern durch intensive Beschäftigung mit den politischen Verhältnissen, mit nationalem Gedankengut und der Bindung an Traditionen.

Wir haben die Wahl. Wir können die deutsche Geschichte ebenso aus der Warte der Wehrmachtshelferin wie der Widerständlerin oder der Schriftstellerin lesen, Tagebücher, in denen aus unterschiedlicher Sicht der Zweite Weltkrieg dokumentiert und gesehen wird. Wir können anhand dieser Tagebücher uns einen schärferen Blick aneignen, kühl urteilen, können unser Verhalten beobachten, das wir so rasch vergessen. Denn unsere Erinnerung glättet rasch, was unser Anteil war.

Stimmen der Opfer, Zeuginnen schuldig gewordener Mitmenschen. Diese Sammlung dokumentiert keineswegs nur Tagebücher von linken Frauen und Widerstandskämpferinnen, sondern ebenso von Meisterinnen im Zurechtrücken, Hinstriegeln und Übernehmen. Wie jene Lehrerin, die sich für einen Mann interessiert, der der SS angehört. Oder das junge Mädchen, das das nationalsozialistische Weltbild ihres Vaters übernahm.

Diese Tagebücher sind ein Vermächtnis, dem aufmerksamen Leser anheimgegeben in einer Zeit, in der erneut Heil-Rufe erschallen, die Bundeswehr von Rechten unterwandert wird, in der Ausbürgerung, Härtefallregelungen bei Asylanten, Grundgesetzdepravierungen, Friedhofsschändungen und Auschwitz-Lügen fast schon an der Tagesordnung sind, von zunehmender Gewalt und dementsprechendem Wortschatz zu schweigen. Niemand hat glaubwürdiger die ungerührt Weitermachenden widerlegt, als ausgerechnet diese zarte, angreifbare Disziplin des Tagebuchs, die, weil sie ganz auf das Ich und seine Kraft vertraut, den nationalen Gesundbetern mehr das Handwerk legen kann als jede andere literarische Ausdrucksform. Unsere Sprache ist nicht zum Hinnehmen und Verstummen gemacht, sondern zum Aussprechen und Festhalten von Wahrheitsbefunden.

10. März 1933

Bella Fromm

Als Hitler mir die Hand küßte

Bella Fromm war von 1928 bis zu ihrer Zwangsentlassung aus „rassischen" Gründen 1934 in Berliner Kreisen eine feste Größe und eine der wenigen, die souverän in politisch einflußreiche Zirkel eintrat, die anderen verschlossen waren. Sie drang von zwei Seiten vor: mit ihrem Rüstzeug als Journalistin – sie war Kolumnistin der „Vossischen Zeitung" – und mit ihrem Witz und Verstand, ihrem Abstand und kritischen Blick. Sie war eine emanzipierte Frau aus wohlhabendem jüdischen Großbürgermilieu und von klein auf den Umgang mit Königen gewöhnt: auf dem Gut ihrer Eltern in Mainfranken erholte sich der König von Bayern vor dem Ersten Weltkrieg gern von seinem strapazierlichen Amt. Da konnte es nicht ausbleiben, daß ihr eine Figur wie Hitler, der zu Hause nicht einmal auf dem Kutschbock gesessen hätte, wenig imponierte, ja, die ganze Haute Volée der Nazigesellschaft – sie besuchte Dinnerparties, Teegesellschaften, organisierte Wohltätigkeitsbälle und Modeschauen und nahm an Musikabenden und Frühstücksrunden teil –, diese „häßlichen Flecken der braunen und schwarzen Uniformen", der Muff und das Spießertum erfüllten sie mit wachsender Verwunderung.

Ein außerordentlich intelligentes und witziges Tagebuch, das zuerst 1943 auf englisch erschien und deutsch erst 1994 in Hamburg veröffentlicht wurde. Bella Fromm starb 1972 in New York, wo sie seit ihrer Emigration als Journalistin gearbeitet hatte.

10. März
… Sogar in unserem abgelegen Stadtteil mit seinen ruhigen Villen schlug die Erregung hohe Wogen. Kurz vor Ankunft

meiner Gäste hatte eine SA-Abteilung ein besonders großes Exemplar einer vergessenen Flagge der Weimarer Republik auf dem Dach des nahegelegenen Krankenhauses entdeckt. Sie zerrten sie durch die Straßen. In Steinwurfweite von meinem Haus machten sie halt und entfachten mitten auf dem Fahrdamm ein Feuer, um die Fahne zu verbrennen. In diesem Augenblick fuhr die erste Limousine vor.

Unter den Gästen, die ich erwartete, waren der französische Botschafter François-Poncet und seine Gattin, ebenso Signora Elisabeth Cerruti, die Gattin des italienischen Botschafters. Letztere ist bisher die einzige Dame aus den Kreisen der Diplomatie, die bei ihren Diners durch die Anwesenheit Adolf Hitlers „ausgezeichnet" wird. Ferner erwartete ich den tschechischen Gesandten Woytech Mastny mit Gattin, den belgischen Gesandten Graf de Kerchove de Denthergem mit Gattin, den rumänischen Gesandten J. P. Comnen mit Gattin. Frau Comnen ist durch ihre Schönheit in diplomatischen Kreisen berühmt. Comnens brachten ihren Gast, den Marchese Giovanni Maurigi di Castelmaurigi, den Bürgermeister von Palermo, mit. Maurigi ist einer der ältesten Freunde Mussolinis. Er scheint nicht viel von den „deutschen Faschisten" zu halten.

Es waren ferner anwesend mein alter Freund Hassan Nachât Pascha, der Gesandte des Königs von Ägypten, und der französische Marineattaché Jean Tracou. Am Abend wurde mir berichtet, daß Tracou den Zwischenfall an seinen Chef gemeldet hat. Dieser bleibt nämlich nie länger als ein paar Minuten, wenn eine Veranstaltung während des Tages stattfindet. Meistens kann er überhaupt nicht teilnehmen. Noch einige andere Mitglieder des diplomatischen Korps waren mit ihren Damen zugegen.

Baron und Baronin de Gruben von der belgischen Gesandtschaft waren, wie ich ebenfalls am Abend erfuhr, nicht imstande gewesen, bis zu meinem Haus vorzufahren. Sie hatten sich ein wenig verspätet. Zu dem Zeitpunkt waren die Nazihorden dermaßen angewachsen, daß der Straßenverkehr blockiert wurde. De Grubens hatten die Gattin eines Diplomaten, der in Bukarest wohnt, bei sich im Wagen. Als ihr Auto in die Verkehrsstockung in der Nähe meines Hauses geriet, wurde diese Dame von den Nazis belästigt. Sie hielten sie wegen ihres südländischen Aussehens und ihres schwarzen Haares für eine Jüdin. So auszusehen ist jetzt geradezu gefährlich.

Unter meinen deutschen Gästen waren Frau Meissner, die Gattin des Staatssekretärs, der Vizechef des Protokolls, Herbert Mumm von Schwarzenstein, und natürlich Vera von Huhn, die ich bei keiner meiner Veranstaltungen missen möchte.

Es war noch zu früh, um schon im Garten oder auf der Terrasse sitzen zu können, deshalb hatte ich meine Gäste im Musikzimmer versammelt, das fast das ganze Erdgeschoß meines Hauses einnimmt. Die Fenster gehen nach Osten und Westen. Die Erkertür im Süden führt auf eine der Terrassen. Wie es bei derartigen zwanglosen Gesellschaften üblich ist, standen die Leute in kleinen Gruppen umher, plaudernd, Cocktailgläser und Teller mit Kuchen balancierend, das ganze Bild in ständiger Bewegung.

Hassan Nachât Pascha hatte den getreuen Ali, einen seiner Diener, mitgebracht. Wir hatten ihn an der Tür postiert. Nach Ankunft des letzten Gastes kam Ali, zitternd vor Furcht und unter seiner dunklen Gesichtsfarbe erblassend, auf den Zehenspitzen in den Saal und flüsterte mir ins Ohr: „Gnädige Frau müssen herauskommen, großes Unglück!"

Ich versuchte, den Saal unauffällig zu verlassen, und stürzte dann durch die Halle zur Tür. Draußen bemerkte ich einen drohenden Auflauf von Braunhemden. In beunruhigender Weise beobachteten sie den Eingang und die parkenden Wagen. Ich war vor Schreck wie gelähmt. Den SA-Mann, der am nächsten stand, sprach ich an: „Was ist hier los? Was wollen Sie?"

Nach hartnäckigem Schweigen und nachdem ich meine Frage einige Male wiederholt hatte, antwortete einer der Rabauken: „Passanten haben uns geholt. Man hat gesehen, daß Waffen und Munition in dieses Haus gebracht wurden. Die Wagen, die hier vorgefahren sind, gehören Spionen. Wir wissen sehr wohl, daß in diesem Haus Juden wohnen. Jetzt werden wir das Nest ausräuchern!"

Zuerst mußte ich über diese unglaubliche Dummheit lachen. Aber dann erkannte ich blitzartig die Gefahr, die meinen Gästen drohte. Ich vergaß die Sorge um mich selbst. Ich sagte den Rabauken, sie sollten sich mit der nächsten Polizeiwache in Verbindung setzen, dort würden sie sofort erfahren, wer die Eigentümer der Autos seien.

„Sie können eine Wache hier aufstellen, so daß niemand das Haus verlassen kann", fügte ich noch hinzu, um sie zur Vernunft zu bringen. Aber ich hätte ebenso mit dem Mond verhandeln können. Sie rührten sich nicht von der Stelle. Im Gegenteil, immer mehr Schläger in Uniform kamen herzu, und die Menge der Zuschauer wuchs ebenfalls.

Ich sagte Ali, er solle das Licht im Musikzimmer einschalten, die Vorhänge zuziehen und die Läden schließen. Dann versuchte ich von neuem, mit dem „Feind" zu unterhandeln, aber schon kam der nächste Schlag, und zwar in Gestalt eines Polizeihauptmanns. Er war von fünf Beamten begleitet. Obwohl der Polizeihauptmann die niedrigen Zulassungsnummern an den Wagen der Diplomaten und Regierungsmitglieder richtig hätte deuten müssen, nahm er eine übertrieben amtliche Haltung ein, die mich einschüchtern sollte.

„Uns ist gemeldet worden, daß hier eine Zusammenkunft von politischen Aufwieglern stattfindet. Ich habe Befehl, Ihr Haus zu durchsuchen." Darauf hatten die Nazis nur gewartet, ihre Haltung wurde noch drohender.

Der Polizeihauptmann willigte schließlich ein, zu warten, bis die Gäste das Haus verlassen hätten. Mittlerweile hatte er das Haus umstellen lassen. Er weigerte sich jedoch, den Mob auseinanderzutreiben. „Ich habe Befehl, mit nicht in Unternehmungen der SS oder SA einzumischen", sagte er.

Alles, was ich tun konnte, war, den Chef des Protokolls anzurufen. „Rū" Bassewitz war sehr erschrocken, als er meinen kurzen Bericht hörte, den er zunächst gar nicht glauben wollte, weil meine Stimme „nicht aufgeregt" klang. Er versprach mir, sofort zu meinem Beschützer, dem Staatssekretär von Bülow, hinüberzugehen, um ihm den Fall vorzutragen. Auch er schien aus allen Wolken zu fallen. Nach ein paar Minuten rief er mich an, ich solle den Kopf nicht verlieren, er habe bereits Vizekanzler von Papen benachrichtigt. „Ich werde auch sofort hinüber in die Reichskanzlei gehen, um dort Rat zu holen."

Ich eilte darauf an das Gartentor zurück und versicherte der Menge, daß sie nicht enttäuscht werden würde. Sie würde den Spaß haben, das Haus anzuzünden, nachdem die Gäste es verlassen hätten. Aber es wäre doch besser, wenn sie erst den Befehl des „Führers" abwarteten, den ich soeben durch das Auswärtige Amt verständigt hätte. Sie murrten „Das kann jeder sagen. Beweisen Sie uns, daß Sie den Führer benachrichtigt haben."

Ich wurde ans Telefon gerufen. Staatssekretär Meissner wünschte mich zu sprechen. Bassewitz war in seinem Schrecken zum Palais des Präsidenten geeilt. Der Alte Herr war in Kenntnis gesetzt worden. Er soll geflucht und gewettert haben. Meissner bat mich, seine Frau ans Telefon zu rufen. Das lehnte ich ab. Ich versicherte ihm, daß mit Ausnahme von Tracou, Mastny und mir bis jetzt noch niemand etwas von der ganzen Sache bemerkt habe. Meissner bat mich, tapfer zu sein. In wenigen Augenblicken würde Hilfe dasein. Er fühlte sich offenbar recht unbehaglich, da seine liebe Gattin mit in der Patsche saß.

Das Telefon klingelte wieder. Diesmal war es von Papen, der am andern Ende sprach: „Frau Bella, fünfzehn berittene Schutzleute sind auf dem Weg zu Ihnen, sie haben Befehl zu schießen; sagen Sie das der Menge."

„Auf wen zu schießen?" fragte ich schneidend. Meine Frage blieb ohne Antwort. Nun, ich habe nichts dergleichen getan. Ich kehrte vielmehr zu meinen Gästen zurück und benutzte Papens Nachricht, um den Franzosen und den Tschechen zu beruhigen. Ich bat beide Herren, mit mir dafür zu sorgen, daß die übrigen Gäste von der ganzen Affäre möglichst überhaupt nichts merkten. Ich blieb vorsichtshalber draußen, um eventuelle Zwischenfälle zu verhindern. Ich kam gerade recht, um zu sehen, wie ein SA-Mann die Stander von den Kühlern des französischen und des rumänischen Autos losmachte und in seiner Tasche verschwinden ließ. Die beiden ausländischen

Chauffeure stürzten sich auf den SA-Idioten, und im Augenblick wälzten sie sich mit ihm auf der Straße. Da ertönte plötzlich das Martinshorn und lautes Hupen, und die „Retter" fuhren in vier glänzenden schweren Autos vor. Fünf Leute sprangen aus jedem heraus. Ich erkannte Obergruppenführer Schäfer. Er kam zur Treppe und frage, was los sei.

Ich verweigerte die Erklärung: „Dort stehen eine Menge von Ihren Parteigenossen. Ich kann mir doch wohl schlecht anmaßen, gegen SA-Leute auszusagen."

Darauf war er nicht gefaßt. Wütend wandte er sich um und ergriff den ersten besten SA-Burschen bei der Gurgel. Die Kreatur lief purpurrot an. Stotternd brachte er die schon bekannte Geschichte von den Waffen, den Spionen und dem nichtarischen Haus vor.

Schäfer verlor völlig die Selbstbeherrschung. Er geriet in fürchterliche Wut. Er wußte natürlich, was die niedrigen Zulassungsnummern der Autos bedeuteten. Als die Chauffeure sich in ihrem gebrochenen Deutsch über die gestohlenen Wimpel beschwerten, ergriff Schäfer den SA-Mann noch einmal bei der Gurgel. Zufällig war es der, der die Flaggen gestohlen hatte. Widerstrebend zog er sie aus seiner Tasche hervor.

Nach einigem Hin und Her kehrte ich zu meinen Gästen zurück. Erregte Fragen wurden laut, alles bat dringend um Aufklärung. Die Damen wurden blaß, als der tschechische Gesandte einen ausführlichen Bericht darüber gab, was sich während der vergangenen halben Stunde vor dem Hause abgespielt hatte. Frau Meissner eilte ans Telefon, um ihren Gatten zu sprechen. Mme. François-Poncet fiel in Ohnmacht.

Gerade in dem Augenblick wurde die berittene Polizei, die auf Papens Befehl geschickt worden war, von Ali gemeldet. Für die fünfzehn Reiter gab es allerdings nichts mehr zu tun, sie konnten in ihr Quartier zurückkehren.

Nachdem ich meine Gäste zu ihren Wagen begleitet hatte, war es Zeit, mich für das Abschiedsdiner, das Vizekanzler Papen zu Ehren des Botschafters Sackett ab, anzukleiden. Auf dem Weg zum Adlon ließ ich die Geschehnisse des Nachmittags noch einmal Revue passieren. Ich muß zugeben, daß ich die Halle des Hotels mit etwas wankenden Knien betrat. Zu meiner Überraschung kam Louis Adlon auf mich zu und begrüßte mich mit den Worten: „Sie sind eine Heldin, wie mir erzählt worden ist. Der Vizekanzler erwartet Sie schon im Schreibzimmer."

„Fränzchen" hatte sein bestes Gesicht aufgesetzt, als ich eintrat, und küßte mir die Hand. „Darf ich Ihnen meinen Dank für heute nachmittag aussprechen? Nach all diesen Belästigungen muß ich Sie noch im Namen der Regierung um eine eine Gefälligkeit bitten. Es geht um die Stander, die von den Wagen der französischen Botschaft und der rumänischen Gesandtschaft gerissen wurden. Die beiden Diplomaten werden wegen der Mißachtung ihrer Nationalflaggen wahrscheinlich Schritte unternehmen. Wir sind eifrig bemüht, dies zu vermeiden. Ich weiß, daß Sie bei beiden hohes Ansehen genießen. Bitten Sie doch darum, daß dieser Zwischenfall vergessen wird. Sie können der Dankbarkeit der Regierung versichert sein."

Mein Tischnachbar war Dr. Hans Draeger, der Sekretär der Carl-Schurz-Gesellschaft. Als ich ihm die Sache von heute nachmittag erzählte, lachte er: „Ich hoffe, die Diplomaten werden diesen Zwischenfall im Ausland hübsch bekannt werden lassen. Wie schade, daß Sie mich nicht eingeladen haben."

Da ich etwas kühl auf seine Worte reagierte, wurde er unruhig. Er begann dann politische Witze zu erzählen und sich über Hitler und Göring zu verbreiten. Von Göring behauptete er, er habe sich aus Gummi Nachbildungen seiner Orden machen lassen, damit er sie auch beim Baden tragen könne. Ich traue Draeger nicht über den Weg.

15. März

Dr. Joseph Goebbels ist diese Woche zum Minister für Volksaufklärung und Propaganda ernannt worden. Das neue Ministerium wird großzügig in dem alten Palais Prinz Friedrich Karl untergebracht. Obwohl Goebbels der klügste und glänzendste Kopf der braunen Führer ist, hat er bisher noch nicht die seinen Fähigkeiten zukommende Rolle gespielt. Jetzt ist ihm plötzlich von Hitler ungeheure Macht in die Hand gegeben worden. Die Herrschaft über die Presse wurde den fettgepolsterten Fingern Görings entrissen und in die geschickten Klauen des hinkenden Ungeheuers gelegt.

Mammi von Carnap war gestern zum Lunch bei Baronin von Neurath. Die Baronin schien wenig zufrieden mit den neuen Herren. „So etwas" – sie sprach von Goebbels – „kann sich rühmen, auf dem gleichen Rang mit meinem Mann zu stehen."

Ich konnte mir nicht versagen, Mammi scharf zu antworten. „Niemand von euch hat ein Recht, sich zu beklagen. Ihr und eure ganze aristokratische Clique, die Deutschnationalen, die Junker, die meisten Generale und die Industriemagnaten, ihr alle seid mit schuld an der Katastrophe. Ihr habt die Republik unterminiert. Nun werden wir sehen, was die Hitlerregierung für euch tun wird."

„Ich hoffe, daß wir uns wenigstens gesellschaftlich nicht mit ihnen abgeben müssen", seufzte Mammi.

Darauf kann man nicht viel antworten.

17. März

Seit dem „Hofdiner" ist der Reichskanzler nicht mehr in Gesellschaft erschienen. Dem Volk wird erzählt, was für ein wundervoller und schwer arbeitender Landesvater er ist. Den größten Teil der Nacht verbringt er am Schreibtisch. Er eilt von Konferenz zu Konferenz. Er hat seine Augen überall, er überwacht den Bau neuer Autostraßen, neuer Gebäude, neuer Spielplätze. Gestern abend jedoch hat er einmal seine vielfachen Pflichten vernachlässigt. Er unterbrach seine freiwillige Abgeschlossenheit, um die Einladung in das Haus einer Nichtarierin anzunehmen. Wieder war er der Tischnachbar von Frau Cerruti. Und wieder schien er ihre Unterhaltung äußerst anregend zu finden.

Den größten Erfolg bei dieser Veranstaltung hatte eine andere Jüdin, die blonde Susanne Renzetti, geborene Kochmann, aus Gleiwitz, die Gattin des Präsidenten der italienischen Handelskammer, des Freundes von Mussolini und Göring. Sie bildete den Glanzpunkt des Abends und entzückte Hitler durch ihre funkelnde Schönheit, ihren Reiz, ihre Art, sich zu geben. Ich selbst war Nichtarierin Nummer drei. Ich mied jedoch das Scheinwerferlicht und bemühte mich, möglichst im Hintergrund zu bleiben. Ich hatte nicht den Wunsch, Hitler vorgestellt und dadurch „geehrt" zu werden.

Cerrutis hatte noch andere Gäste eingeladen, die erst nach dem Diner erschienen. Ein fröhliches Durcheinander von Vorkriegs- und Nachrevolutionsgesellschaft, von ausländischen und heimischen Staatsmännern. Hitler hatte eine kleine Armee von jungen Burschen in Braun und Schwarz mitgebracht. Sie saßen zum Teil an der Tafel – ihre Ärmelstreifen und Litzen zeigten, daß es sich um hohe Ränge und demnach um „Gesellschaft" handelte –, zum Teil wurden sie innerhalb und außerhalb des Hauses verteilt und mußten Türen, Einfahrten und Straßenecken bewachen. Man sagt, daß der Reichskanzler in ständiger Unruhe lebt und Anschläge auf sein Leben fürchtet. Sein Auto hat kugelsichere Scheiben. Ihm voraus und hinterher fahren offene Mercedes mit schwerbewaffneten Leibgardisten – Eliteleuten der SS. Niemand darf mehr Blumen in Adolfs Wagen werfen. [...]

Hitler sieht sehr gern Filme. Manche Nachtstunde verbringt er in seinem Privatkino. Zwei oder drei Filme von normaler Länge muß man ihm manchmal hintereinander vorführen, um ihn zufriedenzustellen. Nach einem Film mit Felix Bressart hat er einmal gesagt: „Dieser Bursche ist großartig; schade daß er ein Jude ist."

20. März

In dieser Woche wurde es Bruno Walter und Fritz Busch verboten, weiterhin Konzerte zu geben.

Die einführende Rede, die Goebbels vor den Vertretern der Presse hielt, war gespickt mit neuen Wortbildungen wie „Gleichschaltung", „Rassenschande", „Belange", „artfremd" ..., Wörter, die man vergebens im Wörterbuch sucht.

Rolf sagte: „Goebbels fegt mit seinen Propagandamethoden den Verstand hinweg. Er betäubt die Massen. Wenn sie ihrer Sinne wieder mächtig sein werden, wird es zu spät sein. Das deutsche Volk ist in seinen Anlagen wie geschaffen für diese Art Geistesvergiftung."

23. März

Abendempfang in der peruanischen Gesandtschaft. Hier machte mir Dr. Felix Tripeloury, Legationssekretär im Auswärtigen Amt, einen höchst eigenartigen Vorschlag. Die Idee dazu soll dem Kopf des Außenministers von Neurath entsprungen sein.

Es scheint, als ob das Auswärtige Amt wegen des „Judenboykotts", der für den 1. April geplant ist, in ziemlicher Unruhe ist. Nicht etwa wegen der Juden, sondern wegen der unheilvollen Wirkung, die eine solche Aktion auf den Ruf Deutschlands haben wird. Ich sollte nun bei Göring vorsprechen und dort die Bitte vorbringen, daß „unerwünschte" Juden umgesiedelt werden. Die alteingesessene jüdische Bevölkerung sollte demnach hierbleiben dürfen, unter nur geringfügigen Beschränkungen ihrer staatsbürgerlichen Rechte. Um die Sache „rund" zu machen, sollten mich ein paar „gutaussehende" Juden, wenn möglich Kriegsteilnehmer mit dem Eisernen Kreuz erster Klasse, auf meinem Bittgang begleiten.

Ich dankte Dr. Tripeloury und versprach ihm, mich mit der Jüdischen Gemeinde in Verbindung zu setzen. Ich war im voraus fest davon überzeugt, daß niemand auf Kosten anderer irgendwelche Privilegien annehmen werde.

24. März

Hitler legt sich dieser Tage tüchtig ins Zeug. Er eröffnete den Reichstag am 21. März in Potsdam, da ja das abgebrannte Reichstagsgebäude nicht verwendbar ist. Dies war etwas vollkommen Neues, denn die Potsdamer Garnisonkirche war noch nie Schauplatz einer derartigen Feier gewesen.

Es war sehr klug, in dieser Weise vor der Tradition sich zu verbeugen. Sehr schlau auch, den alten Präsidenten hinaus nach Potsdam zu schleppen und dort eine jubelnde Volksmenge von mehr als hunderttausend Menschen auf die Beine zu bringen. Heerführer, hohe Beamte und Diplomaten waren zugegen. Schwarzweißrote Fahnen neben der Hakenkreuzflagge. Blumen, Ranken und Spruchbänder schmückten die Straßen. Man hätte denken können, ein siegreicher Heerführer sollte jubelnd willkommen geheißen werden. Die gesamte Bevölkerung von Potsdam, halb Berlin und Tausende aus dem Reich drängten sich in den Straßen. Die ganze Garnison war mobil gemacht. Eine Armee von Polizisten und Hilfspolizisten stand in Bereitschaft. Mehr als 1600 Schupos und 2000 Polizisten in Zivil waren im Dienst für die öffentliche – und Hitlers – Sicherheit. Jede nur mögliche Sicherheitsmaßregel war getroffen, sowohl gegen etwaige Luftangriffe als auch gegen irgendwelche anderen Überfälle. Sogar auf den Dächern der Häuser hatte man Posten mit Gewehren und Maschinengewehren aufgestellt. Abteilungen der Reichswehr mußten unter der Erde nach Minen forschen.

Hindenburg und Hitler sprachen. „Der Reichskanzler war außerordentlich zahm", berichtete mir Ernst Udet. „Er wird wahrscheinlich seinen ganzen Zorn bei der Reichstagssitzung loslassen." Was er gestern, zwei Tage nach der Potsdamer Feier, auch reichlich getan hat.

Besonders scharf war er gegen den letzten Reichstagspräsidenten Paul Löbe, gegen den Führer der Sozialdemokraten, Otto Wels, gegen Torgler, Thälmann und natürlich gegen die Juden.

„Ihr Führer hält Generalabrechnung", sagt mir der dänische Gesandte, Herluf Zahle.

„Alle Gerüchte über Verfolgung und Mißhandlung von Juden und Katholiken sind billige Lügen und dummes Geschwätz", sagte Putzi Hanfstaengl bei der heutigen Teegesellschaft in der italienischen Botschaft.

25. März
Diner mit anschließendem Bridge-Turnier beim belgischen Gesandten, Graf und Gräfin de Kerchove de Denterghem. Aus dem Bridgespiel wurde nicht viel. Die Leute waren zu sehr abgelenkt und zu aufgeregt, um sich auf das Kartenspiel zu konzentrieren. Großes Rätselraten über nächtliche „Liquidierungen". Die Reichstagssitzung vorgestern muß grauenhaft gewesen sein. Die Abgeordneten mußten durch eine Abteilung von SA-Leuten, die den Weg zum Sitzungssaal flankierten, hindurchschreiten. Ein höchst unangenehmes Spießrutenlaufen.

26. März

Letzter Händedruck mit Sacketts im Anhalter Bahnhof. Ein ganzer Eisenbahnwagen war für sie bereitgestellt worden. Ein Abteil allein war voll von kostbaren Blumen und zahlreichen Abschiedsgeschenken, die Frau Sackett von ihren zahlreichen Freunden erhalten hat. Das ganze diplomatische Korps war zum Abschied erschienen.

27. März

Dr. Goebbels hat „Massenaktionen" angekündigt. Man werde Rache nehmen. Die Juden in Amerika und England versuchten, „uns zu beleidigen". Aber die Regierung wisse, wie sie mit den Juden in Deutschland zu verfahren habe.

29. März

Einige der Hohenzollern haben es nicht für unter ihrer Würde gehalten, in den Wagen der Nazibande einzusteigen. Ich hörte, wie der litauische Oberst Skirpa erzählte, daß Prinz August Wilhelm auf seine Diäten als Reichstagsabgeordneter zugunsten von verwundeten SA-Kameraden verzichte. Skirpa hat den Prinzen gefragt: „Müssen Sie sich durch dieses Opfer irgendwelche Entbehrungen auferlegen?"

Sein Bruder, der Kronprinz, tut auch, was von ihm verlangt wird. Er hat an George Sylvester Viereck geschrieben und ihn gebeten, die Vereinigten Staaten über die „Märchen von den Judengreueln" aufzuklären. Es wird erzählt, daß Viereck ein Verwandter Kaiser Wilhelms II ist. Wahr ist, daß der in München geborene amerikanische Staatsbürger und Schriftsteller mit dem früheren Kaiser und seiner zweiten Gattin in freundschaftlichen Beziehungen steht. Er hat sie auch verschiedene Male in Doorn besucht. 1923 ist er mit Hitler zusammengetroffen und hat damals vorausgesagt, daß dieser einmal Weltgeschichte machen wird. In dem jetzt veröffentlichten Brief des Kronprinzen heißt es, die Juden in Deutschland würden nicht einmal gewahr, daß für sie irgendwelche Veränderungen eingetreten seien. Ich möchte wissen, ob man das in New York glauben wird.

„Der Vizekanzler und Frau von Papen bitten Frau Bella Fromm, Mittwoch, den 29. März, ab 21.30 Uhr den Abend bei ihnen in den Räumen des Palais Prinz Friedrich Karl zu verbringen."

Die Einladungskarte hat drei Wochen auf meinem Schreibtisch gelegen. Ich empfand stets Unbehagen, wenn sie mir in die Augen fiel. Das Datum rückte näher, und ich hatte das Gefühl, hingehen zu müssen. Ich tat es nicht gern. Ich kann nicht sagen warum.

Rolf und ich waren zum Diner im Kaiserhof. Rolfs große, schlanke Figur wurde noch betont durch den tadellosen Schnitt seines Abendanzugs. Als einzigen Schmuck trug er das Eiserne Kreuz erster Klasse und den Orden des fürstlichen Hauses seiner Mutter. „Abendanzüge müssen in Bond Street angefertigt sein", lachte er, als ich ihm sagte, er sähe aus wie eine Million Dollar. Gegen zehn Uhr gingen wir hinüber zum Palais. Ich liebe dieses historische, alte Gebäude. Es betrübt mich, wenn ich daran denke, daß die Barbaren aus dem Propagandaministerium jetzt in diesen vornehmen und würdigen Räumen hausen.

Bis hierher war alles wie immer. Wir stiegen die weißen Marmorstufen hinauf. In der geräumigen Empfangshalle strömten die Gäste schon zusammen, die Kristallüster schütteten eine Flut von Licht auf die glänzenden Uniformen, die Orden, die Abendkleider, die Juwelen. Nur durch die häßlichen Flecken der braunen und schwarzen Uniformen, die hier und da verstreut auftauchten, wurde das harmonische Bild verdorben. Die gräßlichen hohen Stiefel, die von den meisten uniformierten Nazis bevorzugt werden, waren eine beleidigende Dissonanz in der allgemeinen Farbenharmonie. Es war durchgesickert, daß Adolf Hitler eingeladen worden war. Das war aber nur Gemunkel. Es gibt eine Art allgemeines Schweigegebot über alles, was der geheiligte Adolf tut.

Mammi von Carnap und ich standen mit Frau von Papen zusammen, gerade unter dem mittleren Kronleuchter. Plötzlich tauchte unser Gastgeber, „Fränzchen", in der Menge auf.

Er eilte auf seine Gattin zu, flüsterte ihr aufgeregt etwas ins Ohr, und weg war er wieder. Frau von Papen erblaßte und zitterte an allen Gliedern. Sie klammerte sich an Mammis und meinen Arm.

„Der Führer hat gerade das Palais betreten", sagte sie. Als ich mir das magere und unansehnliche Geschöpf so betrachtete, in ihrem schäbigen besten Sonntagskleid, in solcher Erregung wegen der Ankunft des Führers, wußte ich sofort, hier ist wieder eine von den zahlreichen Frauen, die bei dem bloßen Nahen des göttlichen Adolf in hysterische Verzückung geraten und die ihm dadurch zur Macht verholfen haben.

Plötzlich, Gott mag wissen, woher sie auftauchten, waren SS-Männer in Uniform über den ganzen Saal verteilt. Ich war vollkommen überrascht, eine Minute zuvor waren sie noch nicht dagewesen.

Und nun rollten die Dinge ab wie auf einer Drehbühne. Flügeltüren wurden weit aufgerissen. Augenblicklich trat lautlose Stille ein, und Adolf Hitler betrat den Saal. Meissner und seine Frau hoben den Arm zum Nazigruß.

Adolf blieb stehen. Ein gewöhnlich aussehender, kleiner Mann. Der Frack von gutem Schnitt, besser geschnitten jedenfalls als der Kopf, der aussieht, als ob er nicht zu dem übrigen Körper gehörte. Als ich ihn das letzte Mal gesehen hatte, war sein Anzug nicht so tadellos gewesen. Mit neuen Ämtern kommen wahrscheinlich auch neue Schneider, und je höher das Amt, desto besser der Schneider.

Hinter Adolf ragte eine ungeheure, ungeschlachte Gestalt empor – sein Adjutant, Oberleutnant Brückner. An des Oberleutnants Seite sah man die elegante Figur von Hans Thomsen. Seine gefällige Eleganz hob die Unbeholfenheit des Führers und seines Adjutanten noch besonders hervor.

Papen hatte in seiner Aufregung seine Pflichten versäumt. Er war von Gruppe zu Gruppe geeilt, um die Nachricht von der Ankunft des Führers zu verbreiten, wo er doch besser hätte am Eingang stehen sollen, um seinen erlauchten Gast zu begrüßen. Ich sah, wie Adolf einen flüchtigen Blick in „Tommys" Richtung warf, wahrscheinlich um sich Rat zu holen über das, was nun zu tun sei. Dann schien er mit zögernden Schritten das glatte Parkett zu versuchen. Plötzlich konnte man den Eindruck gewinnen, daß er seinen ganzen Mut zusammennahm, und mit fliegenden Frackschößen und „dynamischer" Kraft schoß er gleichsam vorwärts und eilte geradewegs auf unsere Gruppe zu.

Meine erste Empfindung war die der Selbsterhaltung, wie sie ein Tier empfindet. Ich wollte davoneilen. Aber schon hatte sich der Führer über Marthia von Papens zitternde Hand geneigt. Ich konnte sehen, wie Mammi ebenfalls erwartungsvoll zitterte. Ich habe ich leider die Erfüllung ihres Wunsches vereitelt. Mein Versuch zur Flucht hatte des Führers Aufmerksamkeit von Mammi abgelenkt. Er kam auf mich zu, und nun war ich festgenagelt.

„Darf ich Ihnen einen guten Abend wünschen, gnädige Frau?" sagte er. Er ergriff meine Hand, preßte sie an seine Lippen und beschenkte mich, kostenlos, mit einem seiner berühmten hypnotischen Blicke.

Auf mich schien das aber ohne Wirkung zu sein. Ich fühlte nur eine Art leichter Übelkeit. Tatsache ist, ich habe nicht einmal das Gefühl gehabt, daß er dem anderen Geschlecht angehört. Ein verstohlener Blick aus meinen Augenwinkeln in den Saal ließ mich sehen, wie einige meiner ausländischen Freunde mehr oder weniger offen grinsten.

„Geht es Ihnen gut"? Ich bejahte. „Wo haben Sie diese Auszeichnungen erworben?" Sie stammen aus dem Weltkrieg und waren die Belohnung für meine Arbeit für das Rote Kreuz.

„Gefällt es Ihnen hier?"

Ich bejahte wieder, fügte aber hinzu, daß ich beruflich hier sei, da ich diplomatische Berichterstatterin für die Ullstein-Blätter sei.

Ich sah, wie Hitler zusammenzuckte. Das Wort Ullstein hatte eine Saite mit üblem Klang in seinem Innern erklingen lassen. Wieder ein Handkuß. „Hoffe, Sie bald einmal wiederzusehen." Weg war er. Er vergaß ganz, Mammi seine Aufmerksamkeit zu erweisen. Sie war wütend. Thyssen soll gesagt haben: „Wenn Hitler sich von einer Frau angezogen fühlt, stellt sich sehr oft heraus, daß sie rassisch unerwünscht ist."

„Nun, Bellachen, werden Sie heute abend noch jemandem gestatten, Ihnen die Hand zu küssen?" wurde ich von einem meiner ausländischen Freunde gehänselt.

Ich rieb meine Hand an seinem Ärmel, als ob ich einen Fleck wegwischen wollte. „Vielleicht muß sie desinfiziert werden", sagte ich.

Als ich Lammers und Thomsen traf, konnte ich mir eine boshafte Bemerkung nicht verkneifen. „Ihr Führer scheint erkältet zu sein", sagte ich.

„Warum?" fragte Thomsen.

„Er soll doch einen Juden auf zehn Meilen Entfernung riechen, nicht wahr? Aber offenbar ist sein Geruchsinn heute abend nicht ganz in Ordnung."

Sie mußten wider Willen lachen, aber nicht ohne einen schnellen, verstohlenen Blick in die Runde, um zu sehen, ob nicht jemand zuhörte.

Ich folgte mit meinen Augen Adolf überallhin, da ich mir nichts von seinem Debüt entgegen lassen wollte. Oft kommt ein plötzliches Blitzen in seine Augen, daß es einen eiskalt überläuft. Es enthüllt die teuflische und sadistische Seite in Hitlers dunklem Charakter. Der Anblick dieses Gesichtsausdrucks läßt keinen Zweifel, daß es hoffnungslos ist, von diesem bellenden, tobenden, gefährlichen Egoisten, der seine Minderwertigkeitskomplexe offensichtlich unter seinem grausamen Despotismus verbirgt, jemals Verständnis oder Gnade zu erwarten. Wenn er mit jemand spricht, hat man immer den Eindruck, daß er zu seiner Volksmenge spricht. Die belangloseste Bemerkung wird von ihm hinausgeschmettert wie auf einer Massenversammlung. Seine Gesten erscheinen einstudiert und unnatürlich wie bei einem Schmierenschauspieler.

Er erschien mir nicht als eine Ehrfurcht einflößende Persönlichkeit. Er hinterließ nicht den Eindruck von Würde. Ihm schien es gleichgültig zu sein, mit wem er sich unterhielt. Er war befangen, und seine Haltung ließ Unsicherheit erkennen. Er wußte nicht recht, was er mit seinen Händen anfangen sollte. Er umklammerte sein Taschentuch oder schob seine schmierige Haarsträhne aus der Stirn. Seine Stirnlocke glänzte so schön dank der sorgfältigen Pflege seines Majordomus, des dicken Gustav Kannenberg, der ehemals Besitzer einer bekannten Berliner Weinstube gewesen ist.

Hitlers Eifer, das Wohlwollen der anwesenden Fürsten zu erlangen, gab Anlaß zu allerhand Bemerkungen. Er verbeugte sich, schlug die Hacken zusammen und kniete förmlich nieder, um der unförmigen, häßlichen Herzogin Luise von Sachsen-Meiningen, ihrem Bruder, dem Erbprinzen Georg, und ihrer Schwester, der Großherzogin von Sachsen-Weimar, zu gefallen.

Er ging in seiner knechtischen Unterwürfigkeit so weit, daß er persönlich ans Büfett ging, um der Fürstin Erfrischungen zu holen. Er rutschte beinahe von der Stuhlkante, nachdem sie ihm einen Platz in ihrer huldvollen Gesellschaft angeboten hatte. Papen brachte die ausgesuchtesten Delikatessen herbei, um sie seinem Führer anzubieten. Doch Hitler knabberte an einem Salatblatt. Er schlürfte Apfelsinensaft. Alles andere blieb unberührt. Natürlich, Hitler ist als Vegetarier bekannt. Aber gibt es vielleicht noch einen anderen Grund für seine Abstinenz in der Öffentlichkeit? Kannenberg erzählte mir neulich: „Der Führer ißt nicht einen Bissen, wenn ihn meine Frau nicht zubereitet und gekocht hat. Und sogar dann muß einer von uns vor seinen Augen vorkosten."

Als der außerordentlich reiche Fürst Ratibor-Corvey mit seinen beiden Töchtern erschien, war Hitler wieder überwältigt. Die Mutter der Prinzessinnen ist eine Enkelin von Pauline Metternich. Ratibor ist eines der bestzahlenden Parteimitglieder. Auf den Gesichtern der jungen Prinzessinnen las man deutlich die Genugtuung und Freude, als ihnen Hitler die Hand küßte und sie mit seinem durchbohrenden Blick beschenkte.

Der Abend brachte mir noch mehr Unheil. Ich hatte das Unglück, mit dem Propagandaminister an einem Tisch sitzen zu müssen. Es waren noch einige ausländische Diplomaten dabei. Mit dem ersten Löffel, den Goebbels zu seinem riesengroßen Mund führte, begann er auch, über sein Lieblingsthema „Juden und Kommunismus" zu sprechen. Ich war etwas überrascht, da ich wußte, daß es der Propagandaminister gewöhnlich vermeidet, mit Ausländern in Berührung zu kommen. Die Diplomaten erhoben energisch Einspruch. Der rumänische Gesandte, Petrescu Comnen, versuchte zu beweisen, daß die Kommunisten in allen Glaubensbekenntnissen und Rassen vertreten sind. „Es gibt auch Juden in konservativen Kreisen."

Der klumpfüßige Zwerg schrie hysterisch: „Es gibt nichts Schlimmeres als konservative Juden! Es wäre besser, wenn sie alle Kommunisten wären." Comnen entführte mich schließlich, und ich war froh. Manchmal kann ich den Mund nicht halten.

Ich hatte genug von dem Abend und ging. In meinem Bericht für die Zeitung am nächsten Tag mußte ich sehr vorsichtig sein, da ich Hitler erwähnen mußte, ihm aber nicht schmeicheln wollte. Immerhin war sein Auftritt eine Neuigkeit, sowohl gesellschaftlich als auch sonst. Ich löste die schwierige Frage, indem ich ihm einen besonderen kleinen Abschnitt widmete:

„Sehr zur Überraschung der Gäste erschien gegen zehn Uhr Adolf Hitler. Es war dies sein erstes gesellschaftliches Auftreten bei einem großen Empfang, seitdem er sein Amt als Reichskanzler angetreten hat. Er wurde von den Gastgebern herzlich willkommen geheißen. Sie benutzten die Gelegenheit, ihm die Diplomaten, denen er noch nicht begegnet war, besonders auch die Damen der internationalen Gesellschaft, vorzustellen."

31. März

Heute vormittag kam ein aufgeregter Anruf vom Auswärtigen Amt. Dort ist man schrecklich aufgebracht. Das erste öffentliche Auftreten des Reichskanzlers in der vornehmen Gesellschaft war in der „B.Z." nicht erwähnt worden. „Ihre Mittagszeitung ist die erste, die an den Zeitungsständen verkauft wird", ertönte es vorwurfsvoll vom anderen Ende der Leitung. „Das hätten Sie unbedingt berücksichtigen müssen, Frau Bella!"

„Ich werde in zwanzig Minuten bei Ihnen sein. Da muß ein Mißverständnis vorliegen", sagte ich. Ich war überzeugt, daß es mir möglich wäre, in zwanzig Minuten meinen Bericht mit dem kleinen Extraabschnitt über Adolf Herrn von Neurath vorzulegen. Ich flitzte zum Ullstein-Verlag und fand schnell heraus, daß der Chef vom Dienst, Paul Wiegler, den von mir unter größter Mühe abgefaßten Abschnitt über Hitler weggelassen hatte. Wütend eilte ich in Wieglers Büro und verlangte Rechenschaft von ihm.

Er sagte mir in aller Ruhe: „Ich habe nicht geglaubt, daß Hitlers Anwesenheit so wichtig ist, daß sie besonders erwähnt werden muß."

Ich war sprachlos. Schließlich brachte ich heraus: „Sind Sie so dumm? Wollen Sie mir Unannehmlichkeiten machen, oder wollen Sie die Nazis ärgern?"

Ich knallte die Tür zu, sprang in meinen Wagen und raste zum Auswärtigen Amt. Der Außenminister glaubte meinen Angaben. Er versprach mir, die Sache bei Goebbels in Ordnung zu bringen.

Laufend werden Leute entlassen. Gestern allein gab es 378 Entlassungen in den städtischen Ämtern. Hauptsächlich kleine Angestellte wurden auf die Straße gesetzt. Sogar die Müllabfuhr muß von Parteimitgliedern besorgt werden. Göring hat über Rundfunk den Judenboykott angekündigt. Er ist für morgen geplant.

Im Bahnhof Friedrichstraße nahm ich Abschied von einem Freund, der es vorzog, vor Beginn des Boykotts und ehe möglicherweise die Grenzen geschlossen werden, auszuwandern. Der Gesandte von Venezuela, der die Ankunft seiner Tochter erwartete, sagte mir: „Wollen Sie nicht für einige Zeit in mein Haus ziehen? Es ist möglich, daß in den nächsten Wochen schlimme Dinge passieren. Ich war seinerzeit in Rom, als Mussolini alles über den Haufen warf. Hier wird es vielleicht noch schlimmer werden. Die Deutschen sind darauf aus, die freien Berufe, die Intelligenz und das Judentum auszurotten."

Ich dankte ihm.

Ein internationaler Expreßzug bringt seltsame Bettgenossen zusammen. Der Stabschef der SA, Röhm, fuhr in demselben Wagen wie mein Freund.

„Viel Glück", rief ich. „Werden Sie ja nicht etwa Röhms Anhänger! Und schicken Sie mir eine Postkarte!"

1. April 1933

Hertha Nathorff

Daß so etwas im 20. Jahrhundert noch möglich ist

Ein Tagebuch von exemplarischem Charakter, da Hertha Nathorff mit ihrem Alltag die Situation aller Juden in Deutschland protokollierte, die einzelnen Stufen ihrer Diskriminierung bis zur Entrechtung, bis zum Kampf ums nackte Überleben durch die Flucht aus der Heimat. Zudem wird hier unmittelbar beschrieben, wie der Existenzkampf nach dem Überschreiten der deutschen Grenzen weiterging.

Ein bewegendes Zeugnis ihrer Erfahrungen von 1933 bis 1945, in dem sie die Zusammenhänge von Ablösung und Neubeginn, Zusammenbruch der Existenz und Fortdauer so vieler Bindungen offenlegt. Eine Ärztin und Jüdin unter 173000 Juden in Berlin – ein knappes Drittel der deutschen Juden überhaupt, von denen viele, wie Hertha Nathorff, in die Vereinigten Staaten eingewandert sind; 5000 Juden sind allein in Berlin untergetaucht. Hertha Nathorff betrachtete ihre Aufzeichnungen als Vorstufe zum großen Buch. Sie hätte einen geschlossenen Bericht diesem Tagebuch vorgezogen, hat aber letztlich doch ihre Einwilligung zur Veröffentlichung gegeben.

Hertha Nathorff, geborene Einstein, 1895 in Laupheim/ Württemberg geboren, studierte Medizin und war leitende Ärztin am DRK-Frauen- und Kinderheim in Berlin-Lichten-

berg und Vorstandsmitglied der Berliner Ärztekammer. 1933
wurde sie aus ihren Ämtern entlassen und man entzog ihr die
ärztliche Approbation. 1939 emigrierte sie nach New York.

1. April 1933

Juden-Boykott.
Mit Flammenschrift steht dieser Tag in mein Herz eingegraben. Daß so etwas im 20. Jahrhundert noch möglich ist. Vor allen jüdischen Geschäften, Anwaltskanzleien, ärztlichen Sprechstunden, Wohnungen stehen junge Burschen in Uniform mit Schildern „Kauft nicht bei Juden", „Geht nicht zum jüdischen Arzt", „Wer beim Juden kauft, der ist ein Volksverräter", „Der Jude ist die Inkarnation der Lüge und des Betruges". Die Arztschilder an den Häusern sind besudelt und zum Teil beschädigt, und das Volks hat gaffend und schweigend zugesehen. Mein Schild haben sie wohl vergessen zu überkleben. Ich glaube, ich wäre tätlich geworden. Erst nachmittags kam so ein Bürschlein zu mir in die Wohnung und fragte: „Ist das ein jüdischer Betrieb"? – „Hier ist überhaupt kein Betrieb, sondern eine ärztliche Sprechstunde", sagte ich, „sind Sie krank"? Nach diesen ironischen Worten verschwand der Jüngling ohne vor meiner Tür Posten zu stehen. Freilich, manche Patienten, die ich bestellt hatte, sind nicht gekommen. Eine Dame hat angerufen, daß sie doch heute nicht kommen könne, und ich sagte, daß es am besten wäre, sie käme überhaupt nicht mehr. Ich selber habe heute mit Absicht in Geschäften gekauft, vor denen ein Posten stand. Einer wollte mich abhalten, in ein kleines Seifengeschäft zu gehen. Ich schob ihn aber auf die Seite mit den Worten: „Für mein Geld kaufe ich, wo ich will". Warum machen es nicht alle so? Dann wäre der Boykott schnell erledigt gewesen. Aber die Menschen sind ein feiges Gesindel, ich weiß es längst.
Abends waren wir bei unseren Freunden im Hohenzollerndamm, 3 Ärztepaare. Alle ziemlich gedrückt. „In ein paar Tagen ist alles vorbei", versuchte Freund Emil, der Optimist, uns zu überzeugen, und sie verstehen mein Aufflammen nicht, als ich sage, „sie sollen uns lieber gleich tot schlagen, es wäre hu-

maner als ihr Seelenmord, den sie vorhaben..." Aber mein Gefühl hat noch immer Recht behalten.

14. April 1933

„Sie schalten gleich". Nein, sie wüten. Aus allen Berufen, aus allen Stellen schalten sie die Juden aus „Zum Schutze des deutschen Volks". Was haben wir diesem Volk denn bis heute getan? In den Krankenhäusern ist es furchtbar. Verdiente Chirurgen haben sie mitten aus der Operation herausgeholt und ihnen das Wiederbetreten des Krankenhauses einfach verboten. Andere haben sie auf Wagen geladen und unter dem Gejohl der Menge durch die Stadt geführt. Verschiedene Bekannte sind Hals über Kopf auf und davon ins Ausland, weil sie politisch verdächtig waren. Mein altes Krankenhaus hat seine tüchtigsten und besten Ärzte verloren, die und die Patienten sind verzweifelt, es geht alles drunter und drüber. Die Hetzreden des Herrn Goebbels übersteigen alles, was an Hetze und Verlogenheit bisher da war, und das Volk hört es an und schweigt – und vor allem, die führenden Ärzte, die prominenten Professoren, was tun sie für ihre verratenen Kollegen?

16. April 1933

Versammlung des Bundes deutscher Ärztinnen. Wie regelmäßig ging ich auch heute hin, trafen sich doch hier stets die angesehensten und bekanntesten Kolleginnen Berlins. „Komische Stimmung heute", dachte ich und so viele fremde Gesichter. Eine mir unbekannte Kollegin sagte zu mir: „Sie gehören doch wohl auch zu uns?" und zeigt mir ihr Hakenkreuz an ihrem Mantelkragen. Ehe ich antworten kann, steht sie auf und holt einen Herrn in unsere Versammlung, der sagt, er habe die Gleichschaltung des Bundes namens der Regierung zu verlangen. „Die Gleichschaltung". Eine andere Kollegin – ich kenne sie, sie war meine Vorgängerin im Roten Kreuz und damals ziemlich linksstehend – wegen Untüchtigkeit und anderer nicht sehr feiner menschlicher Qualitäten war sie seiner Zeit entlassen worden – sie steht auf und sagt, „nun bitte ich also die deutschen Kolleginnen zu einer Besprechung ins Nebenzimmer".

Kollegin S., eine gute Katholikin, steht auf und fragt: „Was heißt das, die deutschen Kolleginnen?" „Natürlich alle, die nicht Jüdinnen sind", lautet die Antwort. So war es gesagt. Schweigend stehen wir jüdischen und halbjüdischen Ärztinnen auf und mit uns einige „deutsche" Ärztinnen. Schweigend verlassen wir den Raum, blaß, bis ins Innerste empört. Wir gingen dann zu Kollegin Erna B., zu besprechen, was wir tun sollen. „Geschlossen unseren Austritt aus dem Bund erklären", sagen einige. Ich bin dagegen. Die Ehre, uns herauszuwerfen, will ich ihnen gerne gönnen, aber ich will wenigstens meinen Anspruch auf Mitgliedschaft nicht freiwillig preisgeben. Nun will ich sehen, was weiter kommt. Ich bin so erregt, so traurig und verzweifelt, und ich schäme mich für meine „deutschen" Kolleginnen!

[25.] April 1933

Ein Brief vom Magistrat Charlottenburg: „Sie werden gebeten, Ihre Tätigkeit als leitende Ärztin der Frauen- und Beratungsstelle einzustellen!" Aus.

Also herausgeworfen – aus. Meine armen Frauen, wem werden sie nun in die Hände fallen? Fast 5 Jahre habe ich diese Stelle geleitet, groß und bekannt gemacht, und nun? Aus, aus – ich muß es mir immer wieder sagen, damit ich es fassen kann.

[5.] Mai 1933

Nun haben sie sich etwas Feines ausgedacht: „Frontkämpfer" sollen die Kassen behalten, und nun schicken sie Listen und Fragebogen, die neuen Herren, nachdem sie das Ärztehaus einfach gestürmt haben und sich selber zum Herrn gemacht haben. Ihr Führer, Herr K., ist ein besonders feiner Herr – von jüdischen Kollegen hat er sich noch bei Kriegsende für das Eiserne Kreuz eingeben lassen, und jüdische Freunde hat er reichlich ausgenutzt, wie ich weiß. Und heute?

Nun fangen sie in meiner Sprechstunde an, mich zu fragen, ob ich etwa Jüdin bin. Ihr Rasseninstinkt ist bewundernswert. „Frau Doktor, Sie sind doch eine so reizende Frau, warum haben Sie bloß einen Juden geheiratet?" Ganz fassungslos habe ich die Patientin angeschaut.

Eine Patientin kommt weinend zu mir. Sie war bei der üblichen Vortragsstunde ihres Betriebs, und da wurde gelehrt: wer einmal Beziehungen zu einem Juden gehabt hat, kann nie mehr rein arische Kinder bekommen. Und sie hat früher einmal einen jüdischen Freund gehabt. Ich habe lange reden müssen, das etwas primitive Geschöpf von dem Blödsinn dieser Behauptung zu überzeugen. Jetzt atmet sie auf: „Frau Doktor, ich wollte schon den Gashahn aufmachen, da bin ich im letzten Augenblick noch zu Ihnen gelaufen." Ja, aber wie viele haben niemand, zu dem sie laufen können und dann?

15. Mai 1933

Kollege H. ist tot! Selbstmord – er hat es nicht ertragen können, daß er nicht als voll anerkannt wird. Ich kann es so gut verstehen. Wahrlich, hätte ich nicht Mann und Kind, ich – ich weiß nicht, was ich täte.

Und jeden Tag das Gefrage in der Sprechstunde. Sie behalten doch die Kassen? Eine Patientin rät mit allen Ernstes: „Lassen Sie sich doch von Ihrem Mann scheiden, dann behalten Sie die Kassen". Immer denken sie, mein Mann ist schuld, daß ich die Kassen verliere. Heute war Apotheker B. da. Er kommt seit vielen Jahren zu mir, Vertreter einer jüdischen Firma. Ich habe immer Mitleid mit ihm gehabt. Erst neulich habe ich ihm ein paar hundert Mark geborgt zur Operation seiner Frau, wie er sagte. Heute wendet er plötzlich seinen Rockkragen um und sagt, auf sein Hakenkreuz zeigend: „Frau Doktor, vielleicht kann ich etwas für Sie tun, ich bin schon lange Mitglied". Aber zum Geldverdienen und Geld borgen hat er sich die Juden ausgesucht! Ein feiner Herr!

17. Mai 1933

Immer wieder jetzt die gleiche Frage
„Arisch oder nicht?"
Und wer mich wieder fragt,
dem schlag ich ins Gesicht.

Ich bin ein Mensch wie jeder
Nicht weniger und nicht mehr,
Und ich hab nur ein einzig Leben
Und nur eine einzige Ehr'.

Ich bin ein Mensch gleich allen
Und hab ein Menschengesicht –
Doch – „arisch oder nicht-arisch"
Nein, das ertrag ich nicht!

Diese ewige Fragerei macht mich ganz krank. Bin ich denn
mehr oder weniger, wenn sie es nun plötzlich wissen? Tue ich
nicht immer in gleicher Weise meine Pflicht und mehr als das?
„Frau Doktor, jetzt geht es uns bald gut, wenn die Dreckjuden
alle aus Deutschland fort müssen", sagte mir heute eine Patientin. „So, wen kennen sie denn, der dann alles gehen muß?",
fragte ich. „Ach, eigentlich niemand."

„Doch", sagte ich nachdrücklich, „Sie kennen jemand, der
auch gehen muß, wenn alle müssen – mich! Und da ist es wohl
besser, Sie suchen sich jetzt schon eine andere Ärztin". Und
nun kam eben von der Gärtnerei ein wunderbarer Blumen-
strauß, „sicher habe ich es nicht so gemeint". Ich aber habe es
so gemeint, werde ich ihr schreiben, und auch, daß ich die
Blumen den arischen Patienten in der Klinik mitgebracht habe,
ich will sie nicht haben. [...]

5. Juni 1933

Mein Geburtstag. Blumen und Briefe und Liebesbeweise – und
ich, ich möchte weinen – und muß einen Festestisch decken für
meine Geburtstagsgäste. Sie können nicht verstehen, daß mich
das alles so furchtbar mitnimmt. Es ist schon nicht schön, die
Kassen zu verlieren, aber – schließlich habt Ihr sie ja nicht nötig. Nicht nötig – zum Geldverdienen. Ist das ein Standpunkt?
Aber sie haben mich nötig. Natürlich, die Armen trifft es wieder zuerst, sie verlieren ihre guten jüdischen Ärzte, sagte eine
Patientin voll Erbitterung. Ja, warum lassen es sich denn die
Patienten gefallen, daß ihnen für ihre Kassenbeiträge nicht die

Ärzte gestattet werden, die sie haben wollen. Ich denke es nur, sagen, das Volk aufhetzen, nein, dazu bin ich nicht berufen. „Jeder hat den Arzt, den er verdient", habe ich kürzlich einer Patientin gesagt.

20. Juni 1933

Immer wieder wollen sie von mir Atteste haben, um sich vor Versammlungen, Aufmärschen etc. zu drücken. Ich bescheinige keine Krankheit, kein Gebrechen, das nicht tatsächlich besteht. So habe ich es immer gehalten, auch jetzt noch, und sie meinen, ich könnte doch jetzt etwas weichherziger sein, wo ich auch so gemein behandelt werde.

30. Juni 1933

Die letzte Kassen-Sprechstunde. Ich habe tapfer durchgehalten. Meine Wohnung gleicht einem blühenden Garten. Abschiedsblumen. Wie das ist, sein eigenes Begräbnis zu erleben! Wie viele Kollegen mögen heute das Gleiche empfinden. Meine Sprechstundenhilfe ist ganz aufgelöst vor Kummer. „Die arme Frau Doktor".

Nun sitze ich am gewohnten Platz, ich schließe mein Kassenbuch ab. Morgen werde ich die Stempel ins Ärztehaus tragen. „Da neigte die stolze Frau ihr Haupt und weinte bitterlich."

6. Juli 1933

Meine Bettlerklienten, wie mein Mann sie nennt, arme Burschen, die an den Ecken von meiner Wohnung bis zum Wittenbergplatz ihre Standplätze haben und die mich kennen, seit wir hier wohnen, weil sie ihren Obolus erhielten, sooft ich zum Markt ging – sie haben sich auch umgestellt, sie tragen das schöne Abzeichen. Heute bin ich wortlos an ihnen vorbeigegangen. Was haben sie wohl gedacht? „Die Gnädige hat schlechte Laune". Aber ich werde ihnen den Grund sagen. Ich wollte ein paar Schuhe kaufen. „Ist das ein jüdisches Geschäft", habe ich gefragt. „Hoffentlich stört Sie das nicht, das ganze Personal ist ja arisch", gab mir die sehr niedliche Verkäuferin zur Antwort. „Ich kaufe nur noch bei Juden", habe ich gesagt, nur damit sie einmal merkt, wie weh das tut, wenn man nur beim Juden oder nur beim Nicht-Juden kauft. Dummes Gesindel.

12. Juli 1933

Morgen ist meines Mannes Geburtstag. Es war immer ein Festtag für uns. Aber diesmal – er mußte nun auch weg vom Krankenhaus, nachdem sie endlich einen Nachfolger gefunden haben (es war wohl nicht so ganz einfach, sonst hätten sie ihn ja am 1. April gleich herausgeworfen). Und ich spürte, wie ihm seine Krankenhaustätigkeit fehlt. Das tut mir noch mehr weh als mein eigener Verlust.

Die Kassenpatienten kommen nun täglich zu mir. Wo sollen sie hingehen? Ich rate ihnen weiter, so gut ich kann. Ich gebe ihnen Medizin von meiner Hausapotheke, aber, ich kann ja niemand krank schreiben, kein Attest geben, und sie wollen immer wieder Atteste haben, um nicht in Versammlungen zu Gemeinschaftsabenden gehen zu müssen. Ich kann, darf nicht helfen.

13. Juli 1933

Meines Mannes Geburtstag. Ich hab' ihn gebeten, heute die Sprechstunde ausfallen zu lassen. Zum ersten Mal seit ich meinen Beruf ausübe, will ich ohne krank zu sein keine Sprechstunde abhalten. Ein Tag soll einmal ohne Kränkung, ohne Herzweh vorübergehen.

30. Juli 1933

Einladung bei meinem alten verehrten Geheimrat.
Schon fehlen verschiedene der alten Assistenten in unserem Kreise, sie sind fort, in die Welt hinaus. Der Geheimrat leidet mit uns, wir haben nie viele Worte gemacht, aber wir wissen beide, wie wir zueinander stehen. Plötzlich legt er den Arm um mich und sagte zu den Kollegen gewandt: „Und einer solchen Frau nimmt man die Kassen – sie wissen ja gar nicht, was sie ihrem eigenen Volk damit getan haben". In 12 Jahren, da ich nun seine Assistentin bin, war das wohl die erste Anerkennung in Worten, und sie macht mich in all meinem Kummer so reich.

Vetter Hugo kommt noch immer zur Behandlung zu mir. Warum die ihn seinerzeit vom Dirigentenpult weggeholt haben mit einem großen Teil seines Chors und Orchesters, weiß kein Mensch, auch nicht, warum er wochenlang eingesperrt war und wie es scheint, Furchtbares durchgemacht hat. Er meint, weil er vielleicht den vertonten Text aus Sinclairs Roman „Petroleum" früher einmal aufs Programm eines Konzertes gesetzt hat – jedenfalls waren wir alle wochenlang in bitterer Sorge, und als er wieder kam, kam er zu mir, dem weiblichen Arzt, der seine zerrütteten Nerven, seine Hände heilen sollte. Was er erlebte, er spricht nicht davon, aber es war wohl zu viel für den feinnervigen Künstler. Er wird sein Bündel schnüren und gehen, so bald als möglich, hat er mir heute anvertraut, und ich, ich konnte es nur gutheißen.

30. August 1933

Zurück aus Ferientagen aus Süddeutschland. Wie gespannt ist die Atmosphäre dort, wie verändert die Situation in meiner kleinen Heimatstadt, wo einer den anderen kennt.

Über 200 Jahre lebt meine Familie nun in der kleinen Stadt, angesehen, geehrt und nun … Der alte Vater sagte mir so nebenbei, daß er nicht mehr zu seinem Stammtisch gehe. Mutter regt sich auf, daß der und jener nicht mehr richtig zu grüßen wagt.

Die Freundin meiner Schwester, Frau eines Rechtsanwalts, sie kommt nur noch am Abend nach Eintritt der Dunkelheit, so daß meine Schwester ihr nahelegte, am besten überhaupt nicht mehr zu kommen. Die Katholiken sind zusammengesetzt aus Angst und Schrecken. Wo soll das hinführen?

[Textpassage fehlt]

… saß nur wenige Minuten im Salon, und sie kam. „Das Einsteinchen", rief sie aus – „Wo kommen Sie denn her?" und umarmte mich herzlich. Dann geht sie zur Tür und ruft in die Küche: „Elisabeth, kommen Sie und gucken Sie, wer da ist!" Und die alte Köchin erscheint: „Ach, unser nettes Fräulein Doktorche vom Krieg". Hier war ich noch nicht vergessen.

Selbst der Zeitungsmann an der Bahnhofsecke, der noch immer seine „Neue Badische" anpries, hatte mich sofort erkannt und begrüßt, als wäre ich gestern erst fortgegangen. Hier war der Hitlergeist noch nicht ganz eingezogen! Dann fuhr ich in das herrliche Rheinland zu Freunden, die ich seit der Heidelberger Studienzeit nicht gesehen hatte, mit denen ich aber in reger Korrespondenz stand. Er war mein Nachbar in sämtlichen Kollegs, sie eine Offizierstochter, damals Studentin der Kunstgeschichte – zwei prachtvolle Menschen. Wir saßen abends bei einer Flasche Wein in ihrem stillen Wohnzimmer in dem kleinen Nest am Rhein, abseits des großen Geschehens, und plötzlich fragte mich mein Freund: „Ihr seid wohl in Berlin verrückt geworden mit Eurem Hitlerwahn?" Sie meinen, der ganze Schwindel wird bald vorüber sein! Ich aber widerspreche ihnen heftig und erregt. Zum Schluß scheine ich ihnen doch die große Gefahr ein wenig gezeigt zu haben, und ich vergesse nie die Abschiedsworte der beiden Menschen: „Was auch kommt und geschieht, wir bleiben treu und verbunden, und für Dich und die Deinen ist stets Platz bei uns".

In Köln habe ich lange mit meinem Vetter gesprochen – er teilt meine Ansicht – auch er ist Arzt in einer glänzenden Praxis, aber auch er hat jetzt schon zu viel gesehen und erlebt, als daß er an ein „schnelles Ende" glauben könnte! – Und ich, ich fühle es wieder doppelt, seit ich zurück bin, ich habe es früher nie erwarten können, nach Urlaubstagen die Sprechstunde wieder aufzunehmen, und heute fürchte ich mich davor.

Im Zug von daheim nach Heidelberg habe ich geschrieben:

„Von deutschen Eltern ward ich deutsch erzogen
Und deutsch zu denken und zu fühlen hat man mich gelehrt.
Die deutsche Heimat ward mir heilig
Und alles Deutsche lieb und wert.

Und alles das will man mir nehmen
Ich sei nur ungebetener Gast.
Kaum gönnt man mir im Vaterlande
Noch Haus und Brot, noch Heim und Rast.

Dieses Leid gibt Kraft. In jeder Stunde
Ring ich um Heimat, Ehr und Licht.
Ich hab ein Recht am deutschen Lande –
Ich kämpfe drum und weiche nicht!"

Ich kämpfe drum, aber vielleicht ist es ein Kampf am falschen
Platz, ein Kampf ohne ebenbürtige Waffen. Ich bin ja schon
zur Passivität verdammt und werde wohl eines Tages unterlie-
gen, aber ich kämpfe um meine Ehre, nicht um mein täglich
Brot, und dieser Kampf muß bis zum letzten durchgefochten
werden, so verzweifelt er auch werden mag.

13. Oktober 1933
Unser 10jähriger Hochzeitstag! Rückblick und Ausschau. Unser Tisch ist geschmückt mit zartrosa Chrysanthemen wie
einst. Rote Rosen glühen in schimmernder Vase vor meinem
Platze, aus edlem Glase trinken wir perlenden Wein! „Auf die
nächsten 10 Jahre", sagt mein Mann, und ich fühle mein Herz
erbeben. Sie haben mir meine ruhige Sicherheit, den Frieden
meines Hauses genommen, sie haben mich zu erniedrigen versucht, sie haben mir den besten Teil meiner Arbeit genommen.
Was wird noch kommen?

Jede Sprechstunde reißt neue Wunden auf, jeder Weg über
die Straße ist eine Gefahr, selbst die Kinder in der Schule werden in der Frühstückspause unter dem Schutz eines Lehrers in
ein nahes Laubengrundstück geführt, erzählt mir mein Junge,
damit es auf der Straße nicht auffällt. Im Autobus fahren sie
jetzt getrennt nach Hause, „damit nicht so viele jüdische Kinder zusammen gesehen werden!" So sieht es hier aus, nachdem
sie nun ihren Parteitag des „Sieges" gefeiert haben! Siege, die
mit solchen Mitteln errungen werden, sollte ein anständiges
Volk nicht mitfeiern!

2. November 1933
Konsilium mit Professor X. Er ist mir persönlich sehr gewo-
gen, und er nimmt gern das Geld von meinen jüdischen Pati-
entinnen, auch von Frau H., mit der ich dort war. Plötzlich

sagt er: „Sie wundern sich wohl, daß ich auch mitmache, aber ich tue es nur, um die größten Dummheiten zu verhindern zu suchen." „Herr Professor, wenn ich Dummheiten verhindern will, mache ich nicht *mit*, sondern *dagegen*!"

Er wird sich wohl nicht wundern, wenn ich ihm keine Patienten mehr zuweise. Wenn nur die andern auch so viel Rückgrat hätten, aber sie sehen es noch immer nicht, zumal die stolzen Frontkämpfer, deren Kassenpraxis – auf unsere Kosten – nun zugenommen hat.

Silvester 1933

Ich habe niemanden Leids getan
Und war nie wissentlich schlecht.
Warum packt das Leben so grausam mich an?
Wofür sich's an mir nur rächt?

Ich habe jedem sein Brot gegönnt
Und gern ihm Erfolge gelassen.
Warum nur bin ich auf einmal verpönt?
Darf dieser und jener mich hassen?

Ich hab einem Jeden nur Liebe gegeben
Verstehen und Hilfe in Not.
Warum muß ich so viel Leid erleben?
Mich martern lassen zu Tod?

Ich war in der Arbeit beglückt und zufrieden
Ich tat sie aus Lieb, nicht aus Pflicht.
Warum nur werd ich auf einmal gemieden?
Taug weiter zur Ärztin ich nicht?

Ach wüßtet Ihr, wie weh das tut,
Wie das im Herzen brennt –
Mit heißer und versengender Glut –
Das nimmt kein gutes End' –

Das nimmt kein gutes End' – So manch einer hat den Weg ins Dunkel schon gewählt, aber ich? Ich habe ein Kind, und dieses Kind muß ich hüten, auch im neuen Jahr. Aus dem Radio klingt die Neunte Symphonie von Beethoven!

„Seid umschlungen Millionen – diesen Kuß der ganzen Welt".

Aber wir, gehören wir dazu? In tiefem Sinnen sitz' ich am Schreibtisch. Bilanz: Gut verdient und Herzensfreudigkeit verloren, eine traurige Bilanz! Was mag das neue Jahr bringen?

29. September 1934

Christabel Bielenberg

Das stumme Hinnehmen schockierte mich

Der Bericht der Engländerin Bielenberg war ursprünglich, aus ihren Tagebüchern zu einem Buch umgearbeitet, für ihre Kinder gedacht; Schwägerin und Vetter ermunterten sie zur Veröffentlichung. Auf diese Weise sind uns die Aufzeichnungen erhalten, in denen Christabel Bielenberg, die einen deutschen Rechtsanwalt geheiratet hatte, ihre während des Hitlerregimes in Deutschland verbrachte Zeit schilderte. Ihre Familie stand der Widerstandsbewegung – Adam von Trott zu Solz, Hans-Bernd von Haeften und Carl Langbehn – nahe. Ihr Mann kam ins KZ Ravensbrück, aus dem sie ihn mutig und geschickt agierend befreien konnte. Christabel Bielenberg lebt in Irland.

Die Jahre davor

Teil I: (1932–1934)

Am 29. September 1934, um vier Uhr nachmittags, wurde ich deutsche Staatsbürgerin. Zu dieser Stunde tauschte ich in einem Amtszimmer im Souterrain der deutschen Botschaft in London meinen englischen Paß mit dem gemütlichen Löwen, dem Einhorn und dem Ersuchen im Namen Seiner Britannischen Majestät, mir jeglichen Schutz zu gewähren, gegen sein deutsches Gegenstück – ein unauffälliges braunes Büchlein mit einem geringschätzig dreinblickenden Adler, der in Schwarz auf den billigen Pappumschlag gedruckt war; der Adler umklammerte mit kalten Krallen das Hakenkreuz.

Zwölf Jahre später legte ich in den Amtsräumen eines Commissioner for Oaths (der seine Melone aufsetzte und die Jacke zuknöpfte, wie es bei der Zeremonie Vorschrift war) in Lincoln's Inn Fields die linke Hand auf eine Bibel und hob die Rechte in einer dem Hitlergruß nicht unähnlichen Geste; ich schwor dem König Treue und wurde wieder britischer Untertan. Zwölf Jahre war ich Ausländerin gewesen, sieben davon ‚feindliche Ausländerin‘.

Als der uns bekannte Beamte mir 1934 meinen deutschen Paß aushändigte und meinen englischen in eine Schublade seines Schreibtisches einschloß, machte er eine recht unerwartete Bemerkung. „Ich fürchte, Sie haben keinen sehr guten Tausch gemacht", sagte er. Dann aber, als er sich verbeugte und mir die Hand schüttelte, blickte er zu meinem Begleiter auf und fügte hinzu: „Natürlich davon abgesehen, daß dieser ansehnliche junge Mann in dem Handel eingeschlossen ist."

Ich hatte an jenem Septembervormittag Peter Bielenberg, einen Referendar aus Hamburg, geheiratet. Die Hochzeit war sehr gut abgegangen, wenn man bedenkt, daß meine Schwiegereltern nur wenige verständliche Worte Englisch sprachen und meine Eltern über keinerlei Deutschkenntnisse verfügten. Die übliche Versammlung von Zylindern, Cutaways, Blumenhüten, die obligaten Glückwünsche hatten ihr Glanz verliehen. Bei dem anschließenden Hochzeitsempfang hielt mein Schwiegervater, ein hochangesehener Hamburger Anwalt, eine kurze, gewählt formulierte Rede, die er offensichtlich unter Aufbietung vieler Mühen auswendig gelernt hatte. Er begrüßte mich herzlich als neues Mitglied der Familie und erwähnte mit keinem Wort, daß sein einziger Sohn durch seine frühzeitige Heirat – er war erst zweiundzwanzig Jahre und hatte seine juristische Ausbildung noch nicht abgeschlossen; bis er eine Familie ernähren konnte, würden also noch einige Jahre vergehen – mit einer der strengsten hamburgischen Traditionen brach, was nach des Vaters wohlbedachter Meinung nur schlimme Folgen haben konnte.

Mein Vater erwiderte die Ansprüche flüssiger, aber mit Worten ähnlichen Inhalts. Er ließ unerwähnt, daß er auf der Fahrt zur Trauung den Wagen angehalten und mir in ernstem Ton versichert hatte, noch hätte ich Zeit, es mir anders zu überlegen. Als Peter und ich unsere Hochzeitsreise machten, verschwendeten wir wenige Gedanken an die teils vernünftigen, teils weniger vernünftigen Warnungen, die den wechselvollen Kurs unserer zweijährigen Bekanntschaft begleitet hatten.

Auch Peter hatte ernsthafte Ermahnungen und Vorhaltungen auf seiner Seite der Nordsee über sich er gehen lassen müssen. Denn abgesehen von den unwiderlegbaren Einwänden gegen unsere Heirat, die sich auf seine Jugend und seine nur halbfertige berufliche Ausbildung bezogen, gab es gewisse, von meiner großzügigeren Erziehung herrührende Eigenheiten an mir, die zu dem Bild einer jungen Ehefrau, wie ehrbare Hamburger Bürger sie sich vorstellten, nicht recht paßten. Konnte ich kochen? Konnte ich stopfen? Hatte ich überhaupt eine Ahnung, mit welcher Bescheidenheit, welchem Fleiß, welcher Sparsamkeit ich (nach allgemeiner Erwartung) mich in die schwierige Rolle einer deutschen Hausfrau würde finden müssen? Offensichtlich nicht. […]

Peter und ich hatte solche leise grollenden Warnsignale nicht weiter ernst genommen, doch zeigten sich andere, ominösere Vorzeichen am Horizont, die ganz danach aussahen, als könnten sie unser Leben, unsere gemeinsame Zukunft drastischer beeinflussen, und im Gegensatz zu manchen Älteren und Weiseren war es uns nicht gelungen, diese unheilkündenden Signale so leichthin abzutun.

In den beiden Jahren, nachdem Peter und ich uns kennengelernt hatten, 1932–1934, starb in Deutschland die Demokratie und wurde die Diktatur errichtet. Die Weimarer Republik erlag ohne viel Gegenwehr der Demagogie, der Einschüchterungstaktik und den gerissenen politischen Manipulationen eines einzigen Mannes. Das Dritte Reich zog herauf. Die zahllosen Parteien der Nachkriegszeit, die schließlich durch Streit und

Hader einander neutralisierten, wurden unter einer braunen Schlammflut begraben, der Nationalsozialistischen Deutschen Arbeiterpartei, angeführt von Parteimitglied Nr. 7, Adolf Hitler.

Ein paar Wochen vor unserer Hochzeit zerbrach mit dem Tod des Reichspräsidenten Hindenburg das letzte Bindeglied zur Vergangenheit. Hitler machte sich zum ‚Führer und Reichskanzler‘ und Obersten Befehlshaber der Wehrmacht, deren Angehörige künftighin ihren Treueid nicht mehr dem Staat und der Verfassung, sondern ihm, dem ‚Führer‘ zu leisten hatten.

Man hätte damals lange suchen müssen, um zwei Staatsbürger zu finden, die sich weniger mit den politischen Zuständen beschäftigten als Peter und ich; aber Geschehnisse wie diese mußten uns ja in gewissem Maß bedenklich stimmen, zumal sie sich auf unser Privatleben auszuwirken begannen.

1932 glaubte ich, von der deutschen Politik soviel zu verstehen, wie für mich überhaupt verständlich war. Ich konnte die Namen von einem Halbdutzend der zahllosen Parteien aufzählen und die Uniformen der den Parteien angeschlossenen Kampfverbände unterscheiden. Ich wußte, daß es nicht ratsam war, sonntags durch bestimmte Gegenden von Hamburg zu spazieren, denn die Montagszeitungen brachten fast jedesmal die Meldung vom Tod eines übereifrigen Politikers oder auch völlig Unbeteiligter, die sich plötzlich inmitten einer politischen Wochenenddemonstration fanden.

1932 hatte ich auch schon gelernt, daß in Deutschland keine Regierung sich länger als ein paar Monate im Amt halten konnte, weil keine Partei, aber auch keine Koalition über eine ausreichende Mehrheit verfügte.

Wenn mir daran gelegen hätte, weitere Aufklärungen über die politischen Verhältnisse in Peters Vaterland zu erhalten, so hätte ich mich wohl kaum an ihn wenden können, denn er bekannte, daß dieses Thema ihn völlig kalt lasse. Seine anscheinend indifferente Einstellung, die er mit vielen gleichaltrigen Hamburgern teilte, war darauf zurückzuführen, daß seine Geburtsstadt sich viel darauf zugute tat, eine Freie Hansestadt zu sein, die an die siebenhundert Jahre ihr Schicksal weitgehend selbst bestimmt hatte. Von den Söhnen der hamburgischen Patrizier erwartete man daher nicht, wie von denen des preußischen Adels, daß sie in der Armee oder als Beamte ihrem Land dienten. Sie absolvierten ihre Lehrjahre an Handelsplätzen in aller Welt, bevor sie zurückkehrten und sich alsbald behaglich im Senat niederließen – nicht ganz so behaglich in den düsteren Herrenhäusern, die sie sich an der Außenalster oder am östlichen Elbufer bauten. Dort pflegten sie einen soliden und frugalen Lebensstil, bis die nächste Generation herangewachsen war, um das Familienunternehmen weiter zu führen. Das adelige ‚von‘, das im übrigen Deutschland etwas galt, machte in Hamburg nicht nur wenig Eindruck, es hatte sogar einen fast leichtfertigen, ja degenerierten Beiklang, der es sehr suspekt machte. Man wurde entscheiden leichter akzeptiert, wenn man Engländer war statt Preuße oder Bayer; und wenn sich auch nicht völlig ignorieren ließ, was im übrigen Deutschland vor sich ging, so gab es doch andere Dinge, etwa die Zucker- und Kaffeeplantagen in Mittel- und Südamerika oder die Getreide- und Wertpapierbörse, die mehr Aufmerksamkeit erforderten.

Ein anderer Grund für Peters mangelndes Interesse an öffentlichen Dingen rührte von einem väterlichen Ratschlag her, den er sich, im Gegensatz zu den meisten andern, zu Herzen genommen hatte. Das fiel ihm um so leichter, als er sich aus seinen Kinderjahren lebhaft an die Inflation erinnerte. Sein Vater hatte ihm wiederholt eingeschärft, er solle sich nie, unter keinerlei Umständen, auf die Politik einlassen, die sei ein schmutziges Geschäft. Vater Bielenbergs Ansicht war von dem Schicksalsschlag geprägt, der die Familie auf dem Höhepunkt der Inflation getroffen hatte: eine Billion Papier-Reichsmark war plötzlich nur noch eine Rentenmark und das in Regierungsanleihen – vermeintlich mündelsicheren Wertpapieren – angelegte Familienvermögen nicht einmal mehr das Druckpapier wert gewesen.

Peters Vater gehörte zu den Männern, die in den wirtschaftlich ruhigeren Jahren, die dann folgten, alles daran setzten, den dahingeschmolzenen Besitz wieder aufzubauen. Aber er gab dabei seine Gesundheit hin, und als ich auf der Bühne erschien,

46

lebte und arbeitete er ganz offensichtlich nur noch dem Augenblick entgegen, daß er, in echter Hamburger Tradition, seine florierende Praxis dem Sohn übergeben konnte.

Während ich Gesang studierte und die Sprache zu erlernen versuchte, hatte ich auch einige Erfahrungen mit anderen deutschen Familien gesammelt. […] Ich wußte, daß viele Deutsche von Natur eingefleischte Globetrotter waren, und daß sie aus finanziellen Gründen seit Kriegsende ihre Heimat nicht mehr hatten verlassen können. Bis zu einem gewissen Grad verstand ich daher ihre Überraschung, wenn sie hörten, daß auch andere Länder unter Nachkriegsproblemen gelitten hatten; und doch wirkte die grimmige Entschlossenheit, als die einzigen Dulder auf dieser Welt zu gelten, manchmal ermüdend. Diese Unzufriedenheit mit Zuständen, die nach ihrer Meinung auf Dinge außerhalb ihres Einflusses zurückzuführen waren, glich sich überall, wo ich mein Quartier aufschlug, ob in der bescheidenen Villa eines Hamburger Universitätsprofessors oder in einem reizenden weißen Haus an einem Flußufer draußen vor der Stadt, Eigentum einer Witwe, die mit jeder angesehenen Familie der Hansestadt verwandt war.

Im Herbst 1932 logierte ich sehr angenehm bei einer besonders netten Hamburger Familie, die ebenfalls bessere Tage gesehen hatte, aber nicht soviel Zeit darauf verschwendete, ihr Schicksal zu beklagen. Denn Hans, der einzige Sohn des Hauses, ein und alles seiner Eltern, glaubte ganz ehrlich, im Nationalsozialismus die Lösung für alle Nöte Deutschlands gefunden und die Juden als das wahre Krebsübel erkannt zu haben. […] Die in Hamburg lebenden Juden machten zwar nur drei Prozent der Einwohnerschaft aus, stellten aber vierzig Prozent aller Ärzte, dreißig Prozent der Rechtsanwälte und zehn Prozent sämtlicher Richter; Geschäfte, Banken, Gewerbebetriebe – allzu viele würden von Juden geführt, und die Juden hielten immer zusammen. Seine Eltern hätten in der Inflation ihren gesamten Besitz verloren, nicht so die Juden; ihnen gehe es seit dem Krieg glänzend.

Hans war eigentlich ein ruhiger Mensch, aber manchmal, wenn er wirklich in Fahrt kam, stand er auf, mit hochrotem

Kopf, und nahm Haltungen ein, die sehr den Posen [Hitlers] auf den Ansichtskarten an der Wand ähnelten. Ich fragte ihn niemals, ob er sie vor einem Spiegel einstudiere, denn ich mochte ihn, und er war zu anständig und zu ernst, um ihn aufzuziehen. Er lieh mir ‚Mein Kampf‘ zum Lesen, und ich kämpfte mich durch vier schwülstige Seiten, ehe ich kapitulierte; daraufhin nahm er mich zu einigen Parteiversammlungen mit, die ich unterhaltsamer fand. Bevor wir den Saal verließen, zählten wir jedesmal die Leute, die sich an den vielen Tischen anstellten, um Parteimitglieder zu werden.

Bei einer solchen Gelegenheit im Herbst 1932 konnte ich sogar Peter bewegen, seine Vorurteile einmal zu überwinden und mitzukommen. Hitler persönlich sollte auf einer Versammlung unter freiem Himmel sprechen, und zwar – nicht unpassend, wie Peter nicht zu bemerken versäumte – im Tierpark Hagenbeck. Man hatte eine riesige Fläche abgesperrt, und Reihen stämmiger SA-Männer drängten die wogende Menschenmenge zu ordentlichen Rechtecken zusammen. Peter ließ das Trommelwirbeln, das Deutschland- und das Horst-Wessel-Lied über sich ergehen, aber seine Reaktion auf den dröhnenden Beginn war unmißverständlich. Meine Ohren hatten sich kaum auf den österreichischen Tonfall des ‚Führers‘ eingestellt, da führte Peter mich schon aus dem abgesperrten Gelände hinaus. Auf dem Weg zum Giraffenhaus und in Hörweite einiger alter Kämpfer in Uniform, die allen Nachzüglern scheppernd ihre Sammelbüchsen unter die Nase hielten, gab Peter eine seiner seltenen politischen Erklärungen ab. „Du hältst vielleicht die Deutschen für politische Idioten, Chris“, sagte er sehr laut und sehr entschieden, „und du hast vielleicht recht damit. Eines aber kann ich dir versichern: So blöd sind sie doch nicht, daß sie diesem Clown auf den Leim gehen.“

Ein Vierteljahr später, am 30. Januar 1933, wurde Hitler Reichskanzler. Ich war damals in England, und als ich die Neuigkeit in den Zeitungen las, freute ich mich etwas für Hans. Ich stellte fest, daß Hitlers Kabinett nur zwei weitere Nationalsozialisten angehörten und daß ihn so achtbare Persönlichkeiten wie von Neurath und von Papen umgaben. Obwohl ich mich also freute, daß Hans seine Chance erhielt, war ich doch gleichermaßen sicher, daß etwa ein Monat genügen würde, ihn zu ernüchtern, und daß sich dann das Karussell wieder drehen werde – zum nächsten Kabinett.

Daher war ich ziemlich überrascht und auch betroffen, als Frau Schadow, meine Gesangslehrerin, mir schrieb, daß sie ihre Gesangsschule im Frühjahr nach London verlegen wollte. Ihrem Brief war eine gewisse Panikstimmung anzumerken, doch kam ich nicht auf den Gedanken, daß ihre ,persönlichen Gründe' etwas mit den neuen politischen Verhältnissen zu tun haben könnten, deren Tendenz es war, das Leben jedes einzelnen, der innerhalb der Grenzen des Dritten Reiches zu leben wünschte, ganz zu durchdringen und zu beherrschen.

Nach dem 30. Januar 1933 folgten die Ereignisse in Deutschland immer rascher aufeinander. Der Reichstagsbrand, das Verbot der Kommunistischen Partei, die letzten freien Wahlen, die Billigung des Ermächtigungsgesetzes, die Auflösung der Gewerkschaften und sämtlicher übrigen politischen Parteien – die ganze Prozedur der sogenannten ,Gleichschaltung' war bis zum Juli jenes Jahres erledigt. Hinter der Fassade verfassungsmäßiger Legalität brauchte Hitler genau ein halbes Jahr, um sich und seine Partei an die Macht zu manövrieren.

Während dieses halben Jahres waren Peter und ich mit persönlichen Dingen beschäftigt, wir hatten uns verlobt, und Peters erstes Staatsexamen sollte im Frühjahr beginnen; er durfte die Nase nicht aus seinen Büchern nehmen, wenn auch manche Gesetzestexte rascher überholt waren, als er sie verdauen konnte.

Wenig später bekam er zum erstenmal zu spüren, was uns noch alles bevorstehen mochte. 1932 hatte er ein Austauschstipendium erhalten, und er hatte sich schon darauf gefreut, nach seiner Prüfung ein Jahr in den Vereinigten Staaten zu verbringen. Anfang 1933 erfuhr er, das amerikanische Auswahlkomitee habe entschieden, einem Repräsentanten des ,neuen Deutschland' den Vorzug zu geben. Gehöre er der NSDAP an oder habe er die Absicht, sich um die Aufnahme zu bewerben? Nein? Dann müsse leider ein Parteimitglied ausgewählt werden.

Peter hatte eine Anzahl jüdischer Freunde. Zwar brachen einige von ihnen ihr Studium ab, um das Land zu verlassen, solange noch Zeit war, aber die meisten machten weiter, da sie noch nicht glauben wollten, daß das einzige Land in Europa, in dem die Juden sich völlig heimisch gefühlt hatten, im Begriffe war, sich gegen sie zu wenden.

Wohl stimmte es, daß Rotten von SA-Rüpeln durch die fahnenübersäten Straßen Hamburgs zogen und lautstark ihren politischen Sieg feierten, und daß man, wenn man sich mit einem ‚Judenjungen' sehen ließ, Gefahr lief, angepöbelt und schließlich in eine Schlägerei verwickelt zu werden. Aber Peter war in so guter körperlicher Verfassung, daß man ihn in Frieden ließ, und gelegentliche Raufereien machten ihm nichts aus; ja, er wurde in so viele hineingezogen, daß ich mich manchmal fragte, ob er sie nicht gelegentlich zu seinem Vergnügen provozierte.

Ein Vorfall im Mai 1933 jedoch beunruhigte ihn und ließ ihn zum erstenmal voll Besorgnis in die Zukunft blicken. Er ging mit Ingrid Warburg, einer jungen Jüdin mit den klassischen Zügen einer ägyptischen Prinzessin, über die Lombardsbrücke, als plötzlich am anderen Ende Unruhe entstand und zwei kleine Männer auf ihn zugerannt kamen, die ihre Aktentaschen festhielten. Offensichtlich angsterfüllt rannten sie wie gehetzte Hasen zwischen Passanten und Verkehr hindurch. Mehrere stämmige SA-Männer folgten ihnen keuchend auf den Fersen, und als Peter diesen den Weg versperren wollte, klammerte Ingrid sich an seinen Arm. „Peter, bist du wahnsinnig!" Ingrids Stimme klang so flehend, ihr Gesichtsausdruck war plötzlich so tragisch, daß er einen Augenblick innehielt, und als er sich wieder umwandte, hatte sich die Menge der Spaziergänger wie ein Vorhang vor der Szene geschlossen. Die Binnenalster glitzerte im Frühlingssonnenschein und die Kirchtürme leuchteten grün im dunstigen Himmel. Es war, als ob nichts Außergewöhnliches geschehen wäre. Einen Hinweis auf den Vorfall lieferten die Abendblätter, die in großen Schlagzeilen meldeten, die Gewerkschaften hätten freiwillig ihr Schicksal in die Hände des ‚Führers' gelegt und Robert Ley sei an die Spitze einer neugeschaffenen ‚Deutschen Arbeitsfront' berufen worden. Herr Ley hatte anscheinend eine große Rede gehalten und verkündet, er betrachte Einrichtungen der Arbeiterschaft als heilig. Peter fiel ein, daß das Gewerkschaftshaus in Hamburg sich unweit der Lombardsbrücke befand, und an jenem Abend schrieb er mir nach England, wenn das neue Deutschland so aussehe, hätten wir hier nichts mehr verloren.

Ich begann Peters Unbehagen erst zu teilen, als sich während eines meiner Besuche in Deutschland ein ähnlicher Vorfall ereignete. Wir waren beide in einem Gasthaus auf dem Lande, und am Nebentisch saßen drei junge Juden beim Wein und unterhielten sich friedlich. Die SA-Männer, die breitspurig zur Tür hereinkamen, lehnten sich an die Theke und starrten mit dem stumpfen Blick der Schwerbetrunkenen streitsüchtig um sich. „Hier stinkt es", sagte einer. „Und ich weiß auch warum", sagte ein anderer. Erinnerungen an meinen irischen Vater – die Art, wie Peter sein Glas hinstellte, sagte mir, daß ein Wetter heraufzog. Sechs betrunkene SA-Männer, drei nicht sehr athletisch wirkende Juden – unter ihnen ein Mädchen –, Peter und ich; meine Empfindungen hätten mir nicht das Victoria-Kreuz eingebracht. Ich ertappte mich dabei, daß ich Peter beruhigend die Hand auf den Arm legte, während ich mich rasch im Lokal umblickte, in der Erwartung, Bundesgenossen zu finden. Zu meiner Überraschung gab es offenbar keine. Die übrigen Anwesenden leerten schleunigst ihre Gläser und bezahlten ihre Rechnung oder sie steuerten schon dem Ausgang zu. „Silly bastards", bemerkte Peter in seinem besten Englisch – das war zu seinem Lieblingsausdruck geworden. Einer der Juden lächelte ihm unauffällig zu und verlangte seine Rechnung, die ihm im Eiltempo gebracht wurde. Sie verließen das Gasthaus, und Peter mußte sich damit begnügen, ihren Weg zur Tür, den brüllendes, trunkenes Hohngelächter von der Theke her begleitete, zu decken.

Es war nur ein Vorfall von mehreren, und es war nicht der Anblick der betrunkenen Rüpel im Braunhemd, den ich nicht mehr vergaß, denn daran hatten wir uns schon gewöhnt; es war vielmehr der hastige Aufbruch der anderen Gäste, das eilige Gedränge gutbürgerlicher Kehrseiten, die plötzliche Leere.

Nicht der Aufruhr, sondern das stumme Hinnehmen schokkierte mich und machte mir mit einemmal bewußt, daß ich hier fremd war, geboren und aufgewachsen in einem Land, wo bürgerliches Handeln und auch bürgerlicher Protest genauso zum ‚way of life‘ gehören wie Cricket oder Christmas-Pudding.

Damals kam auch mir der unbehagliche Verdacht, daß sich vielleicht etwas wirklich Unheimliches festgesetzt hatte.

30. März 1938

Eva Jantzen, Merith Niehuss

Man muß sein weiches Frauenherz in strenge Zucht nehmen

1984 erhielt Eva Jantzen ein Postpaket, in dem sie das dicke und schwere Klassenbuch wiederfand, das Tagebuch, in das die Abiturientinnen des Jahres 1932 abwechselnd geschrieben hatten. Ein vielgereistes Buch, das seit dem Abitur nach Mexiko, nach Kanada, nach Griechenland geschickt, immer wieder von Ost- nach Westdeutschland gebracht worden war und schließlich in den Osten zurückkehrte. Das ausgebombt und wiedergefunden, bei der Flucht mitgeführt wurde, verloren schien und wieder aufgetaucht ist. Der Austausch einer Generation von Frauen, die warten mußten, bis sie sechzig Jahre alt waren, um sich endlich alle wieder einmal zu treffen, denn sie stammten alle aus Thüringen.

Eva Jantzen, eine dieser Schülerinnen, wurde 1914 in Magdeburg geboren, studierte Kunstgeschichte und Archäologie und lebt als freie Schriftstellerin und Journalistin in Hamburg; Merith Niehuss, die als Historikerin der Universität München ein Nachwort schrieb, hat u. a. zur Thematik Familiengeschichte publiziert.

Liebe Frauen und Mütter, Bräute und Mädchen!

Wenn ich nach so langer Zeit etwas von meinem Leben und meiner Tätigkeit erzählen soll, so kann ich es fast mit den Worten meines ersten Berichts am Anfang dieses Buches tun: ich schneidere und koche – diesmal aber nicht, um auf einigermaßen nützliche Weise die Zeit totzuschlagen, sondern es ist schon ein Bestandteil meines künftigen Lebens. Ich muß was lernen, denn auch ich will mich verheiraten, wenn mir auch klar ist, wie sehr Ihr darüber lachen werdet. Aber es ist halt ein Beweis dafür, wie gründlich man sich und seine Ansichten im Laufe der Jahre ändern kann.

Nun will ich Euch aber einen richtigen chronologischen Bericht über mich geben. Leider wird eine so gedrängte Übersicht ja niemals einen richtigen Eindruck vermitteln. Wir alle haben uns ja seit dem Abi nicht wieder gesehen. Seltsamerweise bin ich die einzige, die sofort nach Süddeutschland ging. Eva soll auch in München studiert haben, ich hab sie aber niemals gesehen. Ich war ja auch nicht an der Uni, sondern an der Staatslehranstalt für Lichtbildwesen. Im landläufigen Sinn bringt man ja den Begriff „Photograph" meist nur in Zusammenhang mit den mehr oder weniger guten Porträtaufnahmen unsrer lieben Mitmenschen. Welche fabelhaft interessanten Spezialgebiete es innerhalb des Lichtbildwesens gerade auch auf wissenschaftlichem Gebiet gibt, davon hat nur ein Fachmann die richtige Vorstellung. Ich hatte nun während meiner Lehrzeit in München großes Glück, indem ich Lehrer hatte, die bemüht waren auf ihrem Gebiet Hervorragendes zu leisten, und damit das Ansehen des Photographenstandes enorm zu heben. Wenn man allerdings dabei erlebt, was für total unkünstlerische Naturen unter den Schülern sind, dann dürfte für den besten Lehrer Hopfen und Malz verloren sein. Meine Lehrzeit betrug zwei Jahre. In dieser Zeit bin ich absolut zum Bayern geworden, und wenn ichs beeinflussen kann, möchte ich hier nie wieder fortgehen. Die ersten Monate standen allerdings unter dem düsteren Schatten einer Drachengestalt von Wirtin, aber auch dieses Problem ließ sich mit der Zeit meistern. Die Arbeit machte Freude und brachte Erfolg, und obendrein fand ich in einem Kandidaten der Medizin sehr bald einen Kandidaten, mit dem ich nicht nur gemeinsame Interessen hatte, sondern der auch persönlich all' das in mir erweckte, was bisher ganz tief drinnen geschlummert hatte, und so wurde aus der männerverachtenden Ursel gar bald eine „heimliche Braut". Allerdings ging dabei das äußere Leben durchaus seinen alten Gang weiter. Meine Eltern waren inzwischen auch nach München gezogen (mein Vater ist ja schon im Pensionsalter), und ich konnte wohlgenährt durch Mutters Fleischtöpfe ins Gesellenexamen steigen und dann noch ein Jahr die Meisterklasse besuchen. Nun galt es eine Stelle zu finden, aber leider ließ sich in München nichts machen, was meinen Vorstellungen entsprochen hätte. So fuhr ich auf gut Glück nach Berlin und hatte binnen 14 Tagen trotz Arbeitssperre und furchtbarer Scherereien mit dem Arbeitsamt das, was ich wollte: Als Werbefotografin und sachverständige Mitarbeiterin bei einer großen Firma angestellt zu werden. Meine Tätigkeit bei einer Tochtergesellschaft der Deutschen Reichsbahn, die die Auslandswerbung unter sich hat, machte mir großen Spaß, gerade auch, weil es durch die enge Zusammenarbeit mit dem Ausland eine ganz aktuelle Angelegenheit ist, und der Werbung auf diesem Gebiet die fabelhaftesten Möglichkeiten offen stehen und von sehr großzügigen Gesichtspunkten her gearbeitet werden kann. An die Berliner Zeit denke ich aber sonst sehr ungern, obwohl ich das große Glück hatte, sie nicht mal allein, sondern zusammen mit dem zukünftigen Lebensgefährten verleben zu können. Wirklich angestrengt berufstätig in Berlin zu sein, zerreißt einen gewissermaßen, denn es ist ja zugleich die Stadt, in der künstlerisch das allermeiste geboten wird. Davon haben aber eigentlich nur die fremden Besucher einen wirklichen Genuß. Der „Einheimische" – und das war ich ja – hat den Tag über Hetze und Tempo. Zwischen sechs und sieben kommt man aus dem Büro. Trotz der Riesenentfernungen versucht man sein Zuhause zu erreichen, nur um es sofort hundemüde, dafür aber „umgezogen" wieder zu verlassen, weil ein Konzert, Theater oder sonst was winkt. Ich kam mir eigentlich wie ein riesengroßes Behältnis vor, in das von allen Seiten die verschiedenartigsten Erlebnisse einströmten, ohne daß sie irgendwo sortiert würden, sondern sich schließlich charakterlos miteinander vermengten. Es war gut, daß dies Dasein nach zwei Jahren ein Ende fand. Mein Bräuterich war inzwischen fertiger Arzt, ging aktiv zum Militär, und damit rückte die Aussicht zum Heiraten näher. Den Beruf allerdings gab ich mit sehr geteilten Gefühlen auf. Es war schließlich eine innere und äußere Selbständigkeit, auf die man nun verzichtet, und die mir sehr viel wert gewesen ist. Aber auf der anderen Seite standen eben mächtig alle Wünsche einer Frau, die den Menschen auf der Welt gefunden hat, der ihr wirklich Lebensinhalt geworden ist. So bin ich also erst mal wieder zu meinen Eltern gezogen, die sich hier in Murnau am schönen Staffelsee angesichts der Werdenfelser Berge ein Häuschen gebaut haben. Ich versuche mir hier ein bißchen Fettpolster zu erwerben. Berg- und Klettertouren im nahen Karwendel gibts zu meiner Freude, auch Radtouren (mein gutes altes Rad aus der Schulzeit ist dabei zu Schrott gegangen). Und jetzt bin ich im hiesigen Krankenhaus in der Kochlehre, denn als Arztfrau soll ich mit der Diätküche Bescheid wissen. Und wenn man einen Oberbayern zum Mann bekommt, der so viele traditionelle Wünsche für seinen Magenfahrplan hat wie der meine, muß man ja mindestens Kalbshaxe, Leberknödel usw. herstellen können. Einen Hund bringt er auch noch mit in die Ehe, und so werden wir in einigen Wochen zu dritt in Bad Reichenhall eine hübsche kleine Wohnung beziehen. Allerdings schwebt als Damoklesschwert die Versetzung schon jetzt über uns, die uns wahrscheinlich eher weiter als näher an Thüringen führen wird. Darum werdet Ihr alle wohl für lange Zeit mit schriftlichen Grüßen von mir vorlieb nehmen müssen. Ich wünsche Euch das Allerbeste für Euren ferneren Lebensweg, und daß Ihr mich nicht ganz vergeßt.

Eure Ursel

Geliebtes Volk!

Welche Freude, den totgeglaubten Rundbrief zu kriegen! Denn
ich war ja ziemlich raus aus unserer Klassengemeinschaft – seit
zwei Jahren habe ich von niemandem etwas gehört oder gesehen. Nur bei Pfarrfrau Anneliese bin ich zweimal im Pfarrhaus
gewesen, und einmal habe ich Hilfe gesehen, als wir uns in
diakoniedlicher Würde und Verbundenheit zu einer Seelen-
massage des alleinseeligmachenden Diakonievereins in Suhl
treffen mußten. – Aber ich will weiterfahren (welcher Lehrer
sagte das bloß immer?) wo ich vor sechs Jahren aufgehört habe. Keine Angst – ich mach es kurz: Also ein halbes Jahr
hauswirtschaftliche Vorschule im Diakonieverein im Stettiner
Krankenhaus – da gabs ein paar Pfundskerle unter den Mitschülerinnen. Dann begann die Schwesterei. Mir hat es Spaß
gemacht, das Pflegen und Betütteln. Was ich meinen Patienten
war, mögt Ihr am treffendsten aus dem Ausspruch einer Oma
ersehen, die kurz darauf in die ewigen Jagdgründe einging:
„Schwesterken, wenn ich Ihnen ansehe, habe ich immer schon
'nen Happen Trost weg." So also wirkte ich segensreich zwei
Jahre lang in Stettin, sittsam und brav wie nie und allen Vorgesetzten zur Freude. Dann gings in die Klinik nach Arnstadt.
Dort war es für mich prima, und mein Leben gefiel der dortigen Oberschwester sehr viel weniger. Denn in den Thüringer
Wald ists nicht weit, und jede freie Minute schwang ich mich
aufs Rad und strampelte los. Bei jedem Wetter. Wenn ich außer diakoniedlicher Sicht war, wurden sämtliche Würdenzei-
chen – Haube und Schleife –, vorn ans Rad gehängt, die ollen
Ärmel hochgekrempelt und Sonne und Wind genossen.
Manchmal auch den Regen, dann war die ganze gestärkte
Herrlichkeit dahin, Haube und Schleife klebten müde am
Haupt – Aber schön wars! Zwei junge Schwestern machten
immer mit – das war ganz groß. Der Oberin gefiel es nicht,
und um die drei schwarzen Schafe zu trennen, schickte sie

mich nach Ilmenau – Das änderte nichts an meinem Leben, jede dienstfreie Minute ergriff ich mein Rad, zum Beispiel zum Kickelhahn: eine Stunde raufschieben, eine Viertelstunde oben, zehn Minuten wieder runter bis zum Krankenhaus. Nach dem Dienst machte ich Nachtfahrten bis elf Uhr – da kam man gerade noch unbehelligt wieder ins Haus. Aber daß das nicht gerade den diakoniedlichen Vorstellungen entsprach, könnt Ihr Euch denken, obwohl ich nebenbei gesagt – niemals auf unrechten Pfaden gewandelt bin. Nun kurz – es gab Krach, und ich meldete mich zum Arbeitsdienst, mit der stillen, aber großen Hoffnung, dort einen neuen Beruf zu finden. Im Januar 37 wurde ich Arbeitsmaid, und das war herrlich. Meinen Klassenkameradinnen, die in diesem Buch den Arbeitsdienst schlecht machten, kann ich hier nur entgegentreten. Es ist eine wirklich gute Sache. Und ich bin bestimmt sehr kritisch an die Sache herangegangen, schon weil ich dabei zu bleiben erwog. Und Heuchelei und Frommtun und Reden von Nächstenliebe – das kannte ich ja zur Genüge aus diakoniedlichen Zeiten. Immerhin bin ich dem Verein dankbar für alles, was ich da gelernt habe. Und vor allem dafür, daß ich durch den Krach noch rechtzeitig wieder davon loskam. Sonst wäre ich unweigerlich in Kürze eine ewig liebevolle, würdige und feierliche und innerlich nicht ganz aufrichtige Schwester geworden. Die Vorsehung hat es besser gewollt! Also – ich war nun Arbeitsmaid, sechs Wochen in Badingen in der Altmark, dann acht Wochen in Merseburg im Vorschulungslager. Natürlich darf man nirgends ideale Zustände erwarten und sich schmarotzend ihrer freuen wollen. Man muß eben selber Kameradschaft und Idealismus mitbringen und an andere abgeben können. Ein Vierteljahr war ich in der Bezirksschule Marklohe bei Nienburg an der Weser. Das war eine herrliche Zeit, und der diakoniedliche Kalk rieselte sichtbar von mir ab. Wir hatten eine fabelhafte Schulung, viele Gastredner, machten Schulungsfahrten zum Steinhuder Meer und – ganz groß – nach Berlin. Dort besuchten wir unseren Konstantin Gierl und Frau Scholz-Klink, besichtigten die Ausstellung „Gebt mir vier Jahre Zeit", dann die Reichsleitung des Arbeitsdienstes, das Frauenwerk und den

H.S.V. Theater und Kino gab es und einen bonzigen Kamerad-
schaftsabend in der Reichsschule in Potsdam. Am 1. Juli wurde
ich als Gehilfin losgelassen und kriegte gleich ein Aufbau-
kommando – zur Einrichtung eines neuen Lagers bei Aschers-
leben. Das macht Spaß! Und was man da eben alles können
und tun muß, ohne daß jemand einen fragt. Von Oktober bis
Januar war ich dann in Milow bei Rathenow zur Unterstüt-
zung und Vertretung der kränklichen Lagerführerin. Zehn Tage war ich zum Sportkursus in Ilsenburg – das war eine Won-
ne! Und seit Februar führe ich das Lager Vollenborn im
Eichsfeld selbständig, und bin jeden Tag von neuem froh über
meine Aufgabe. Arbeit habe ich in rauhen Mengen: zuerst: mir
sind 36 Arbeitsmaiden zur Erziehung anvertraut: Erziehung
zur Kameradschaft, zum Nationalsozialismus, zur Arbeit.
Dann Schulung, Singen, Betriebserziehung usw. Diese großen
Worte kommen Euch bestimmt geschwollen vor. Aber das alles ist ein *Ziel,* und es lohnt sich schon, um dessen Erreichung
täglich neu zu ringen. Und – Ihr dürft ruhig lachen: auch das
Singen leite ich. Und ich höre Euch sagen „alles falsch"! Aber
ich habe einen Riesenspaß daran. Und es ist ja auch keine große Musik. Es sind Fahrten- und Volkslieder, und Taktschlagen
kann ich schon höchst grazil und anmutig. Der ganze Betrieb
ruht auf meinen, ja nun nicht mehr jungen Schultern in dem
hübschen ehemaligen Gutshaus mit Garten und Stallungen. Bei
36 Leutchen für Ordnung, Sauberkeit und Pünktlichkeit zu
sorgen und daß das Haus immer in Schuß ist, das kostet schon
was! Und dann hab ich den Arbeitseinsatz in den Dörfern zu
überwachen, muß die Bauern regelmäßig besuchen und mit ihnen gute Verbindung halten. Aber das macht viel Freude, und
die meisten von ihnen empfinden die „Hitler-Mädchen" als
fröhliche und willige Hilfen. Mit den großen Tieren des Krei-
ses biedert man sich natürlich auch an: mit dem Landrat, dem
Kreisleiter, dem Kreisbauernführer, BDM und Frauenschaft.
Mit meinen Maiden komme ich sehr gut hin und ich hoffe von
keiner, daß sie mal so über den Arbeitsdienst erzählt wie Lotte
oder Käthchen. – Nun, wer angibt, hat mehr vom Leben. Aber
der Arbeitsdienst hat sich wirklich mächtig entwickelt und ist

nicht mehr so mäßig, wie er im Anfang war. Wenn Ihr uns in unseren schmucken Uniformen seht, dann muß Euch eigentlich klar sein, was für eine herrliche Sache wir sind. Und der Beruf der Lagerführerin ist bestimmt der schönste, vielseitigste und interessanteste, befriedigendste Frauenberuf. Ich kann ihn nur allen ordentlichen Kerlen unter Euch wärmstens empfehlen. Ich vermisse deshalb weder Eheglück noch Kindersegen, sondern freue mich meiner 36 Kinder und meiner herrlichen großen Aufgaben. Und zwischendrein gibt es Höhepunkte und Festtage. Zum Beispiel der Reichsparteitag voriges Jahr – das Herz geht einem über, wenn man daran denkt. Und Tagungen und Festveranstaltungen! Sogar tanzen habe ich gelernt, so etwas ländlich-schändlich. Aber es geht. Und ich habe sogar mit Generalarbeitsführer Schmückle getanzt! Alles Volk staunte! [...]

Ach, Kinder, was hab ich hier alles geschwafelt! Aber es sind ja auch sechs Jahre gewesen, die ich Euch nicht vorenthalten wollte. Es ist ein typisches Zeichen vorgerückten Alters, wenn man sich so lang ergießt. Jugenderinnerungen eines alten Weibes! Doch im Arbeitsdienst konservieren wir uns unser sonniges Kindergemüt in jedem Fall. Hoffentlich erlebt Ihr alle diese herrlich große Zeit so mit wie wir hier und geht nicht unter in den gewiß lieben und beglückenden, aber doch dem gegenüber kleinen Sorgen um das traute Heim, den zärtlichen Eheliebsten und die gerade zahnenden oder ewig feuchten Kinderchen. Im übrigen begrüße ich besonders alle Klassenkameradinnen, die durch zunehmenden Kindersegen den drohenden Volkstod erfolgreich bekämpfen helfen und weiterhin für Garanten der Zukunft sorgen werden.

Heil Euch Hitler!

In alter Frische Eure Änne

Liebe alte Klasse!

Sechs Jahre sind vergangen, seitdem ich in dieses Buch schrieb. Während dieser Zeit hab ich so vieles erlebt, Schönes und Trauriges, daß ich nur ganz kurz von äußerlichen Dingen berichten kann, die ja auch nicht so reizvoll sind wie die Berichte unserer glücklichen jungen Bräute und jungen Frauen, denen wir inzwischen Glück wünschen durften, in ihren Lebensgefährten Sinn und Freude ihres Lebens gefunden zu haben.

Ich bin im Herbst 32 nach Marburg gegangen und habe dort ein Jahr lang beim Roten Kreuz Krankenpflege gelernt. Es war ein wertvolles Jahr für mich, und die Krankenpflege hat mir große Freude gemacht, insbesondere da den Rote-Kreuz-Schwestern ihr Beruf nicht so schwer gemacht wird wie den Diakonieschwestern durch dauernde Hausarbeiten usw. – Danach ließ ich mich – ebenfalls in Marburg – als technische Assistentin ausbilden und bestand nach zweieinhalb Jahren mein Staatsexamen. Den folgenden Sommer arbeitete ich als Volontärin an der dortigen Medizinischen Klinik und am Hygienischen Institut und schließlich dem Medizinal-Untersuchungsamt und konnte überall noch viel Neues hinzulernen. Sehr froh war ich, als ich trotz der damaligen Stellenknappheit schon im Januar 1936 meine erste feste Anstellung bekam. Zwar war diese zum Schrecken meiner Eltern ausgerechnet an einer großen Irrenanstalt für Männer. Aber ich war so glücklich, mich nun selbst erhalten zu können und den Eltern nicht mehr auf der Tasche zu liegen, daß ich die Stelle gegen ihren Wunsch annahm. Zuerst habe ich mich zwar ein wenig vor den Verrückten gefürchtet, zumal die Irrenanstalt in einem der ältesten Klöster Deutschlands ganz einsam auf dem Lande inmitten großer Wälder untergebracht war. 17 km von Bad Wildungen, ohne Eisenbahnstation. Auch war ich als einziges Mädchen unter 850 kranken Männern, 150 Pflegern und vier Ärzten sehr allein. Eine Köchin und eine Waschfrau gabs, aber für die war ich zu jung. Später fand ich zwei Freundinnen in zwei jungen Arztfrauen. Mit der einen konnte ich in meiner Freizeit viel musizieren. Und ich gewöhnte mich ohnehin an das einsame Leben, machte große Wanderungen in der wundervollen Umgebung des alten Klosters. [...] Bald hatte ich auch mein anfängliches Grauen überwunden, und die gute Zusammenarbeit mit den Ärzten machte große Freude. Dem Professor mußte ich viel bei seinen wissenschaftlichen Arbeiten über Epilepsie und Schizophrenie helfen. Ich mußte Blutuntersuchungen machen, röntgen und die Kranken für rassenkundliche und erbgesundheitliche Zwecke photographieren. Und natürlich alle ärztlichen Schreibarbeiten ausführen – Gutachten, Krankenberichte, Briefe an Wohlfahrtsämter und an Angehörige. Da hatte ich reichlich zu tun, und oft saß ich noch nachts um drei Uhr an der Schreibmaschine. Ich kam dadurch ziemlich herunter, aber die Arbeit war niemals langweilig sondern stets abwechslungsreich und vielseitig. Und dazu kam eben die schöne Zusammenarbeit mit den Ärzten, die auch so viel zu tun hatten und das uneingeschränkte gegenseitige Vertrauen. Bald verstand ich es auch, richtig mit den Kranken umzugehen. Mit Güte und Verstehen kann man viel bei ihnen erreichen, aber sie müssen zugleich auch etwas Strenge und Sicherheit spüren. Hat man einmal ihr Vertrauen gewonnen, sind sie rührend anhänglich und folgen einem überall hin. Es fiel mir richtig schwer, dies Arbeitsfeld nach anderthalb Jahren aufzugeben, weil die Behringwerke in Marburg mich beanspruchten, bei denen ich ja meine Leistungsprüfung abgelegt hatte. Dort hatte ich nun wieder ein ganz anderes Arbeitsgebiet und zwar die Serumherstellung zur Bekämpfung des Wundstarrkrampfs und der Diphterie. Vorbedingung für diese Arbeit ist peinlichste Genauigkeit und Zuverlässigkeit in Bezug auf Sterilität und Berechnung der Konzentration von Gift und Gegengift. Und vor allem muß man zuerst sein weiches Frauenherz in strenge Zucht nehmen, denn alles wird unter Inanspruchnahme von Tierleiden und Tierleben hergestellt. Man muß sich dann eben während man den armen Wesen die todbringenden Spritzen verabfolgt, während man ihre entsetzlichen Leiden in allen Stadien genauestens registriert, und während man ihre toten Leiber seziert, immer vor Augen halten, daß ja alles nur geschieht, um kostbare Menschenleben zu retten. Soldaten im Felde, um die ihre Familien, ihre reizenden Kleinen oder auch ihre Mütter bangen, während sie im Fieber liegen. Oft fragt man sich allerdings, ob wohl jedes Menschenleben wertvoller ist als das eines Tieres? Im übrigen lernte ich dort eine ganz vorbildliche Kameradschaft kennen unter Ärzten, Arbeitern und berufstätigen Frauen. Jede hatte ihr Spezialgebiet zur Bekämpfung ansteckender Krankheiten, auch Tropenkrankheiten, Schlangenbisse usw. und die Arbeit in einem so großen und modern eingerichteten Werk ist außerordentlich interessant. Ich habe sie auch nur meinen Eltern zuliebe aufgegeben, weil sich im Standortlazarett unsrer Heimatstadt eine Laboratoriumsstelle bot und ich auf diese Weise in ihrer Nähe sein kann, worüber sie sich sehr freuen.

Nach dem vielen Häßlichen und Entarteten in der Irrenanstalt, wo man es ja mit Blöden, Sittlichkeitsverbrechern und Epileptikern zu tun hatte, ist es eine Wohltat, nun für geistig gesunde und körperlich schöne und kräftige junge Menschen zu arbeiten. Es geht sehr laut und unsanft zu in solch einem Militärlazarett, aber alles umschließt eine große und gute Kameradschaft, und wir wenigen Frauen (9 Rote-Kreuz-Schwestern und ich) werden von den untereinander oft rauhen Soldaten sehr ritterlich und zart behandelt. Oft muß man den jungen Kerlchen die Schwester oder gar die Mutter ersetzen, wenn sie einem in geradezu rührendem Vertrauen von ihrem Glück oder Pech in der Liebe berichten oder einen um Rat fragen, was man wohl der Mutter oder der kleinen Freundin zum Geburtstag schenken könnte. – Neuerdings haben wir auch eine Sanitätsschule eröffnet. Augenblicklich besteht die Schülerschaft aus 80 Soldaten, die ihre Rekrutenzeit hinter sich haben und nun im Lazarett für den Sanitätsdienst ausgebildet werden. Die armen Kerle werden von morgens bis abends voll Wissenschaft gestopft, und leider hat man auch mich dazu ausersehen, ihnen jede Woche einige Stunden Unterricht zu geben. Angenehm ist es entschieden nicht, vor einer Mannschaft von 80 Köpfen zu stehen und sich von 160 Augen anstarren zu lassen. Aber was soll man machen? Hauptsache, der Unterricht nützt was!

Nun aber Schluß! Ich wünsch Euch allen weiterhin viel Glück und Erfolg!

Eure Katharina

16. November 1938

Elisabeth Block

Ein schöner Spaziergang

Nicht einmal zehn Jahre lang waren Elisabeth Block gegeben, um in anspruchslosen Notizen ihren Alltag festzuhalten. Es ist kein politisches Tagebuch, es sind auch keine literarischen Aufzeichnungen. Vielmehr zeugt Elisabeth Blocks Tagebuch von der nahezu vollständigen Anpassung einer jüdischen Familie an ihre bayrische Umgebung und von der scheinbar problemlosen Integration in eine Gesellschaft, die sie jedoch nach und nach immer mehr ausgrenzte und entrechtete.

Elisabeth Block, 1923 in Niederburg bei Rosenheim geboren, wo ihre Eltern eine Gärtnerei aufbauten, scheint sich vielmehr mit der immer begrenzteren Lebenswelt abzufinden. Im Jahr 1942 muß die Familie Block zunächst nach Milbertshofen ziehen, ins südbayrische Sammellager; die letzten Lebenszeichen stammen aus dem Lager Piaski bei Lublin.

16. November 1938, Buß- und Bettag
Um uns von den traurigen Gedanken und Sorgen, die der Tod unseres lieben Onkel Leos und überhaupt die letzten zehn Tage mit sich brachten, zu befreien, machten wir einen schönen

Spaziergang zu unsrem lieben See, wo wir am Ufer in der warmen Herbstsonne saßen und mit Seppen Marie plauderten, die sich auch dort eingefunden hatte.

17. November 1938
Nun ist das von Mutti schon so lang Geahnte geschehen: Ich und auch Trudi und Arno dürfen nicht mehr zur Schule gehen. Mit furchtbar schwerem Herzen trennte ich mich von meinen lieben Mitschülerinnen.

Mein Stunden-Plan:

$1/_2$ 7 Uhr aufstehen, nach dem Frühstück Betten machen, gegen 8 Uhr in Papas Zimmer zur Schule antreten, die bis 10 Uhr dauert. Wir haben Deutsch, Rechnen, Erdkunde, Geschichte, Zeichnen und Geometrie. Dienstags und freitags von 1 Uhr bis 3$^{1/_4}$ Uhr mit Mutti Englisch und Stenographie. Dazwischen von 10 Uhr bis 1 Uhr kochen und abspülen. Nachmittags umgraben, Hausarbeiten usw. Montags bei der Wäsche Kathi helfen, das sehr lustig ist, da wir in den Stall eine schöne, geräumige Waschküche eingebaut bekommen haben. Abends wird aus „Gabriele von Bülows Töchtern" und „Ein Künstlerleben" von F. Wasmann vorgelesen und dabei gehandarbeitet.

Ich bin nun durch diese Zeiteinteilung und die Vorbereitungen für Weihnachten vollauf beschäftigt und fühle mich wieder genauso zufrieden wie zuvor, als ich zur Schule ging.

Sonntag, 20. November 1938
Heut' nachmittag machten wir drei Kinder mit Mutti einen entzückenden Spaziergang rund um den See, der heute so spiegelglatt war wie selten. Der Zweck der Übung aber war, daß wir alle mal unser kleines Stückchen Wald, drüben auf der andren Seite vom See, kennenlernten.

Mittwoch, 23. November 1938
Heut' ist nun Arnos Geburtstag. Er hat eine prachtvolle Eisenbahn mit einer Unmenge von Schienen bekommen, mit der er nun schon die ganze Zeit spielt. Ich habe Kathi bei der großen Wäsche geholfen, einen Teil derselben konnten wir raus

hängen, doch es ist jetzt schon sehr kalt und sie wird kaum trocken. Im Gebirge hat's über Nacht tüchtig geschneit.

Sonntag, 27. November 1938, 1. Advent
Gegen ½ 12 Uhr machten wir uns alle zusammen fertig, um eine Fahrt mit dem Auto zu machen, da es, wie schon die ganze Woche, wunderschönes Wetter war. Fest eingepackt in warme Mäntel und Decken, da es einem beim Sitzen trotz der Sonne sonst kalt geworden wäre, fuhren wir über Schloßberg, Endorf, Hartmannsberg und Seebruck nach Traunstein. Am Chiemsee waren wir ausgestiegen und hatten Muscheln gesucht; der See spiegelte vom prachtigen Blau der Berge wider, es war ein wunderschöner Anblick. Auch in Traunstein stiegen wir aus. Dann ging's weiter über Teisendorf nach Reichenhall, von wo aus wir dann zurück fuhren, [wir] kamen am Stausee vorbei und am Mauthäusl, fuhren auf der Alpenstraße, wo wir uns auch den Gletschergarten ansahen. Auch an Ruhpolding kamen wir vorbei. Bei Siegsdorf bogen wir in die Autobahn ein. Während wir am Chiemsee vorbei fuhren, sahen wir auch das Rasthaus, das ein riesiges Gasthaus [ist]. Schon um ³/₄ 6 Uhr kamen wir nach Haus'.

Woche vom 28. [November] – 4. Dezember 1938

Montag	Von 8–10 Uhr Schule
	Im Garten mit Kathi.
Dienstag	Schule, Printen gebacken.
	Nachmittags Englisch und
	Kurzschrift.
Mittwoch	Nach dem Unterricht im Garten,
	nachmittags ebenfalls.
Donnerstag	Bis 10 Uhr Schule, dann im Garten mit
	Kathi.
Freitag	Von 10 bis ½ 12 Uhr in der Stadt zum
	Einkaufen. Nachmittags mit Kathi
	Komposthaufen umgesetzt.
Samstag	Bis ³/₄ 10 Uhr Unterricht, dann beim Kochen
	geholfen. Pfefferkuchen gebacken.
	Nachmittags Englisch und

Kurzschrift bis ½4 Uhr, dann
Keks gebacken. Abends mein Winterdirndl
bekommen.

Sonntag   Der erste Schnee über nacht gefallen!

24. Dezember 1938

Die letzten Wochen vor Weihnachten brachte ich mit Guttel-
backen und anderen Weihnachtsvorbereitungen zu, dabei ver-
ging die Zeit so schnell, und mit einemmal stand der Heilige
Abend vor der Tür.

Mittags schon fing es endlich an zu schneien, so daß schon
gegen Abend alles draußen in ein festliches weißes Kleid gehüllt war. Und ich durfte inzwischen beinah ganz allein den
Weihnachtsbaum, der aus unsrer eignen Hecke stammte,
schmücken, was auch ganz gut gelang. Etwa um 5¼ Uhr war
dann auch Papa fertig mit dem Aufbauen der Geschenke, und
wir stürmten ins Weihnachtszimmer, das von den vielen brennenden Kerzen hell erleuchtet war. Erst wurden einige Weih-
nachtslieder gesungen und dann schauten wir unsere Geschenke an. Ich hatte wieder sehr viele und schöne Sachen
bekommen, auch von Liesel war ein reizendes Päckchen gekommen, in das auch Gusti etwas mit eingelegt hatte, was mich
ganz besonders freute. Spät abends kam noch Kathi und
brachte auch noch für jeden was mit. Ich bekam wunderschönes Briefpapier und schöne Strümpfe. Wir blieben noch bis
½11 Uhr auf. Kathi begleiteten Mutti und ich noch durch die
wunderschöne Winterlandschaft nach Haus'.

Meine diesjährigen Weihnachtsgeschenke machten wieder
bei jedem viel Freude: Papa bekam ein praktisches, selbstge-
machtes Ding für Selbstbinder aufzuhängen, Mutti ein Paar
Bettschuhe und [ein] Nachthemd, Trudi und Arno je ein Ba-
stelspiel und Kathi ein selbst gehäkeltes Deckchen.

25. und 26. Dezember 1938

An beiden Feiertagen war ich bei Kathi, wohin ich Spiele mitgenommen hatte, mit denen wir uns alle sehr vergnügten. Am
Vormittag des zweiten Feiertages machten wir einen hübschen

Spaziergang über unsren See, der mit einer schönen weißen Decke überdeckt war.

Donnerstag, 29. Dezember 1938

Heute nachmittag war ich zum ersten Mal wieder beim Schifahren. Es war sehr lustig. Fast täglich schneit es jetzt.

Freitag, 30. Dezember 1938

Um ½ 9 Uhr machten Mutti und ich uns auf, um zu Fuß in die Stadt zu gehen, weil wir dort am Bahnhof Familie Redelmeier auf der Durchreise nach Palästina noch einmal sehen wollten. Es war ein unglaublich schöner Wintermorgen. Die Berge erschienen in einem silbernen Licht, drüben der Tannenwald war wie vergoldet, und die Sonne ging in einem purpurnen Himmel auf.

Wir waren so früh dort, daß wir uns noch erst eine Weile ins Milchstüberl setzten. Aber als dann endlich der Zug kam, nachdem er noch 50 Minuten Verspätung gehabt hat, waren Red[elmeiers] einfach nicht zu finden, wir liefen zweimal am Zug entlang, aber alles blieb ergebnislos, und wir mußten so wieder abziehen, da der Zug nur einige Minuten Aufenthalt hatte. Samstag kam dann eine Karte von München, auf der Redelmeiers uns noch Grüße schickten, wahrscheinlich sind sie mit einem anderen Zug gefahren.

Gestern bekam ich zu meiner großen Freude und Überraschung von Fasbender Lisa einen Neujahrsgruß.

31. Dezember 1938

Der letzte Tag des alten Jahres war angebrochen. Am vormittag zogen Papa, Trudi und ich mit den Schiern los, fuhren am See entlang, durch den winterlichen Wald bis nach Lochen, wo wir ein paarmal runter rutschten, und dann ging's auf der Landstraße nach Haus'.

Am Abend verzehrten wir dann mit größtem Appetit einen Teil des Gänsebratens, den uns Tante Else geschickt hatte. Unser erster Gänsebraten!, der Mutti viel Kopfzerbrechen gemacht hat.

Nach dem Abspülen wurde der Christbaum angezündet und Lieder gesungen. Hernach machten wir allerhand schöne Spiele, gegen 10 Uhr gingen wir zu Bett. Das war das Ende des Jahres 1938.

A happy new year!

24. Juli 1940

Lore Walb

Wir erleben große Geschichte

„Ob Tagebuch oder Brief, Schreiben gehört zu meinem Leben, ist ein Stück Leben. Schreibend betreibe ich Selbsterforschung, gewinne ich Durchblick und Überblick, versuche ich Krisen, Trauer und Einsamkeit zu bewältigen. Schreibend kläre ich Gedanken und Gefühle, erhalte ich Beziehungen und bewahre Ereignisse, die meinem löchrigen Gedächtnis verlorengingen, Ereignisse der äußeren und der inneren Welt. Nur wenn ich auch meine inneren Bilder in Worte fasse und niederschreibe, verleihe ich den flüchtigen Träumen und Imaginationen Dauer, gewinne ich neue Lebensräume. Diese Erfahrung sollte ich freilich erst auf dem Weg ins Alter machen, in der Zeit, da ich begann, auf mein Leben zurückzublicken." So schreibt Lore Walb, 1919 in Alzey in Rheinhessen geboren, statt einer Einleitung zu ihrem Buch „Ich, die Alte – ich, die Junge", in dem sie sich im Alter mit ihren Tagebüchern aus ihrer Jugendzeit konfrontiert. Seit 1933 vertraut sie ihnen an, was sie bewegt, ob in ihrem privaten Leben oder in der „großen Politik", voll Stolz auf ihr „geliebtes deutsches Vaterland" und voll „inbrünstiger Gefühle".

Erst im Alter, nachdem sie ihre Arbeit als Rundfunkjourna-
listin beendet hat, beugt sie sich über dieses frühere Ich, bereit
für den kritischen Blick, mit dem sie ihre Irrungen und Blen-
dungen registriert. Sie untersucht dieses zerrissene und schwa-
che, vor allem beeinflußbare Ich und untersucht sich, mit Hilfe
einer Therapeutin, wie eine Kranke, fordert den Zusammen-
bruch heraus, den Sturz, die gründliche Desillusionierung.

„Was gäbe ich drum", sagt sie heute, wenn sie ihre rassisti-
schen Dünkel ihr Geplapper vom „Untermenschen" lesen muß,
„wenn ich diese Worte, diese Gesinnung nicht in meinem Ta-
gebuch dokumentiert fände." Und sie setzt sich hin und
schreibt, kommentiert ihr Versagen, hält ihre Schuld fest, ihre
Verstrickung, übernimmt die Verantwortung, macht tabula
rasa. Formt sich neu nach jenem einzigen Bild, das sie heute
anerkennt. Ein einzigartiges Dokument ist so entstanden, eines
jener Tagebücher, bei denen man sich fragt, warum sie eine
Welt, die sie zur Kenntnis nimmt, so gar nicht verändern.

München, 24. Juli 40, abends $1/_2 7$ Uhr.
Großer, etwas banger Tag heute. Abschiedskummer von Gisela [...]. Koffer sind gepackt, Zimmer aufgegeben (sie hat sich
noch ganz übel entpuppt, diese Wirtin), und nun geht's los, ins
Ungewisse, d.h. zum Landdienst ins Protektorat. Es ist mir
nicht restlos wohl zu Mute dabei. Obwohl ich mich doch vorher fast drauf gefreut habe. Fünf Wochen sind lang. Schon jetzt
freue ich mich dann auf zu Hause.

Um $1/_2 12$ Uhr heute nacht müssen wir am Bahnhof sein, um
$1/_2 3$ Uhr soll's losgehen. Na, es wird wohl ganz interessant.

Und Gisela bleibt nun 5 Wochen hier und arbeitet. Und dann
wird sie doch nach Berlin fahren, wenigstens einige Ferientage.
Hoffentlich kommt sie wieder nach München zurück! Es ist
noch ungewiß. Ich wünsche es so sehr. Ich habe sie richtig gern
und bin so glücklich, daß ich sie kennengelernt habe. [...]

Heute habe ich erfahren, daß Hermann in Warschau ist – als
Rekrut. Er hat strengen Dienst.

Und nun mir selber ein Glückauf zum Landdienst!

Will ich nun auch hier mal wieder Optimist sein.

Landdienst

Nun ist es also so weit. Und wieviel besser ist alles gegangen und wieviel netter ist es, als ich gedacht habe. [...] Die ganze Halle war voller Studenten, überall suchten sich die Gruppen, die zusammengehörten – bei der verdunkelten Beleuchtung von einiger Schwierigkeit. Dann wurden wir im Sonderzug verfrachtet, und Gottseidank um 1 Uhr verließen wir den Bahnhof. [...] Die Strecke war München – Fürth a. Wald – Pilsen – Tabor – Iglau. In Tabor kamen wir gegen 2 Uhr mittags an. Auf dem Bahnhof stand uns zu Ehren eine deutsche Militärkapelle, wir marschierten durch die nette kleine – tschechische! – Stadt zum Marktplatz, dort kurze Begrüßung, dann bekamen wir alle Mittagessen aus einer Feldküche. An den Geschäften, überall tschechische Namen – es war eigenartig, für mich das erste Mal, daß ich in einem fremden Land bin. Um 4 Uhr fuhren wir weiter, kamen nach 7 Uhr abends in Iglau an.

Unsere Koffer blieben am Bahnhof, wir marschierten, die Jungens in Uniform, wir im dunklen Rock und weißer Bluse, die Mädels als Gruppe zwischen den Jungens, zum Marktplatz. Die Begrüßung durch die deutsche Bevölkerung, die die Straßen säumte, war ergreifend. Wie strahlten die Leute und jubelten den deutschen Studenten aus dem Reich zu! Der Aufmarsch auf dem Marktplatz klappte tadellos. Es folgten kurze Ansprachen, dann gingen wir zu einer Schule, wo wir Abendessen bekamen, auf Matratzen oder Strohsäcken schliefen wir.

Der folgende Tag, Samstag, war dann ganz „Einführungslager". Und das war aber viel netter als wir erwartet hatten. Die Reden am Vor- und Nachmittag, die uns über Verwaltung, Bauerntum, Volkstum der Sprachinsel gehalten wurden, waren nicht langweilig und nicht unendlich lang. Und im übrigen hatte die Studentenführung großes Verständnis für unsere Bedürfnisse und Wünsche, mittags gingen wir schwimmen, abends durften wir ausgehen. [...]

Im Protektorat Böhmen und Mähren – dem Deutschen Reich seit der „Zerschlagung der Resttschechei" am 16. März 1939 angegliedertes „Schutzgebiet" – lebten unter 7,5 Millionen Einwohnern 225 000 Deutsche. Der Ernteeinsatz, zu dem etliche hundert Münchner Studentinnen und Studenten im Sonderzug gebracht wurden, war, in heutigem Deutsch, ein pflichtmäßiger Solidarbeitrag der studentischen Jugend während der Semesterferien im Interesse volksdeutscher Bauern, kostenlose Erntehilfe ebenso wie eine Demonstration der Verbundenheit, der „Gemeinschaft aller Deutschen". Die „Deutsche Iglauer Sprachinsel", im 12./13. Jahrhundert entstanden, umfaßte 70 Dörfer; nach 1918 bildeten die Deutschen dort nicht mehr die Mehrheit.

Tabor, *die nette kleine – tschechische! – Stadt*, das Ausrufezeichen unterstrich die Sensation: Als Einundzwanzigjährige erlebte ich zum erstenmal Ausland, Menschen, die nicht deutsch sprachen, eine freundliche Kleinstadt, bewohnt von Tschechen, dem Volk, das die NS-Propaganda monatelang attackiert hatte. In Iglau – *der Aufmarsch klappte tadellos* – präsentierten wir uns, uniform gekleidet, als propere Deutsche, so, wie man uns sehen sollte. Wie wir die Volksdeutschen und die Tschechen sehen sollten, das wurde uns im *„Einführungslager"* beigebracht.

Otten, 7. August 40

Am Samstag, 27. Juli war dann die Verteilung der Jungens und Mädels mit Koffern und Rädern auf Lastwagen den Dörfern entsprechend zusammen, und dann gings los. [...] Mit Otten habe ich geradezu das große Los gezogen für den Landdienst. Ich kam bei dem „Sklavenmarkt" zur Familie Johann B., ein Ehepaar in den 30er Jahren, zwei Jungens von 6 und 5 Jahren. Die Leute sind sehr nett. Besonderes Glück habe ich mit meiner Unterbringung, ich habe ein helles, freundliches Zimmer mit 2 Betten, für mich allein (das Haus ist neu). Die ganze Familie schläft in zwei Betten in der Küche. Wie gut ich es mit meinem „Einzelzimmer" habe, das erkannte ich sehr bald, denn die Jungens schlafen fast alle mit dem Bauernpaar zusammen oder gar mit der ganzen Familie. Und das wäre mir sehr unangenehm. Mängel gibt es bei mir natürlich auch, das Zimmer hat z.B. keine Vorhänge, geht dazu noch auf die Straße – jeder, der vorbei geht, schaut sehr interessiert herein.

Das größte Manko ist die Waschgelegenheit. Die Waschschüssel muß ich erst eine Viertelstunde bearbeiten, bevor ich sie benützen kann. Morgens wasche ich mich deshalb an der Pumpe, abends manchmal am Teich. Ja, das ist das schönste, der kleine Teich beim Dorf. Nach der Arbeit gehn wir gewöhnlich dorthin, nette Stunden haben wir da schon verlebt. …

„Wir hier", das sind 2 Mädels […] und 5 Jungen. […] Wir haben hier ein fabelhaftes Clübchen aufgetan. […] Von mir kann man wohl auch sagen, ich sei „auf Draht", ich gelte hier so etwas als Mittelpunkt. Das freut mich so sehr, daß mich alle gern mögen, denn in früheren Jahren, zu Hause, war ich ja nicht so sehr beliebt. […] Aber hier haben ja alle Geist, und da ist es oft sehr amüsant.

In diesen zwei Wochen war die Arbeit noch nicht so ganz doll, denn die Ernte fängt ja erst nächste Woche an, dann ist die Hälfte der Zeit schon vorbei. Ich habe es sehr gut, ich schlafe bis kurz nach 8 Uhr, denn im Stall brauche ich gar nichts zu helfen. Ich war schon öfters auf dem Feld, im Heu, beim Kleebau, Mistbreiten, gerade heute helfe ich Mistaufladen, die unangenehmste Arbeit, weil sie so schwer ist. Alle diese Arbeiten sind Arbeiten, die wir im R.A.D. nicht machten, weil dies Sache der Männer war. Die Erfahrungen des R.A.D. sind mir jetzt wieder ganz wertvoll, ich weiß doch gleich, wie eine Arbeit angepackt wird.

Am meisten freue ich mich immer auf den Abend, da treffen wir uns gewöhnlich alle, entweder bei einem Bauern, oder am Teich oder wir gehen vielleicht nach Stannern zum Dorfabend oder Tanzen.

Mittwochs und samstags ist das Tanzverbot ja nun aufgehoben, und da haben wir vergangenen Mittwoch einen furchtbar netten Tanzabend gehabt, und ich habe mich nach Herzenslust „ausgetobt". Mit mir tanzen alle gern, an Stimmung fehlt mirs nicht, ein solcher Abend macht mir Heidenspaß.

Am Samstag hatten wir hier in Otten einen Dorfabend veranstaltet, die Jungens wußten sehr nette, lustige Sachen, er fand großen Beifall. Hinterher haben wir noch getanzt; dann waren wir so in Stimmung und Hitze, daß wir ganz „Eisernen", Gerd, Sepp, Pit und Jule und ich noch um 2 Uhr nachts in den Teich zum Schwimmen gingen. [...] Die Jungens haben mich aus dem Fenster gehoben und [so] kam ich auch später wieder herein. Selbstverständlich hat sich dieser Spaß in unsren beiden Dörfern schnell herumgesprochen. „Dein guter Ruf ist hin", haben mir die Jungens erklärt – was haben wir schon darüber gelacht.

Unser Clübchen unternimmt fast alles gemeinsam, das ist der große Unterschied zu denen in Stannern, wo es nur Einzelgänger oder Pärchen gibt. Dazu haben wir einen viel besseren Kontakt mit den Bauern, wir kennen alle, können zu jedem ins Haus kommen. Wir besuchen uns auch öfters mal schnell gegenseitig.

Interessant ist es hier, denn zum ersten Mal kommt man, d.h. ich, mit einem fremden Volk zusammen, wenn auch der Boden hier deutsch ist, deutsch gesprochen wird, daneben wird doch auch mal tschechisch gesprochen, 5 Häuser im Dorf sind tschechisch. Die Tschechen halten sich ganz für sich. Interessant ist, was die Bauern über den Anschluß des Protektorats zu Deutschland erzählen. Hier haben sie allerdings nicht so viel mitgemacht wie in Nordmähren, dort waren die Tschechen viel aggressiver. Im vorigen Jahr haben unsere Studenten in Stannern die Schule wieder deutsch gemacht, d.h. die Tschechen vertrieben.

Am Sonntag früh waren hier zwei Beamte aus Iglau, die sich danach erkundigten, wie wir untergebracht waren. Sie haben uns Verschiedenes von den Problemen hier erzählt, es ist doch nicht ganz so gut mit dem Deutschtum hier bestellt, wie wir dachten.

Noch drei Tage, bevor die neuen Grenzen festgelegt wurden, haben die Tschechen 3000 Deutsche oder deutsch Gesinnte ins Sudetenland versetzt und dafür die doppelte Zahl Tschechen hereingenommen. Mitten im Sieg ein ungeheurer Blutverlust für das Deutschtum. Das größte Problem hier ist wohl das der Nachkommenschaft. Die 5 tschechischen Familien hier im Dorf haben eben so viele Kinder wie die 29 Deutschen. Man kann sich ein klares Bild davon machen, wie es in der nächsten Generation hier aussieht, wenn das so weitergeht. Und sehr häufig sind die Mischehen. Die Leute hier haben im allgemeinen sehr helle Köpfe, die Bauern sind sehr intelligent, besonders in politischen Dingen sehr auf der Höhe. […]

Wieder belegt das Tagebuch mein kritikloses Einverständnis mit Hitlers Eroberungspolitik und meine Unkenntnis historisch-politischer Tatbestände. Von der komplizierten Geschichte des Territoriums hatte ich ebensowenig Ahnung wie von der Geschichte des jungen, demokratisch verfaßten Staatswesens Tschechoslowakei, das nur zwanzig Jahre existierte, dem einzigen der Region. Eine volle Demokratie wie die Schweiz war die ČSSR nicht geworden, sie hatte die Verfassung nicht in die Praxis umgesetzt und ihren Minderheiten, allen voran der großen deutschen (22,4% der Bevölkerung), die Gleichstellung mit Tschechen und Slowaken versagt, was Hitler zum Vorwand nahm für seine aggressive Politik.

In meiner deutschen Engstirnigkeit konnte ich mir nicht vorstellen, daß nicht alle Deutschen Heimweh nach Großdeutschland hatten, sondern daß man sich auch als Deutscher verstehen und zugleich ein loyaler tschechoslowakischer Bürger und Staatsdiener sein konnte, der sein multikulturelles Land liebte. Erst recht nicht vermochte ich mich in die Situation der Tschechen einzufühlen, die das Münchener Abkommen vom 30. September 1938 zur Abtretung des Sudetengebietes gezwungen hatte. Durch den *Bevölkerungsaustausch*, die zwangsweise Aussiedlung von Deutschen, von der die Iglauer Beamten berichteten, hatten sie sich offenbar noch kurz vor der „Zerschlagung" ihres Staates der Parteigänger Hitlers zu entledigen versucht. *Mitten im Sieg ein ungeheurer Blutverlust für die Deutschen*, klagte ich – immer ist es meine Sprache, die mein Denken zeigt: *Im vorigen Jahr haben unsere Studenten in Stannern die Schule wieder deutsch gemacht, d. h. die Tschechen vertrieben. Aggressiv* erschienen mir immer nur die anderen, z. B. die Tschechen in Nordmähren; daß dort viele Deutsche lebten, die unter dem Einfluß der Sudetendeutschen Partei und Hitlers Politik den *Anschluß* an das Reich anstrebten, und welche Ängste dadurch bei den Tschechen ausgelöst worden waren, bedachte ich nicht.

Persönlich gesehen verdankte ich dem Landdienst in Mähren das schönste Gruppenerlebnis meiner Studienzeit und, weil oft im Mittelpunkt studentischer Aufmerksamkeit, die Stärkung meines Selbstwertgefühls.

Otten, 13. August 40

[...] Vor Monaten schon habe ich mir gewünscht, in Briefwechsel mit einem „unbekannten Soldaten" zu treten, um den Krieg irgendwie persönlicher zu erleben. Aber es sollte doch jemand sein, bei dem ähnliche Interessen vorhanden sind, ein gebildeter Mensch, daß ich auch was davon hätte. Deshalb schrieb ich damals Rotraut, ob sie keinen Bekannten wüßte, dem das Spaß machen würde. Sie schrieb mir daraufhin die Adresse ihres Vetters Franzl [...]

Nun habe ich eine ganz reizende Antwort bekommen, mein Brief hat ihm anscheinend Freude gemacht [...] Er ist Leutnant, Ingenieur auf einem U-Boot, in Norwegen war er dabei und klagt nun, daß er im Augenblick nicht zum Kämpfen kommt.

Jetzt habe ich wieder etwas zum Träumen und Phantasieren. [...] Wieviel Zeit habe ich in meinem Leben doch schon verträumt!

Ich kann mich in das Motiv für den Wunsch, mit einem *unbekannten Soldaten"* Briefe zu wechseln, nicht mehr einfühlen, spüre aber, daß die Aussage wichtig war. Offenbar erhoffte ich, die ich nur Beobachterin und Faktensammlerin war, durch „Feldpost" in einen Kontakt zur Wirklichkeit des Krieges zu kommen. Paradox erscheint mir heute die Klage des jungen Offiziers darüber, daß er nicht zum Kämpfen kam: Der Lebenssinn des Kriegers ist der Krieg, der ihn das Leben kosten kann.

Daß insgeheim auch ein zweites Motiv bei meinem Bemühen um einen Frontbriefwechsel eine Rolle spielte, nämlich vielleicht auf diesem Weg einen Freund zu finden, verrät die Feststellung, *jetzt habe ich wieder etwas zum Träumen und Phantasieren.* Darüber freute ich mich, wertete das Träumen und Phantasieren zugleich aber ab: *Wieviel Zeit habe ich in meinem Leben doch schon verträumt.* Verträumte Zeit hielt ich für verlorene Zeit. Hätte ich doch schon früher etwas von den kreativen Kräften der Seele gewußt und davon, was sie für das Leben und Überleben bedeuten!

Otten (Mähren), 18. August 40
Ein trüber, verregneter Sonntag. Schon der vierte Sonntag im Landdienst.

Erster Sonntag: Spaziergang in das entfernte Dorf Vilens, zweiter Sonntag: herrliche Sonne, den ganzen Tag am Teich, dritter Sonntag: „Sportfest" in Stannern, Fuß- und Handball haben unsre Jungens gegen die Dorfjugend verloren, Leichtathletik waren sie gut. Abends Dorfabend in Stannern. Sehr nett war es für uns, daß ich mit Erika und zwei Studenten in den schönen Iglauer Trachten erschien, wir eröffneten den Abend mit einem Walzer. [...]

Samstags, am Tag vorher, waren wir bei Seyß-Inquart eingeladen, es war nichts Besonderes, die Einladung bei Prof. Borcherdt hat mir in München mehr Eindruck gemacht; Seyß-Inquart ist kein Gesellschafter. Er ist ruhig, ein einfacher Mann. Tüchtig in seinem Fach ist er gewiß. [...]

Arthur Seyß-Inquart, der mir weit weniger Eindruck machte als der Münchener Germanist, mag sich damals in seinem Heimatdorf Stannern bei Iglau auf Urlaub befunden haben. Als Politiker, der beim „Anschluß" Österreichs eine entscheidende Rolle gespielt hatte, tauchte er zuerst im Tagebuch auf. Es war nur der Anfang seiner Karriere. Über ein Jahr fungierte er als Reichsstatthalter der „Ostmark", wie Österreich nun hieß, unter anderem auch kurz als stellvertretender Generalgouverneur in Polen, bevor er im Mai 1940 Reichskommissar in den besetzten Niederlanden geworden war.

Tüchtig in seinem Fach ist er gewiß – wie wahr sprach da eine Ahnungslose. Er war verantwortlich für die Verschleppung von 5 Millionen Niederländern als Fremdarbeiter", d. h. Zwangsarbeiter ins Reich, für Geiselerschießungen, die Ausbeutung der niederländischen Wirtschaft und die Beschlagnahme von wertvollsten Kunstwerken. Vor allem aber brachte er 117000 von 140000 holländischen Juden den Tod; die Deportierten kamen in den Vernichtungslagern um. Unter ihnen befanden sich auch deutsche Juden, die in den Niederlanden im Exil lebten, z.B. die junge Frankfurterin Anne Frank. Seyß-Inquart wurde im Oktober 1946 in Nürnberg als Kriegsverbrecher hingerichtet.

Der schönste Abend bisher war am Samstag. Hier war ein katholischer Feiertag, nachmittags also keine Arbeit. Drei von uns „Ottenern" hatten Geburtstag. [...] Ganz romantisch wars. Auf einer Wiese mitten im Wald; gegen Abend Lagerfeuer. Ente am Spieß gebraten, Kartoffeln in der Glut, Gurkensalat, reihum aus dem Topf gegessen, Himbeeren. Anfangs viel Ulk und Spaß, dann stiller, schöne Lieder, Gedichte, Rilke, Novalis' „Hymnen an die Nacht". Besinnlicher, verträumter Ausklang. Wunderschön.

Montag, 19. August 40
[...] Eine Weile schien mir der Krieg ganz fern. Radio, Zeitungen, alles hört man nicht. Aber in letzter Zeit haben wir den Engländern doch allerlei Schaden zugefügt. Mehrere 100 Flugzeuge in wenigen Tagen vernichtet, viele Flugplätze zerstört. Von jetzt ab uneingeschränkte Blockade. Zu Hause müssen sie noch immer des öfteren in den Keller. Seit 14. August: uneingeschränkter Seekrieg gegen England.

Otten, 24. August 1940, Samstag
Während der ganzen vergangenen Woche konnten wir auf dem Feld nichts tun, nur einige Verlegenheitsarbeiten. Das Wetter ist scheußlich, dauernd Regen und ganz unangenehm kalt. [...] Seit dem häßlichen Wetter und der oft vorhandenen Langeweile tagsüber habe ich mich nun doch auf das Ende des Landdienstes gefreut. Und nun ist es bald so weit. Wie freue ich mich auf zu Hause! Und wie herrlich, daß wir vorher noch viel

Schönes sehen werden: Prag, die alte Deutsche Stadt! Ich bin ganz glücklich. Morgen, Sonntag, Volksfest in Iglau, am Montag letzter Arbeitstag und am Dienstag fahren wir.

Alzey, 10. September 1940

[...] Die letzten Landdiensttage waren noch schön. [...] Dienstag früh fuhren wir mit dem Omnibus nach Iglau, dann drei Stunden mit dem Zug nach Prag. [...] Am Abend vorher war in Stannern offizieller Abschied gewesen, Kranzniederlegung am Kriegermal, kurze, gewandte und schlichte Reden der Bauern und ihr Dank für unsere Hilfe. Schön war das. [...]

Um $^1/_2$ 1 Uhr mittags kamen wir in Prag an. Im „Langemarckhaus" aßen wir zu mittag. Gegen 4 Uhr war eine Stadtrundfahrt für uns, nur zum Hradschin stiegen wir aus, sahen den Veits-Dom, den Spanischen Saal und einige Zimmer. Um 6 Uhr war im Tschernin-Palais Empfang, nicht durch den Reichsprotektor selbst, sondern durch einen Unterstaatssekretär, der sehr nette Worte für uns fand. [...]

Am nächsten Vormittag Bummel durch die schöne Altstadt. [...] Nachmittags nochmal Hradschin. [...] Prag hat wirklich den Charakter einer ganz deutschen Stadt. [...]

Die Aufmerksamkeit, mit der die Repräsentanten des Protektorats die Erntehelferinnen und -helfer der Münchner Universität bedachten, charakterisiert den Stil der Jugendpolitik des Dritten Reiches. Wir wurden beachtet, hofiert, erkennbar wichtig genommen und auf diese Weise erst recht vereinnahmt.

Prag vermochte ich nur durch meine chauvinistische Brille zu sehen. Wie stark ich bei unserem Gang durch die Stadt atmosphärisch spürte, daß wir in der Fremde waren und unwillkommen, ist im Tagebuch nicht vermerkt. In meinem Gedächtnis verankert sind jedoch als einzige Erinnerung an meinen ersten Besuch in Prag die feindseligen Blicke, die uns, die Kinder der Besatzer, auf Schritt und Tritt trafen.

Der Vernichtungskrieg gegen England hat nun wirklich begonnen. Da die Engländer aber immer nichtmilitärische Ziele bombardieren – viele Kinder, 78 bis heute, sind dabei ums Leben gekommen – Angriffe auf Berlin – so hat der Führer als

Vergeltung den Angriff auf militärische Ziele in London begonnen – heute sind es nun drei Tage, seitdem London angegriffen wird – es muß ungeheuerlich sein, keine Ruhe mehr für die Bevölkerung – gestern 9 1/2 Stunden Fliegeralarm in London! Es ist sinnlos, hier Mitleid zu haben, wenn ein Engländer sagt, die deutsche Rasse müsse vernichtet werden! Die Nerven der Bevölkerung müssen in London aufgerieben werden, nur so kann der Krieg schnell beendet werden. Überall muß es dort brennen – furchtbar. Gott gebe, daß sie bald auf die Knie gezwungen sind!

Es kommt mich hart an, daß ich mich zu dieser Passage äußern muß. Zunächst die Fakten, die echten und die falschen Münzen auf den Tisch gelegt: Am 13. August 1940 – Deckname „Adlertag" – begann die deutsche Bombenoffensive, die „Luftschlacht um England", die die geplante Landung deutscher Truppen auf den britischen Inseln vorbereiten sollte. Die deutschen Angriffe galten zunächst militärischen Zielen, doch in der Nacht vom 24. auf 25. August fielen, weil Funkgeräte versagten, auch Bomben auf Londoner Wohnhäuser. Churchill antwortete darauf in der folgenden Nacht mit Bomben auf Berlin, etwa 20 Menschen kamen dadurch ums Leben. Zwei weitere Nächte flog die Royal Air Force Angriffe auf Berlin. Am 4. September drohte Hitler, er werde „London vom Erdboden vertilgen" und verschärfte am 7. den Luftkrieg. Und so sah die deutsche „Vergeltung" aus: Bei 268 nächtlichen Luftangriffen allein im September warfen über 4000 deutsche Flugzeuge mehr als 5000 Tonnen Sprengbomben und über 7000 „Brandschüttkästen" (Brandbomben zu je 1 kg) auf die englische Hauptstadt und keineswegs nur auf *militärische Ziele*. Wie die bedrohten Menschen sich zu schützen suchten, hat Henry Moore, der große englische Bildhauer, in seinen bewegenden „Shelter Drawings" dokumentiert: In endlosen Reihen drängen sie sich auf den Stationen der Untergrundbahn, liegen sie Leib an Leib in einem neuen Tunnel, dem noch die Geleise fehlen.

Zum Tagebuch: Was ich auf den ersten Blick als erbarmungslose Kälte interpretieren möchte, verrät auf den zweiten

Gefühlsbrüche und Zwiespältigkeit. Ich folgte der Propaganda, der *Angriff auf militärische Ziele in London* sei eine Aktion der *Vergeltung*. Zugleich hatte ich genügend Phantasie, um mir vorzustellen, *es muß ungeheuerlich sein*, was jetzt den Londonern widerfuhr. Mitleid wollte sich äußern, doch ich wischte es sofort weg als *sinnlos, wenn ein Engländer sagt, die deutsche Rasse müsse vernichtet werden.*

Diese Tagebuchstelle rührt auch an einen ganz persönlichen, sehr wunden Punkt. Beim Lesen taucht sogleich ein vertrautes Gesicht vor mir auf, und ich versuche mir vorzustellen, wie es damals ausgesehen haben mag, das schmale Gesicht einer agilen, knapp dreißigjährigen Engländerin mit grauen, humorvollen Augen, und wie die Angst in ihnen nistete. Ich will sie Mary nennen, meine englische Freundin seit drei Jahrzehnten. Gesehen haben wir uns selten, aber ihre briefliche Teilnahme an meinem Denken und Fühlen, vor allem ihr warmherziges Bemühen, mir bei der Auseinandersetzung mit der Nazi-Vergangenheit, die für sie so unbegreiflich war, beizustehen, gehören zu den Kostbarkeiten meiner Freundschaftserfahrungen.

Mary, heute achtzig Jahre alt, ist ein Opfer deutscher Luftangriffe. Sie war verschüttet, begraben unter den Trümmern eines Hauses. Das traumatische Erlebnis zeichnete sie für immer. Über die Arbeit an diesem Buch war sie von Anfang an informiert, aber erst vor einigen Monaten vermochte ich es, ihr meinen einstigen Haß auf England einzugestehen und daß ich auch ihr gegenüber Schuldgefühle habe. Erst in jüngerer Zeit habe ich begriffen, daß ich nicht denken muß, ich hätte ihr, dem konkreten Menschen Mary, mein Mitgefühl versagt; damals ging es nicht um sie, die ich gar nicht kannte, sondern um das Feindbild und meine ambivalenten Gefühle, denn im Fall Englands waren die Menschen doch nicht völlig aus meinem Blick geraten. Bis heute wird mir übel bei dem Gedanken, daß Mary damals in London gelebt hat und dem deutschen Terror aus der Luft ausgesetzt war.

Einzelheiten von dem, was ihr im Krieg zugestoßen ist, kenne ich nicht. Vor einiger Zeit bat ich sie, mir Näheres mitzuteilen, falls es ihr möglich sei. Sie lehnte es ab. Das muß ich hinnehmen. In ihrem Antwortbrief beendet sie dieses Kapitel mit einem Schlußwort.

„Soweit ich betroffen bin, ist alles vorbei und vergessen, bitte, akzeptiere dies. Ich spreche niemanden schuldig. Wir haben alle Fehler gemacht: Ich gebe den Nazis keine Schuld, aber ich verstehe sie nicht. Ich habe nie einer Rasse gegenüber eine solche Abneigung empfunden wie sie – bis ich sie den Nazis gegenüber selbst fühlte. Und zwar deshalb, weil ich Angst hatte und Nacht für Nacht keinen Schlaf fand. Aber, Lore, zwischen uns hat das nichts mehr zu sagen, die Sache ist erledigt. Und zwischen anderen fängt alles wieder an. Das Menschengeschlecht macht sich schuldig. Du und ich, wir beide haben unsere Lektion gelernt und können nur hoffen, daß andere sie auch lernen, ehe es zu spät ist. Fühle Dich nicht länger schuldig. Du kannst nur für eine einzige erwachsene Person verantwortlich sein – für Dich selbst".

München, 3. Oktober 1940
[...] Das ist wohl das Allerschönste an diesem dritten Trimester: wir drei sind noch einmal, zum letzten Mal zusammen! Es ist zu schön, manchmal kaum faßbar – wie gut wir uns verstehen, in allen Dingen! Auch Gisela und Irms geht es wie mir – auch sie haben das große Bedürfnis, die Sehnsucht nach einem Freund – und in die Zukunft gesehen, nach Liebe. Es ist wirklich ein brennendes Problem! Ob es andern Mädels wohl auch so geht? Und den jungen Männern vielleicht auch – und doch findet man sich nicht zusammen.

Auch diesmal sind fast nur Jüngelchen in unsrem Gesichtskreis – an der Uni – keine jungen Männer! Wie schön wäre alles, wenn Frieden wäre!

Wir drei können über alles reden, das ist herrlich. Und es ist ein sehr feines, wahres Wort, das Gisela neulich von einer Bekannten hörte, daß man auch mit Frauen sehr glückliche Stunden verleben kann! [...]

Zum ersten Mal, seitdem Krieg ist, ist mein immerwährender Optimismus wankend geworden. Es gibt mit England keinen Fortschritt. Es sieht aus, als stimmte da was nicht bei uns. Und wenn der Herbst und Winter da ist – dann müssen wir auf die Entscheidung im nächsten Jahr warten! Oh, er ist gräßlich, dieser Krieg! Unser aller Jugend leidet darunter. In der Uni sieht man nun schon die Studenten mit den zerschossenen Beinen – grauenhaft – so junge Menschen!

Ich glaube fest daran, daß wir den Krieg gewinnen – aber nicht mehr in diesem Jahr.

Ich erinnere mich gut an das Glücksgefühl von damals, drei Studentinnen, Freundinnen, die in allem, was ihnen wichtig war, übereinstimmten. Keiner von uns fiel das *sehr feine, wahre Wort* ein, *daß man auch mit Frauen sehr glückliche Stunden verleben kann*, so fest gemauert war das Stereotyp, wenn du jung bist, kannst du nur mit einem Mann glücklich sein. Männer hatten in Beziehungen immer Vorrang vor Frauen. Folglich dauerte es noch lange, bis ich aufhörte, ein Wochenende, das ich nicht zusammen mit einem Mann verbracht hatte, als „verloren" anzusehen. Das war nicht nur eine groteske Einstellung, sie war tragisch, weil die Frauen dieser Kriegsgeneration besonders aufeinander angewiesen waren – allzu viele erlebten die gleiche Not und ein ähnliches Schicksal. Daß Frauen als Frauen, d.h. durch sich selbst wer sind, daß weibliche Identität und Selbstwert nicht von männlicher Bestätigung oder einer Männerbeziehung abhängen, machte erst die Frauenbewegung den Frauen bewußt. Was sie ihr zu verdanken haben, können die Frauen jüngerer Generationen an unserem Beispiel ablesen.

Das wahre Gesicht des Krieges, das wir nun auch in den Hörsälen in Gestalt der Arm- und Beinamputierten, der lebenslänglich beschädigten jungen Männer vor Augen hatten – trug auch dieser Anblick, mir unbewußt, dazu bei, mich in meiner Siegesgewißheit zu verunsichern? Irritierend war vor allem: *Es gibt mit England keinen Fortschritt*, d.h., die erwartete deutsche Invasion blieb aus. Ich gestand mir zwar ein, daß *mein immerwährender Optimismus wankend geworden* war, rief mich jedoch sofort wieder zur Ordnung. *Ich glaube fest daran, daß wir den Krieg gewinnen – aber nicht mehr in diesem Jahr.*

Heut hab ich wieder was zum Freuen! Einen Brief von Oberleutnant E.! Der arme Junge, nun hatte er ein Frontboot bekommen, eine Woche vor dem Auslaufen kam dann der Befehl, daß die kleinen Boote als Schulboote verwendet werden! Er war sehr wütend, scheint mir, daß er nun wieder nicht zur Front kam. Nun hat er Bedenken, daß mir der Briefwechsel zu uninteressant wäre, weil er nicht „draußen" steht! [...]

Der *arme Junge* – heute gelesen, bekommt dieses teilnehmende Bedauern einen Hintersinn. Wäre er so wütend gewesen über den vorerst verweigerten Fronteinsatz, wenn er gewußt hätte, daß die „Feindberührung" ihn eines Tages das Leben kosten würde? Im Krieg pervertiert Leben zu Kampf, nur als Kämpfer vermeint der Soldat sich zu spüren, nur so ist er wer, ist er „interessant" und wird in der Heimat wahrgenommen. Wer denkt denn schon an Marinesoldaten auf einem Schulboot?

München, 25. Oktober 1940

Ich bin, vielleicht durch ein Gespräch mit Gisela, zu dem Entschluß gekommen, mein Tagebuch zu einem „Tagebuch" im eigentlichen Sinne zu gestalten. Das soll nicht heißen, daß ich jeden Tag ausführlich beschreiben will, sondern daß ich mehr von mir selbst schreiben will. 7 Jahre lang schreibe ich nun schon auf, was mir wert erscheint, festgehalten zu werden, in vielen Fällen aber bin ich am Wesentlichen vorübergegangen. [...] Allerdings hatte ich in der Hauptsache nur die Absicht, von äußeren Ereignissen meines Lebens zu schreiben, in erster Linie aber Daten aus der Politik festzuhalten, weil ich erkannte, daß ich in einer Zeit, in der Weltgeschichte geschieht, lebe. Und da war es mir nun wichtig, ein Bild der Zeit zu bekommen, ganz unmittelbar aus dem Augenblick heraus. [...]

Nun erkenne ich aber doch, daß ich damit nicht den richtigen Weg gehe. Denn das wirklich Schöne und einzig Richtige ist doch, wenn man aus Tagebüchern die seelische und geistige Entwicklung eines Menschen verfolgen kann! Und danach strebe ich nun, ein ganze Bild von mir zu geben, mit allem, was mich berührt. […] Bis jetzt ist aus meinen Tagebüchern über mein Studium als solches garnichts zu erfahren, das soll nun anders werden. Mein Tagebuch soll nun auch ein treues Spiegelbild all der Nöte und Sorgen werden, die man während des Studiums hat, und aller kleinen und – sofern es auch solche gibt – aller großen Freuden.

In der vorigen Woche habe ich zum erstenmal ganz intensiv eine fremde Stadt erlebt: Innsbruck. Von der germanistischen Fachschaft wurde eine Exkursion dorthin unternommen, an der ich mit Gisela teilnahm. [Es folgt eine sehr ausführliche Beschreibung.] Jetzt habe ich eine Vorstellung von Tirol, von der spätmittelalterlichen Kultur dort. […]

Ich habe nun am Mittwoch angefangen, für mein Referat bei Borcherdt zu arbeiten: „Problem des Tragischen bei A.W. Schlegel". Vor mir ist vorerst Chaos und Dunkelheit. […]

Wenn nur im Krieg ein Lichtpunkt erschiene! Als der Feldzug in Frankreich zu Ende (war) und Göring gegen England antrat, glaubte man, nun würde ein schnelles Losschlagen den Krieg mit England zu Ende bringen. Aber ganz Großes, Entscheidendes geschieht nicht. Und nun ist wohl keine Hoffnung mehr auf ein Ende vor dem Winter, denn jetzt ist doch eine Landung in England unmöglich, bei diesem Seegang und dem Nebel. […]

München, 22. November 40

[…] Wir müssen es uns eingestehen, was in unserem Studium uns unbefriedigt läßt. Uns fehlt die Freundschaft. Aber da alle älteren und wirklich netten Studenten im Krieg zu sein scheinen, besteht keine Möglichkeit, irgend jemand kennenzulernen. […] Wenn ich jetzt Gisela nicht gehabt hätte. […] Wir wollen doch auch Frau sein dürfen. Aber ob uns da der Krieg nicht noch die letzte Hoffnung zerstört? Wenn man so ernsthaft darüber nachdenkt, könnte man sehr unglücklich werden.

Gerade heute bekam ich von Rotraut die Bilder ihres gefallenen Verlobten geschickt. Sie hat ein Glück erlebt – aber wie schnell war es zu Ende! Aber ist es nicht vielleicht besser, zu

besitzen und dann zu verlieren – als nie zu besitzen? Wenn
auch das Leid dann erst groß ist? Aber müßte nicht auch Rotraut vorher eine Erfüllung erlebt haben? So wurde ihr nur der
Kelch vom Munde gerissen. Möge der Himmel alles zum Guten wenden.

München, 24. November 40
Der Krieg nimmt keinen solchen Fortgang, daß man an eine
Friedensweihnacht glauben könnte.

Italienische Truppen überschreiten albanisch-griechische
Grenze. Krieg zwischen Italien und Griechenland! Ungarn
und Rumänien traten dem Dreimächte-Pakt zwischen
Deutschland, Italien Japan bei. [...]

Molotow, der russische Außenminister, war in Berlin!

Was fehlt im Tagebuch?

1940
Meine Aufnahme in die NSDAP, auch ein Lehrstückchen über
die sogenannte „Vergangenheitsbewältigung". Was tut ein
Mensch, der Schuldgefühle und Angst davor hat, zur Rechenschaft gezogen zu werden? Er leugnet, er lügt: Im Fragebogen
zum Entnazifizierungsverfahren nach dem Krieg behauptete
ich wider besseres Wissen, ich sei, weil über 21 Jahre alt, „au-
tomatisch" vom BdM in die Partei „übernommen" worden. In
einer eidesstattlichen Erklärung gegenüber den Amerikanern
vor einer Reise in die USA 1951 beteuerte ich gar, die
„zwangsweise Überschreibung" habe ohne mein „Wissen und
Zutun" stattgefunden und so sei ich „lediglich unfreiwillig ein
zahlendes Mitglied gewesen". Hat hier der Verdrängungspro-
zeß schon begonnen? Aufgrund meines Alters fiel ich unter die
Jugendamnestie; erleichtert konnte ich das fatale Thema beiseite schieben, so weit weg, daß es allmählich sogar meinem Gedächtnis entschwand. Am Ende fragte ich mich, ob ich denn
überhaupt Parteimitglied gewesen sei, zumal sich unter meinen
sorgsam verwahrten Dokumenten kein Beleg dafür findet.

Doch das Unbehagen, das die seltenen Gedanken an diesen dunklen Punkt in meiner Vergangenheit begleitete, bewies, daß da ein Fragezeichen nicht wegzuwischen war.

Je mehr mich in den letzten Jahren Gewissensnot und Schuldbewußtsein heimsuchten, desto dringlicher meldete sich das Bedürfnis nach verbindlicher Auskunft. Eine gleichaltrige Zeugin zeigte, selbst betroffen, eigene Verdrängungstendenzen. Ich forschte bei amtlichen Stellen. Nach zwei Jahren schließlich, ziemlich genau ein halbes Jahrhundert nachdem das Karteiblatt angelegt worden war, hielt ich meine Personalakte der NSDAP in der Hand – Walb, Lore, Ortsgruppe, Alzey, Gau Hessen-Nassau, Aufnahme beantragt am 1. 4. 1940, am 1. Juli 1940 als Mitglied unter der Nummer 8395732 aufgenommen, Mitgliedskarte ausgestellt am 1. 9. 1941.

So also war's. Eine „automatische" Übernahme von HJ-Angehörigen in die NSDAP gab es zu keiner Zeit. Die Mitgliedschaft war freiwillig, ein Antrag Voraussetzung. Ich will es noch genauer wissen. Die Aufnahme in die NSDAP erfolgte in zwei Schritten: „Die Eintragung in die Zentralkartei der Reichsleitung der NSDAP war sozusagen der urkundliche, parteirechtliche Vollzug der Aufnahme. Andererseits aber galt gemäß § 3 Abs. 3 der Satzung der NSDAP die Aufnahme erst dann als rechtswirksam, wenn der in die Zentralkartei bereits Eingetragene seinen von der Reichsleitung der NSDAP ausgestellten Mitgliedsausweis durch den Ortsgruppenleiter ausgehändigt bekam." Dieser Ausweis war in der Regel eine rote Mitgliedskarte. Die obligatorische Bewährungszeit (für alle Mitglieder nach dem 30. Januar 1933) betrug zwei Jahre, nur selten wurde das Mitgliedsbuch sofort ausgehändigt. Mein Mitgliedsbuch wäre am 1. 9. 1943 fällig gewesen. Die Überlastung der Parteiverwaltung während des Krieges, die seit 1942 zu einer partiellen Aufnahmesperre führte, könnte die Ursache dafür gewesen sein, daß es nicht mehr ausgestellt wurde.

Der feierliche Vorgang, „daß der Ortsgruppenleiter dem Volksgenossen die von der Reichsleitung ausgestellte rote Mitgliedskarte aushändigt und ihn gleichzeitig durch Handschlag als Parteigenossen verpflichtet", findet sich in meiner Erinnerung nicht. Soll ich deshalb annehmen, daß ich nicht „PG", keine „Parteigenossin" war? Dieses Schlupfloch kann ich nicht benutzen. Ich halte mich an die Auskunft, die ich nun schwarz auf weiß besitze, und komme zu dem Schluß, daß ich die Mitgliedskarte, die sich nicht mehr finden ließ, gegen Kriegsende vernichtet habe. Denn an eines erinnere ich mich genau: an meine Angst, die Angst vor der Strafe der Sieger.

Verdrängt habe ich auch eine schlimme Begebenheit, die sich in Berlin ereignet hat. Sie könnte mir zu Beginn des letzten Trimesters in München, im Frühherbst, zu Ohren gekommen sein, als Gisela aus den Semesterferien zurückgekehrt war. Sie erzählte mir, daß ihr Vater, der Leiter eines großen Berliner Buchverlages, einen inhaftierten Autor besucht und sich danach zu Hause in seinem Zimmer eingeschlossen hätte, tief verstört und entsetzt über dessen Verfassung – er hatte einen schwer Mißhandelten gesehen. Gisela, die, wie alte Briefe belegen, Hitler und seiner Politik gegenüber damals eine ambivalente Einstellung hatte – sie bejahte seine Ziele, kritisierte aber die Methoden, mit denen er sie zu erreichen suchte, ja, sie sah die Niederlage voraus –, Gisela war empört. Ihr Bericht stürzte mich in ein schweres Dilemma. Doch weil nicht wahr sein konnte, was nicht wahr sein durfte, mußte ich den Schreckensbericht vergessen. Er ist mir erst nach dem Krieg wieder eingefallen. Diese Verdrängung war es auch, die mich auf die Idee brachte, mich zu fragen, „was fehlt im Tagebuch?"

Doch die Frage meint schon längst nicht mehr nur meine eigene Geschichte, die ich nicht mehr erinnern wollte. Sie mußte auch auf Geschehnisse zielen, die mir nicht bekannt waren, die Antwort mußte wenigstens einige exemplarische Fälle benennen.

In der Geschichte der Judenverfolgung und Vernichtung wurde im Jahre 1940 ein neues Kapitel aufgeschlagen. In Großdeutschland heizten die Nationalsozialisten das Klima auf, in dem der Antisemitismus seine Giftblüten treiben sollte: Propagandaminister Goebbels persönlich förderte das Filmprojekt „Jud Süß" (Regie: Veit Harlan). Am Beispiel einer historischen Figur wurde „der Jude" als das Böse schlechthin denunziert.

Goebbels am 18. August 1940, wenige Wochen vor der Uraufführung des Films in Venedig, in seinem Tagebuch: „Ein ganz großer, genialer Wurf. Ein antisemitischer Film, wie wir ihn uns nur wünschen können. Ich freue mich darüber." Unmittelbar nach den Vorführungen ereigneten sich oft antisemitische Ausschreitungen. Nach dem Krieg wurde der Film als „Verbrechen gegen die Menschlichkeit" eingestuft. Unterdessen hatten die deutschen Besatzer in Polen, im sogenannten „Generalgouvernement", damit begonnen, Juden in Ghettos abzusondern, zuerst, am 30. April, in Łódź. Im Warschauer Ghetto waren am 14. November 350 000 Juden – einheimische und „umgesiedelte" – auf engstem Raum zusammengepfercht, getrennt von der Stadt durch Mauern und Stacheldraht. Nur wer für deutsche Betriebe arbeiten durfte, hatte ein minimales Einkommen.

Am 20. Mai, einen Tag bevor ich im Tagebuch dem „Führer", der die norwegischen Kriegsgefangenen freigelassen hatte, attestierte, *er ist immer großmütig*, wurde das KZ Auschwitz „in Betrieb genommen" und in der Folgezeit zur größten Todesfabrik ausgebaut. Längst schon stand für Hitler damals der Eroberungs- und Vernichtungsfeldzug gegen die Sowjetunion fest, mit der er erst im Jahr zuvor einen Nichtangriffsvertrag, den „Hitler-Stalin-Pakt", abgeschlossen hatte. Am 31. Juli teilte er hohen Generälen seinen Entschluß mit, elf Monate später begann das „Unternehmen Barbarossa".

„Wenn sie unsere Städte angreifen, dann werden wir ihre Städte ausradieren", hatte Hitler, Ursache und Wirkung umkehrend, am 4. September den Engländern gedroht. Die Eskalation der Gewalt in der Sprache, an die ich längst gewöhnt war, leitete die Eskalation der Luftschlacht in England ein. Die Londoner spürten sie 65 Nächte lang hintereinander, ein Zehnstundenangriff zerstörte das Zentrum der Industriestadt Coventry fast völlig. „Coventrieren" nannte Goebbels fortan zynisch die neuartige Form der Flächenbombardements, die die Royal Air Force später übernahm und perfektionierte. Bald wurden deutsche Städte „coventriert" und „ausradiert".

Fast acht Monate sind vergangen, bleiern und chaotisch zugleich. In den Innenraum, in dem sich die Konfrontation mit meiner Jugend vollzog, brach die Außenwelt, die Gegenwart ein, mit Hakenkreuzen und Brandflaschen, mit Krieg, Folter, Hunger. Rostock und Mölln, Bosnien und Somalia... Die Schrekkensberichte und -bilder überschwemmten die Seele. Verstört, überfordert, unfähig, mich abzugrenzen, verlor ich mich in einem Netz von Ängsten. Ich konnte nicht mehr schreiben.

Die Ängste betrafen auch mich ganz persönlich, und am Ende verschob und reduzierte sich der krankmachende Druck auf die Frage: Will ich denn wirklich mich, meine ureigene Geschichte, fremden Menschen aussetzen, das Verfangensein im Ungeist und in den Konventionen meiner Jugendzeit dem Kopfschütteln und Gelächter der Nachgeborenen preisgeben? Oder gar, weil ich Scham und Schuld bekenne, Aggressionen gegen mich provozieren? Will ich, nach so langer, zwanghafter Pause, womöglich zwei weitere Jahre meines Lebensabends dem quälend langsamen Schreib- und Verarbeitungsprozeß opfern und alle Wünsche und Vorhaben zurückstellen? Habe ich nicht, was mir abverlangt war, vollbracht?

Erst als ich alles Fragen und meinen Widerstand aufzugeben vermochte, als mich ein Unfall zum Innehalten zwang und mir Gelassenheit bescherte, stellte sich die Antwort ein: Ich will die Arbeit, bei der ich so viel gelernt und über mich erfahren habe, zu Ende bringen, langsamer vielleicht, meinen Kräften gemäß und nunmehr ohne Wegbegleitung durch meine psychoanalytischen Gesprächspartner – ich spüre, ich bin im Begriff, mich freizuschreiben. In einer Morgenandacht im Rundfunk hörte ich, nur wenige Stunden nachdem ich mich für die Fortführung entschieden hatte, dieses Wort: „Wer seine Schwächen nicht annehmen kann, der verleugnet einen Teil seines Lebens." Ich akzeptiere es, wenn dieses Buch in zwei Teile zerfallen sollte, die sich nach Inhalt und Form unterscheiden. Wichtig ist, daß der Prozeß der späten Verarbeitung eines be-

deutsamen Teils meiner Lebensgeschichte erkennbar wird. –
Eine neue Phase meiner inneren Entwicklung hat begonnen.

Zu dieser Standortbeschreibung gehört auch ein Nachtrag.
Er betrifft Leni, die wiedergefundene jüdische Mitschülerin
aus der Alzeyer Schulzeit. Unsere Hoffnung auf eine Bezie-
hung hat sich nicht erfüllt. Leise und fast wortlos, wie von
selbst, hat sie sich, nicht einmal ein Jahr nach unserer ersten
späten Wiederbegegnung, aufgelöst. Zweimal hatten wir einander noch besucht, uns mit großem Elan um eine Annäherung
bemüht. Sie mißlang. Über die Gemeinsamkeiten im Gestern
kamen wir nicht hinaus, zu verschieden waren die Lebensver-
läufe, in denen sich Interessen und Bedürfnisse entwickelt
hatten. Wir spürten Zuneigung und schätzten uns, aber wir
hatten einander nichts zu sagen, was eine tragfähige Altersbe-
ziehung hätte schaffen können. Und beide gaben wir einander
nur spärlich Auskunft über uns selbst und unsere Lebensgeschichte.

Leni hat nicht erfahren, warum ich nach ihr zu forschen begann. Wir kamen uns nicht so nah, daß ich ihr von meinem
weiten Entwicklungsweg hätte erzählen können. Einmal wun-
derte sie sich: „Daß du all die Jahre an mich gedacht hast!“ Es
war eine Frage. Meine Antwort bekannte nur die halbe Wahrheit. „Ich habe sehr lange nicht an dich gedacht. Erst vor ein
paar Jahren, als meine Gedanken sich meiner Jugend zuwende-
ten, bist du mir wieder eingefallen.“ Wird sie je wissen, welche
bedeutende Funktion sie für mich hatte? Ich bin unsicher, ob
ich ihr die schmerzhafte Lektüre meiner Aufzeichnungen zu-
muten könnte. Da sie bis heute verschweigt, daß sie als Jüdin
nach Amerika auswandern mußte, da sie ihre Erinnerungen an
ihre Herkunft und Jugend in Rheinhessen sogar vor ihren
Freunden ein Leben lang verbarg, muß ich annehmen, daß sie
auf diese Weise einen Halt gefunden und die Ausstoßung aus
ihrer Heimat bewältigt hat – vielleicht ihre Strategie des psy-
chischen Überlebens? Weil sie in mir, der einstigen Mitschülerin, einem Stückchen Heimat und einem Teil ihrer Kindheit
und Jugend, in der sie behütet und glücklich gewesen war, wie-
derbegegnen konnte, wurde ich für sie auf kurze Zeit wichtig.

Mir hingegen wird immer die Rolle im Gedächtnis bleiben, die
sie im Prozeß meiner Wandlung spielte. Sie schenkte mir in einem Punkt Entlastung. Ich muß nun nicht bis zu meinem Le-
bensende phantasieren, diese Leni hätte als Verfolgte Unter-
schlupf bei der Heidelberger Studentin Lore gesucht. Sie hat,
auch ohne daß ich ihr Schutz gab, den Holocaust überlebt. Ich
durfte es nicht nur erfahren, ich durfte es selbst sehen.

Es scheint der Versuch einer Begegnung gewesen zu sein, bei
der wir uns nicht ganz aufeinander einlassen konnten und letzten Endes sprachlos blieben. Die Angst vor der Wiederbele-
bung der Vergangenheit war offenbar zu groß.

März 1941

Elisabeth Freund

Es wird immer schlimmer

*„Mit welchem Recht dürfen wir diese Hölle verlassen, wenn
die anderen aushalten müssen?" Elisabeth und Rudolf Freund
sind entkommen, und Elisabeth stellt sich diese Frage am
18. Oktober 1941. Nur vier Tage später, und sie wären dieser
Hölle, die Deutschland für die Juden ist, nicht mehr entkommen, denn da hatte das Naziregime bereits allen Personen unter sechzig Jahren die Ausreise verboten.*

*„So objektiv und unpersönlich wie es unter den Umständen
möglich war", schrieb Elisabeth, Jüdin aus großbürgerlichem
Haus, Volkswirtin und Autorin von Ratgeberbüchern, Photo-
graphin, ihre Erinnerungen an die letzten dramatischen
Monate in Berlin nieder, erinnerte sich genau an jedes Detail
ihrer Erfahrungen als Zwangsarbeiterin, um wieder sich
selbst zu finden, eine Art von Vollständigkeit und eine Erneue-
rung.*

*Ein beklemmendes und sehr genaues Dokument ist so ent-
standen, „ohne Haß", wie die Herausgeberin Carola Sachse in
ihrer Einleitung schreibt. Elisabeth Freund lebte von 1898 bis
1982.*

März 1941

Es ist große Aufregung unter unserer Belegschaft und überhaupt in allen jüdischen Kreisen. Über tausend jüdische Wohnungen sind in Berlin gekündigt worden. Sie sollen innerhalb
von fünf Tagen frei gemacht werden. Die Gestapo verlangt,
daß die jüdische Gemeinde die gekündigten Familien an-
derweitig unterbringt. In Häuser, die arischen Hauswirten gehören, dürfen Juden nicht einziehen. Gerade diese Häuser
werden jetzt judenfrei gemacht. In den nichtarischen Häusern,
die Juden gehören oder zu einem bestimmten Termin gehört
haben, sollen die Juden zusammengelegt werden. Wie das
durchzuführen ist, sei Sache der Jüdischen Gemeinde. Die
Maßnahme wird damit begründet, daß durch die Flugangriffe
zu viele Wohnungen zerstört worden seien. Die jüdischen
Wohnungen sollen leer bleiben, um nötigenfalls zur Verfügung
zu stehen.

Wir wissen, was wir von dieser Begründung zu halten haben. Natürlich ist Wohnungsnot in Berlin, aber hauptsächlich deswegen, weil trotz des Krieges weiter die halbe Stadt
für den „Neubau der Stadt Berlin" abgerissen wird. Das ist
Hitlers Steckenpferd. Die Kriegsgefangenen sind so billige
Arbeitskräfte, daß dieser Umbau trotz des Krieges weitergeht, solange noch Baumaterial da ist. Die Behörden und Ge-
schäftsverwaltungen sind gezwungen, in Wohnhäuser zu ziehen, weil ganze Viertel im Innern der Stadt niedergerissen
werden.

Hier spielen ganz andere Gründe eine Rolle. Diese Wohnungen sollen jetzt der Partei zufallen. Die Baukommission
der Stadt setzt willkürlich fest, was für die angebliche Renova-
tion der Wohnung vom jüdischen Vormieter bezahlt werden
muß. Ein Freund von uns hat 2400 Mark bezahlen müssen,
obwohl nach dem Urteil des Hauswirtes selbst fast nichts zu

reparieren war. Das Geld wird aber auch gar nicht an den Hauswirt, sondern an die Baukommission gezahlt.

Es ist eine unglaubliche Schikane, daß die Räumung in fünf Tagen durchgeführt werden soll. Die Sache ist aber sehr ernst. Der Leiter des jüdischen Wohnungsamtes, der um eine Verlängerung der Frist bat, kam sofort in ein Konzentrationslager. Die Räumung muß also in diesen wenigen Tagen durchgeführt werden.

Jeder muß zusammenrücken, so gut er kann. Wir werden auch noch ein Zimmer von unserer kleinen Wohnung abgeben.

In der Fabrik sind viele Frauen von dieser Kündigung betroffen. Sie bitten um Urlaub, um auf Wohnungssuche gehen zu können. Da die Gestapo hinter der Maßnahme steht, bekommt man auch Urlaub. Die Gemeinde, die für diese plötzliche Aufgabe in keiner Weise vorbereitet ist, gibt Adressen von jüdischen Häusern aus. Das Wohnungsfinden ist sehr schwierig, besonders für Familien mit Kindern. Eine der Kindergärtnerinnen ist ganz verzweifelt. Sie möchte zu ihrer Mutter in deren möbliertes Zimmer ziehen. Es läßt sich aber nicht machen, denn die Mutter, der noch nicht gekündigt ist, wohnt in einem arischen Haus, und da dürfen Juden auch dann nicht einziehen, wenn dadurch in Wirklichkeit gar nicht zusätzliche Räume von Juden belegt werden.

Unser Zimmer sind wir im Handumdrehen los. Wir bekommen ein altes Ehepaar, ruhige stille Leute, die schon einmal 1918 vor den Bolschwiken aus Petersburg geflohen sind. Sie haben Glück, daß sie die ersten bei uns waren. Es klingelt ununterbrochen wegen dieses Zimmers an unserer Tür. Mein Mann muß auf das jüdische Wohnungsamt, um die Vermietung zu melden. Dort stehen schon früh um sieben Uhr viele Hunderte von Menschen, und er kann erst nach achtstündigem Warten die Sache erledigen. Ich bitte in der Fabrik um einen freien Tag, denn ich muß unsere Wohnung umräumen, um für die neuen Mieter Platz zu schaffen. Wir holen uns immer heimlich unsere Zeitung vom Zeitungskiosk. Wir bekommen sie nicht mehr ins Haus gebracht und dürfen sie eigentlich auch nicht mehr kaufen, weil Juden deutsche Zeitungen nicht mehr lesen sollen. Aber die Zeitungsfrau kennt uns, und sie ist so nett, uns immer ein Exemplar beiseite zu legen. Es steht eine merkwürdige Mitteilung darin: Heß, der Stellvertreter des Führers, ist verschwunden „in einem Anfall von Geisteskrankheit": Eben hat er doch noch am ersten Mai die Rede als Vertreter des Führers gehalten und war ganz normal! Da steckt doch was dahinter! In der Fabrik schwirren die Gerüchte. Heß soll nach England geflogen sein. Das sieht fast so aus, als ob eine Ratte das sinkende Schiff verlassen hat, oder ist das ein neuer Bluff? In den nächsten Tagen hört man von nichts anderem sprechen. Durch einen Regiefehler des Herrn Dr. Goebbels bringt die Berliner Illustrierte eine ganze Bilderserie: Heß bei der Abnahme einer Parade, Heß bei seiner Rede am ersten Mai, Heß neben dem Führer im Reichstag. Die Zeitung kam gerade in den Handel, als Heß abflog. Das ist ja großartig!

Die tollsten Gerüchte sind im Umlauf, und es gibt wieder eine Unzahl politischer Witze. Aber man darf sich das nur leise erzählen. Die Partei hat sofort Gegengerüchte erfunden, die brav und bieder überall zu hören sind. Danach ist es „ein Glück, daß sich dieser Schädling von Deutschland entfernt hat. Außerdem kommt so etwas in der Geschichte doch immer wieder vor, daß Einzelgänger und Wirrköpfe sich plötzlich auf die andere Seite schlagen". Das wird allerdings nicht überall geglaubt. Ich habe mir zwei arische Arbeiter aus unserer Straße bestellt, die beim Umstellen unserer großen Schränke helfen sollen. Nazis scheinen sie nicht zu sein. Sie rücken an den Schränken hin und her und beeilen sich dabei nicht sehr.

„Du", sagte der eine, „ick werd' mir nächstens zur Ruhe setzen!"

„Was? Haste geerbt oder in der Lotterie gewonnen?"

„Nee, ick laß' mir bloß von jedem, der morgen abend den englischen Rundfunk hört, wenn sie sagen werden, warum der Heß abgehauen ist, von dem laß' ick mir zehn Pfenning geben!"

Der andere denkt nach und kratzt sich hinterm Ohr.

„Hör mal, Du bist ja ein unverschämter Mensch. Rechne mal nach! Bloß im Altreich gibt es siebzig Millionen, davon hören aber morgen trotz aller Verbote bestimmt mindestens zwanzig, damit man's bescheiden rechnet. Und dann willste von jedem einen ganzen Zehner! Das macht ja, warte mal, das macht ja zwei Millionen Mark! Du bist aber happig!"

„Na", sagt der andere, „ick bin ja nicht so, ick kann es auch billiger machen. Aber daß das ein gutes Geschäft ist, da kannste Gift drauf nehmen!"

Die beiden sind großartig, wie die Shakespeare'schen Witzbolde.

Es ist nur schade, daß der englische Rundfunk dann später diese Aufklärungen über die Affäre Heß nicht bringt. Sie mögen vielleicht drüben aus irgendeinem Grunde der Ansicht sein, daß diese ganze Sache so lange wie möglich im dunklen bleiben soll. Aber es ist schade. Es hätte eine ungeheure Wirkung haben können, wenn der Fall Heß voll ausgewertet worden wäre.

Wenn ein englisches Regierungsmitglied, sagen wir Mr. Smith, in Deutschland angeflogen gekommen wäre, dann hätte doch Goebbels von früh bis abends in den Zeitungen und im Rundfunk von nichts anderem reden und schreiben lassen. Mr. Smith zum Frühstück, zum Mittag, zum Abendbrot nicht nur für das deutsche Volk, sondern auf sämtlichen Fernstrahlern für die ganze Welt in sämtlichen möglichen Sprachen. Er hätte daraus eine großartige Propaganda fabriziert. Und nun bringt England nichts. Schade! Alle hatten darauf gewartet, was der englische Sender sagen würde, und nun verläuft alles im Sande. Schon nach einer Woche hört man nur noch das Schlagwort der Parteipropaganda:

„Die ganze Heß-Geschichte ist lächerlich. Deutschland braucht keinen Heß, um den Sieg zu erringen!"

Die Stimmung in unserer Belegschaft ist schlecht. Manche haben Wohnungen gefunden, die meisten sind sehr schlecht untergekommen. Alle Frauen sind sehr niedergedrückt. Sie haben wieder Möbel verkaufen müssen und noch dazu zu einem Spottpreis bei dem plötzlichen Überangebot aus jüdischem Besitz. Es ist aber nicht nur die Wohnungsfrage – die wird sich schon in den nächsten Tagen irgendwie regeln. Die Kartoffeln sind so knapp. Die Arier bekommen kaum welche, die Juden erst recht nicht. In den Lebensmittelgeschäften mehren sich die Plakate:

„Mangelware wird an Juden nicht abgegeben."

Überall sind Haussuchungen nach Lebensmitteln in jüdischen Haushalten. Alles wird schlimmer, und das Schlimmste ist, daß die Hoffnungslosigkeit unserer Lage allen immer klarer wird. Es geht mir auch so, ich bin so mutlos, ich weiß gar nicht, wie ich durchhalten soll. Bei Kaethe ist es nicht anders.

Kaethe war neulich wirklich über den Pfingstsonntag bei ihrer Mutter. Gut, daß sie noch gefahren ist. Denn unterdessen ist eine Verordnung gekommen, daß Juden ohne besondere Genehmigung der Gestapo nicht mehr die Eisenbahn benützen dürfen. In Frankfurt spitzt sich alles furchtbar zu. Kaethe hat bisher immer geglaubt, daß die kranke alte Frau die Reise nach Amerika zu ihren anderen Kindern, ja sogar bloß bis nach Stuttgart zum amerikanischen Konsulat nicht überstehen würde. Vielleicht war das falsch, und man hätte es doch versuchen müssen. Jetzt wird möglicherweise überhaupt kein amerikanisches Visum mehr zu bekommen sein.

Wir selbst hören auch nichts von dem amerikanischen Konsulat. Die Zeitungen sind so voll von Hetze gegen die Vereinigten Staaten, es ist schon nicht mehr zum Aushalten. Diese Pöbeleien gegen „das verjudete Amerika", gegen den „Juden Rosenfeld" (Roosevelt) und seine Frau, „die Jüdin Sara Rosenfeld", die überhaupt nur noch in den widerwärtigsten Karikaturen abgebildet wird. Man muß dem nur gegenüberstellen, was stets angegeben wird, wenn „der deutsche Führer von einem ausländischen Journalisten in unverantwortlicher Weise mit Schmutz beworfen wird". Im englischen Rundfunk wurde gesagt, daß die deutschen Konsulate in den Staaten geschlossen werden mußten, weil sie erwiesenermaßen seit langer Zeit Nazi-Propaganda getrieben hätten. Diese Nachricht ist sehr beunruhigend. Hier hat noch nichts davon in den Zeitungen gestanden. Aber dann erfolgt doch unbedingt hier als Gegenmaßnahme die Schließung der amerikanischen Konsulate in Deutschland. Dann gibt es kein Herauskommen mehr für uns.

Hoffnungslosigkeit ist das Schlimmste, was es gibt. Alles läßt sich ertragen, wenn man glaubt, es dauert nicht lange. Aber das kann man kaum noch glauben. Dieser Krieg, diese

Quälerei und Schinderei, die mit uns getrieben wird, kann noch lange dauern.

Zuerst war die Arbeit in der Fabrik etwas Neues, zuerst war die Behandlung auch noch ganz freundlich. Aber es wird immer schlimmer. Selbst die Kriegsgefangenen werden besser behandelt als wir, schon mit Rücksicht auf die deutsche Gefangenen im Feindesland. Die Franzosen werden sogar fast freundlich angefaßt, um bei ihnen Sympathien für Deutschland zu wecken. Nur bei den Juden braucht man auf niemanden Rücksicht zu nehmen. Die Judenschicht ist allmählich eine Art Sträflingsschicht geworden.

Und dann ist dieser Direktor vom Urlaub zurückgekommen. Er hat ein ganz zerhacktes Korpsstudenten-Gesicht, auf Bayrisch würde man sagen: ein Watschengesicht. Er kommt immer nur auf eine halbe Stunde, und diese ganze halbe Stunde macht er Krach in jeder Abteilung, in die er kommt. Gleich beim ersten Mal erschien er vor Schluß der Pause und schrie die Frauen unbeschreiblich an, die nicht be-reits an der Arbeit waren. Vor uns brüllte er dem Waschmeister zu: „Seien Sie nicht so human mit diesen Judenweibern!"

Wie soll das hier im Betrieb werden, wenn so ein Rohling die Oberleitung hat. Unser Abteilungsleiter ist nicht der schlechteste, das muß man sagen. Aber gegen den Direktor kommt er nicht auf. Vor ein paar Tagen bat eine Arbeiterin von uns um Entlassung, ein armes, unglückliches Wesen, schwer basedowkrank und mit Verkrüpplungen an Füßen und Händen. Der Direktor kam gerade im Büro dazu, als der Abteilungsleiter ihr die Entlassungspapiere aushändigen wollte. Der Direktor verhindert das:

„Jede Arbeitskraft wird gebraucht, der Gesundheitszustand der Frau kann uns ganz egal sein!"

Kameradinnen hörten, wie das Lohnbüro mit der Betriebskrankenkasse telefonierte:

„Wenn die Frau A. zu Ihnen kommt, dann schreiben Sie sie gesund. Sie wird ja von einem jüdischen Arzt behandelt."

Der Direktor hat eine neue, verschärfte körperliche Visitation für Juden beim Verlassen der Fabrik angeordnet, weil

„sonst von den Juden soviel gestohlen wird". Und außerdem
hat er neue Anordnungen über das Fortgehen am Abend erlas-
sen. Wir haben bisher, wenn wir fertig waren und uns angezogen hatten, gleich fortgehen können. Jetzt müssen wir ganz
sinnlos in der Eingangshalle bis um Punkt halb zwölf warten.
Eher läßt uns der Portier nicht weg. Das bedeutet, daß wir
dann im Stockdunkeln wie gehetzt zum Bahnhof rennen müssen, um den nächsten Zug zu erreichen. Es fährt nachts später
nur noch ein einziger Zug, und mit dem bekommt man nicht
mehr den Anschluß für die entfernten Stadtteile. Der Abteilungsleiter sagt, es hinge damit zusammen, daß aus dem Ort
Klagen gekommen wären, daß die Judenschicht beim Nach-
Hause-Gehen „solchen Krach" mache. Als ob man 120 Menschen, die um Mitternacht durch ausgestorbene Straßen im
Dunkeln nach Hause tappen, nicht auch dann hört, wenn sie
„so leise wie möglich" sind.

Es ist eine Zuchthäusler-Stimmung bei uns allen, die uns die
Arbeit noch schwerer macht. Es hat ja auch wirklich keinen
Sinn, wie wir arbeiten, wir sind ja doch an allem schuld. Bei der
Kontrolle können wir am besten beurteilen, wie unbegründet
die Vorwürfe sind, die es jetzt von allen Seiten gegen die Judenschicht regnet. Wenn irgendein Wäschestück falsch genummert
ist oder in einen falschen Karton kommt, sollen es immer die
Juden gewesen sein. Wir sehen aber bei der Kontrolle, daß die
arische Schicht mindestens zur Hälfte, wenn nicht mehr, an
den Fehlern beteiligt ist. Nur mit dem Unterschied, daß dort
der Fehler stillschweigend berichtigt wird, während aus einem
unserer Fehler sofort eine große Geschichte gemacht wird.

Dann sind diese vielen kleinen Stiche, die uns immerfort versetzt werden. Unserer netten Omi fällt das Arbeiten wirklich
nicht leicht, sie leidet sehr an Migräne. Neulich hat sie sich mal
an einem solchen Tage auf einen Schemel gesetzt und ist dafür
furchtbar angepfiffen worden. Nachher bat sie, nach Hause gehen zu dürfen, da ihr nicht gut sei. Man ließ sie aber nicht fortgehen.

28. Juni 1941

Niza Ganor

Der Weg nach Auschwitz

Es war nach dem Überfall der deutschen Truppen auf die Ukraine im Juli 1941. Da hatte Annas Mutter eine Idee, die sie auch sogleich in die Tat umsetzte: verkleidet als christliches Mädchen aus der Ukraine, in einem bäuerlichen Kleid aus einfachem Stoff, würde es ihrer 16jährigen Tochter Anna gelingen, sich vor den Verfolgungen der Nazis zu retten. Anna wird mit Papieren versehen, die sie als Fremdarbeiterin ausweisen, aus Anna wird Anuschka, die von den deutschen Behörden zum Arbeitseinsatz nach Österreich in die Steiermark geschickt wird.

Zitternd macht sich Anuschka auf die Reise, eine Halskette mit einem Kruzifix umgebunden, und landet als Zwangsarbeiterin im Haushalt eines SS-Hauptsturmführers, dessen Kinder sie erziehen soll. Sie scheint gerettet.

Doch im Frühjahr 1944 denunziert sie der SS-Hauptsturmführer als Jüdin. Anna wird brutalen Verhören unterworfen, ihr Schicksal scheint besiegelt. Im Oktober 1944 wird sie von Wien nach Auschwitz deportiert und dort zum Glück als Jüdin in einer christlichen Frauengruppe registriert. Anna ist die einzige, die den Transport überlebt und wird im Frühjahr 1945, schwer krank und dem Tode nahe, aus dem KZ Neustadt-Glewe befreit.

Niza Ganor, als Anna Fränkel 1925 in Lemberg in Polen geboren, war nach ihrer Emigration nach Israel bis zu ihrer Pensionierung 1982 Lehrerin in Jerusalem.

28. Juni 1941

Ein Gestapobeamter brachte mich im Zug in das Gefängnis nach Wien. Das Gebäude erinnerte zwar an ein Märchenschloß, aber es gab dort nicht einmal Betten. Man stieß mich in einen riesigen Saal, in dem bereits über 100 Frauen dichtgedrängt auf dem Boden lagen. Täglich kamen neue Gefangene, andere wurden weggeschafft. Die Frauen stammten alle aus den europäischen Nachbarländern und waren zu Zwangsarbeit verurteilt. Nach zwei Wochen teilte mir eine Wärterin mit, daß ich am folgenden Tag früh morgens um sechs Uhr abtransportiert werden würde. Wohin verschwieg sie mir.

Am nächsten Morgen brachte mich ein Polizist zum Bahnhof. Nach langem Suchen auf dem Bahnsteig fand er schließlich den für mich bestimmten Waggon mit einem Abteil, in dem ich gerade noch stehen konnte. Die Luke war so weit oben, daß ich nur mit großer Anstrengung auf die Menschen draußen durchsehen konnte – Menschen, die frei herumliefen.

Zwölf Stunden fuhr ich ununterbrochen in diesem engen Abteil ohne Wasser, ohne Nahrung. Am frühen Nachmittag hielt der Zug einmal, doch ich wußte nicht, wo ich mich befand. Weinen drang an mein Ohr, und aus dem Waggon neben mir vernahm ich die Worte: „Höre Israel..."

Ein SS-Mann öffnete die Tür meiner Zelle, sah prüfend einen Augenblick hinein und schloß wieder zu.

Der Zug setzte seine Fahrt fort, die bis zehn Uhr in der Nacht dauerte. Als der Zug hielt, quoll eine Menschenmenge aus den Waggons heraus. Fast alle trugen den Davidstern an ihren Kleidern. Sie alle waren ungarische Juden, wie ich später erfuhr. Auch ich wurde erschöpft aus meiner Zelle herausgelassen und einer Gruppe von 16 Christinnen zugeteilt, die sich in verschiedenen slawischen Sprachen untereinander verständigten. Als ich nach oben blickte, bemerkte ich ein Schild, auf dem ,Auschwitz' stand. Der Name sagte mir nichts. Erst als ich ein zweites Schild mit der polnischen Aufschrift ,Oswiecim' entdeckte, war mir plötzlich klar, daß ich in ein Todeslager gebracht worden war.

Ein SS-Mann der Wachmannschaft befahl mir, ihm alle meine Wertsachen auszuhändigen. Ich gab ihm meine Uhr. Er verlangte auch noch meine kleine Handtasche. Ich weigerte mich, da ich in der Tasche Waschutensilien hätte, die ich als Zwangs-

arbeiterin dringend benötigte. Der Mann brach in lautes Gelächter aus. „Du bist hier in Auschwitz! Hier bleibt nur eine
von Zehntausenden am Leben!" Ich blieb hart und sagte:
„Wenn das so ist, dann werde ich die eine von den Zehntausenden sein!" Ich behielt das Täschchen in meiner Hand.

Eine lange Kolonne setzte sich schleppend in Bewegung, die
Juden ganz vorn, die Christinnen am Ende, und ich mitten unter ihnen. Wir marschierten in Fünferreihen ungefähr eine
Stunde. Unterwegs bemerkte ich Warnschilder über elektrisch
geladenen Stacheldrahtzäunen. Es war spät in der Nacht, und
es war nichts zu sehen als die hohen Wachtürme, die über das
gesamte Gebiet verstreut standen und von denen grelles
Scheinwerferlicht ausging. Eine unheimliche Stille lastete auf
uns allen. Von ferne hörte man vereinzelt Hundegebell, ver-
mischt mit merkwürdigen Lauten, die wie Schreckensschreie
anmuteten. Entsetzliches Auschwitz!

Das Gittertor wurde geöffnet. Wir waren im Lager Birke-
nau, dem Vernichtungslager von Auschwitz, angekommen.
Das Lager erhellten hier und da Positionslaternen. Der SS-
Mann, dem ich die Handtasche verweigert hatte, marschierte
als Bewacher neben mir. Er zeigte auf einen am Wegrand ste-
henden Karren, auf dem sich ein Berg verkohlter Leichen befand: „Das ist Auschwitz! Jetzt weißt du, wo du bist. Gib mir
deine Tasche!" Ich versuchte, mich noch einmal nach dem
Karren umzudrehen, aber der SS-Mann stieß meinen Kopf mit
dem Gewehrkolben zurück und rief: „Vorwärts!" [...]

Wir wurden in ein Gebäude gebracht, in dem uns überall der
Geruch von Desinfektionsmitteln entgegenschlug. Ein Mädchen von ungefähr 18 Jahren, eine Jüdin aus Lodz, die gerade
einen großen Haufen Kleidungsstücke desinfizierte, fragte
mich verwundert: Wer bist denn du? Wie kommst du überhaupt hierher?" „Ich lebte zwei Jahre als Arierin und wurde
zur Zwangsarbeit verurteilt." „Dein Glück!" antwortete sie.
„Siehst du den Rauch dort?" fragte sie mich und zeigte in
Richtung der Gaskammern und Verbrennungsöfen, die nicht
weit von uns entfernt waren. „Alle Juden, die heute angekommen sind, hat man gleich dort hingebracht."

„In Reihen aufstellen!" Der Befehl unterbrach unser Gespräch. Zwei Frauen kamen auf uns zu. Die eine hielt eine Art Schreibfederhalter mit einer scharfen Spitze in der Hand, die andere Registrierlisten und eine Flasche Tinte. Jeder Häftling erhielt eine Nummer, die auf dem Arm eintätowiert wurde. Dies ging verhältnismäßig schnell. Als ich jedoch an die Reihe kam, rief die Frau, die die Listen führte, plötzlich: „Das hier ist ja eine Jüdin!" Daraufhin wurde unter meine Nummer noch ein Dreieck eintätowiert, das Erkennungszeichen für Juden.

Den Rest der Nacht saßen wir herum, und erst gegen Morgen führte man uns in eine Holzbaracke. Dies war der Desinfektionsraum, in den jeder Häftling nach seiner Ankunft gebracht wurde. Junge Mädchen gaben entsprechende Anweisungen. Eine von ihnen forderte mich auf, ihr meine Kleidungsstücke zu geben. Nackt stand ich jetzt da, nur noch mit meiner kleinen Tasche in der Hand, die ich mit aller Kraft verteidigte. Eine der älteren Gefangenen, deren Aufgabe das Einsammeln der persönlichen Gegenstände aller Neuankömmlinge war, riß mir die Tasche mit Gewalt aus den Händen. Sie zeigte mich schließlich beim Kapo an und forderte meine Bestrafung. Der Kapo befahl, mir den Kopf zu scheren. Die Prozedur der Aufnahme in das Lager zog sich über viele Stunden hin. Zuletzt wurde ich mit einem Paar Männerschuhen ausgerüstet, vier Nummern zu groß und jeder Schuh in einer anderen Farbe. Ich erhielt ein gestreiftes Kleid aus grobem Stoff, das mir ebenfalls viel zu groß war. Dann wurde ich den Block 30 gebracht, der als Quarantänestation diente.

Als ich die Baracke betrat, sah ich mein Spiegelbild in einer der Fensterscheiben. Ich sah entsetzlich aus, und eine große Depression überfiel mich. Aber ich biß die Zähne zusammen und versuchte, mich selbst wieder aufzurichten und zu trösten. Als ob es in dieser Lage und an diesem schrecklichen Ort noch auf Äußerlichkeiten angekommen wäre! Das Wichtigste erschien mir jetzt, den Kopf oben zu behalten und nicht den geraubten Dingen nachzutrauern. Es ging ums Überleben! Beim Betreten der Baracke sah ich die dreistöckigen Kojen aus ungehobelten Brettern, in denen sich die Betten befanden. Auf ei-

nem der Betten saß eine junge Frau, die mir zurief: „Anitzka!"
Nadja und ich fielen uns in die Arme. Sie war noch vor mir
nach Auschwitz gekommen. Die Baracke im Block 30 diente
zur Aufnahme junger weiblicher Häftlinge im Alter von ungefähr 16–30 Jahren. Hier wurde die körperliche Verfassung der
Gefangenen überprüft, und wer genügte, wurde zur Arbeit
eingeteilt. Wer nicht genügte, kam innerhalb kurzer Zeit durch
Hunger, Ruhr, Typhus oder physische Mißhandlungen ums
Leben. Das war das Schicksal der meisten Häftlinge.

Die Helferin der Blockältesten wies mir einen Platz an. Nebenan saß Selma aus Antwerpen und Bela aus Tschenstochau
in Polen, die beide bereits seit 14 Tagen hier waren. Von ihnen
erhielt ich die ersten Tips, wie ich auf meine Scheibe Brot zu
achten hätte, die ich gerade bekam, um sie am nächsten Morgen noch in meinem Bett vorzufinden. Auch auf die Schuhe
mußte man gut aufpassen. Kurz gesagt, das Bett diente als Auf-
bewahrungsort, in ihm versteckte man die ganze Verpflegung,
die zwar schlecht war, aber lebensnotwendig.

Noch immer herrschte Dunkelheit in der Baracke. In ihr
schliefen ca. 300 Frauen. Plötzlich der laute Befehl: „Aufstehen! Raustreten! Zählappell!" Ich wurde aus tiefem Schlaf gerissen. Mein Körper schob sich vom obersten Stock der Koje
auf den Betonboden. Meine Schuhe hielt ich in der Hand. Hätte ich sie vorher angezogen, so wären sie mir von den Füßen
gefallen. So zog ich jetzt rechts meinen braunen und links meinen blauweißen Schuh an.

Die Barackentür wurde aufgestoßen. Die Menschen drängten sich zum Ausgang. Draußen stand die Aufseherin mit einem Stock in der Hand und trieb die Menge an. Dabei schrie
sie: „Schnell raus!" Wer zu langsam ging, bekam einen Schlag
auf den Rücken. Trotz meiner Schuhe, die ich beim schnellen
Laufen zu verlieren fürchtete, kam ich ohne Schlag davon. Die
Schuhe blieben sogar an meinen Füßen.

Wir standen in Fünferreihen auf einem Schlammplatz vor
der Baracke. Emma, die Barackenälteste, eine Jüdin aus Bratis-
lava, zählte uns. Sie schikanierte uns auch. Besonders diejenigen, die ihren Anweisungen nicht peinlich genau folgten.

Wir standen in Reih und Glied. Keine durfte sich bewegen, bis der Kapo und die Aufseherinnen kamen. Nach dem Zählen der Anwesenden und der Bestätigung, daß die Zahl der Häftlinge mit der Registrierliste übereinstimmte, ging der Appell zu Ende.

Einige Dutzend Häftlinge erhielten die Anweisung, wieder in die Baracke zurückzugehen. Unter ihnen befanden sich Selma und ich. Ich säuberte ein wenig meine Koje. Für den Bettenbau gab es genaue Vorschriften: Die Decken, graubraun und nach Desinfektionsmitteln stinkend, mußten der Größe des Betts entsprechend zusammengelegt sein und an den Kanten einen rechten Winkel bilden. Die Stubenälteste prüfte die Kojen und hatte für die Ordnung Sorge zu tragen.

Auf einmal kam sie an meiner Koje vorüber und fragte laut: „Wem gehört die Koje hier?" Ich meldete mich. „Du wirst mir helfen, einige Decken richtig zusammenzulegen!" Sofort machte ich mich an die Arbeit. Plötzlich erschien Emma und gab mir eine schmerzhafte Ohrfeige. Als ich nach dem Grund für die Schläge fragte, drohte sie mir: „Halt' die Klappe, sonst bekommt du noch eine!" Inzwischen war die Stubenälteste dazugekommen und hatte Emma erklärt, daß sie mir den Auftrag gegeben hatte, mich um die anderen Kojen zu kümmern. Emma, von kleiner und gedrungener Gestalt, war gewalttätig und roh und zeigte eine geradezu krankhafte Aggressivität. Sie entschuldigt sich auch nicht und ging in ihr Zimmer.

Die Blockälteste hatte besondere Privilegien. Sie wohnte in einem separaten Zimmer innerhalb der Baracke, wo sie ein relativ komfortables Privatleben führen konnte. Selma erklärte mir, daß Emmas Gewalttätigkeit pathologischen Ursprungs sei, doch ich überlegte: Wie war das möglich, daß eine Jüdin so grausam zu ihren Leuten war? Das konnte meiner Meinung nach wirklich nur die Folge einer Geisteskrankheit sein! Bella mischte sich in unsere Diskussion ein: „Das hier ist die Hölle, und die Menschen werden zu Tieren auf zwei Beinen. Emma ist die Befriedigung ihrer gewalttätigen Triebe wichtiger als sich beim Kapo oder der Aufseherin einzuschmeicheln."

Alles wartete auf die Suppe. Sie wurde in einem großen Metallbehälter gebracht. Die Stubenälteste schöpfte die Brühe aus dem Behälter und goß sie in schwarze, verrostete Schüsseln oder in Konservenbüchsen, die die Häftlinge ihr entgegenstreckten. Für jeden gab es nur eine kleine Portion. War der Behälter nicht mehr ganz voll, bevor er zu uns kam, dann wußten wir genau, die Suppe war besser als sonst, weil sich bereits Stuben- und Blockälteste entsprechend bedient hatten.

Die kräftige und stets heißhungrige Selma schlang ihre Portion wie jedesmal sofort hinunter und klagte immer noch über Hunger. Ich bot ihr mitleidig von meiner Suppe an. Sie lehnte jedoch ab und erklärte mir: „Ja, Anitzka, du bist erst zwei Tage hier und weißt nicht, daß deine Schüssel auch als Urinbehälter für Ruhrkranke dient. Du mußt dir eine leere Konservendose aus dem Küchenabfall suchen und daraus die Suppe löffeln."

Ich war über Selmas Worte entsetzt und konnte ihre Gleichgültigkeit nicht verstehen. Warum hatte sie mir nicht gleich gesagt, daß ich diese Schüssel nicht benutzen durfte? Wurden nicht in dieser Willkürherrschaft alle menschlichen Wertvorstellungen entstellt, und wurde nicht auch dadurch die Gleichgültigkeit gefördert? Ich trug ein Gebet in meinem Herzen, das meine Seele immer stärken sollte, und damit ich niemals das wahre Bild des Menschen verlieren und allen ethischen Grundprinzipien stets treu bleiben sollte … So wie es Brauch in meinem Elternhaus war.

Eines Nachmittags betrat ein nettes blondes Mädchen die Baracke. Sie war ordentlich gekleidet, mit blondem, nicht zu kurz geschnittenem Haar und sah uns mit ihren blauen Augen der Reihe nach an. Sie interessierte sich für die Neuzugänge, die täglich – beinahe stündlich – im Lager ankamen. Sie fragte nach meinem Namen und war erstaunt: „Was für eine Fränkel? Wo hast du mit deiner Familie gewohnt? Woher kommst du jetzt? Ich heiße Miriam Fränkel und komme aus Tarnow. Seit einem Jahr schon bin ich im Lager." Wir suchten nach gemeinsamen Verwandten und prüften, ob die Namensgleichheit ein Zufall war.

Ich fragte Miriam auch, wie man zu passenden Schuhen komme, nachdem ich gesehen hatte, daß ihre Schuhe die richtige Größe hatten. „Ich werde mich darum kümmern", sagte sie und ging wieder. Nach etwa einer Stunde kam sie zurück, bekleidet mit einem Jackett, um das sie einen braunen Gürtel geschlungen hatte. Unter ihren Armen hielt sie ein Paar braune Schuhe versteckt. Sie schenkte mir die Schuhe und auch das Jackett. Diese Veränderung meines Äußeren gab mir wieder ein wenig Auftrieb.

Die lagererfahrene Miriam hatte längst heraus, wie man sich hier Kleidung beschaffte. Wenn man beim Sortieren oder Stapeln im Kleidermagazin arbeitete, zog man mehrere Kleidungsstücke übereinander an und ging damit zur Baracke. Dort versteckte man seine Beute unter der Bettdecke und holte sie bei Bedarf wieder heraus. Nur wenige durften im Kleidermagazin arbeiten, sagte Miriam, aber sehr viele erhielten Kleider und Schuhe durch sie.

Der Kleiderschmuggel war mit einem hohen Risiko verbunden. Wenn die Aufseherinnen Razzien machten und eine Schmugglerin erwischten, gab es Schläge, und der Kopf wurde kahlgeschoren. Das waren Strafen, die die Frauen in unbeschreiblicher Weise erniedrigten, quälten und beleidigten. Die Glatze und das Kopftuch waren sichere Zeichen für eine mißlungene Schmuggelaktion. Es dauerte dann einige Monate, bis die Haare wieder nachgewachsen waren, und die Schande nicht mehr so bedrückte.

Ich zog die Schuhe an und dachte nicht darüber nach, wer einmal diese Schuhe besessen hatte, da auch ich meine Schuhe hatte abgeben müssen und an ihrer Stelle Monster von Schuhen erhalten hätte. Dies war gleichsam Teil einer Methode, die die Demoralisierung und Demütigung des Häftlings, durch Aushungern und Schwächung des Körpers ergänzt, zum Ziel hatte. Diese lächerlichen Schuhe erschwerten das Gehen erheblich, und es erforderte einige Anstrengung und Geschicklichkeit, damit fertigzuwerden. Mein gestreiftes Häftlingskleid raffte ich jetzt ein wenig mit dem neuen Gürtel, so daß es nicht mehr zu lang für mich war.

Auf dem Weg vor der Baracke marschierten viele weibliche Häftlinge. Es handelte sich aber nicht um Arbeitskolonnen, denn es war schon Mittag. Bella, die neben mir stand, erklärte mir, diese Gruppe junger Frauen im Alter von ca. 20 Jahren, die äußerlich noch sehr kräftig aussahen, würden in einen repräsentativen Teil des Lagers Auschwitz gebracht. Dieser Teil sollte dem Internationalen Roten Kreuz beweisen, daß in Auschwitz menschenwürdige Verhältnisse mit guten sanitären Anlagen, Disziplin und Ordnung herrschten.

In dieser Gruppe sah ich auch Nadja marschieren. Unsere Verbindung war unterbrochen worden, da man sie nach unserer Begegnung im Lager sofort in einen anderen Block versetzt hatte. – Auch Nadja überlebte. Sie kam 1948 nach Israel.

Mein Aufenthalt in Block 30 war zu Ende. Ich ging nun zur Arbeit. Die Aufseherin hatte mich einer Gruppe junger Mädchen zugeteilt. Antreten, Warten, Marschieren und dazwischen ein SS-Mann zur Bewachung. Nach kurzem Marsch kamen wir zu einem Ort, den die älteren Gefangenen ‚Kommando Gnade‘ benannt hatten. Der Ort flößte mir Grauen ein. Von weitem sah man eine Tafel mit der Aufschrift ‚Arbeit macht frei‘. Dieser zynische Spruch war Teil einer Lügenkampagne, die die Deutschen und ihre Helfer im Ghetto durchführten, indem sie behaupteten, die Juden würden in Arbeitslager kommen und dort produktive Arbeit leisten.

Große Mengen jüdischen Eigentums häuften sich unter freiem Himmel: Kleidung, Uhren, Schmuck, Schuhe, Brillen und vieles andere mehr. Daneben befand sich eine Baracke zur Desinfektion der Kleidung. Ich erhielt mit den anderen den Befehl, Pakete mit Anziehsachen zu verpacken. Alles mußte genau sortiert sein und das vorgeschriebene Gewicht haben. Die Pakete waren für den Versand nach Deutschland bestimmt.

Als wir einmal während der Arbeit nicht bewacht wurden, erzählte man mir folgende Geschichte: Vor gar nicht so langer Zeit bekam ein SS-Mann aus nichtigem Anlaß einen Wutanfall, lockte 12 Juden unter einem Vorwand in den Desinfektionsraum, verriegelte die Tür und tötete alle mit Desinfektionsgas. Bella hob ihre Augen zum Himmel und sagte:

„Herr der Welt, warum hast du so viele böse Tiere geschaffen? Und wenn du sie schon geschaffen hast, so vernichte sie bitte wieder!" Bella war trotz allem ein streng religiöses Mädchen geblieben. Ich sagte ihr, daß ich nach allen Erlebnissen hier nicht mehr an einen Gott glauben könne, jedenfalls nicht an einen Gott, wie man ihn sich bei uns zu Hause vorgestellt hatte. Aber Bella sagte mit Bestimmtheit: „Es gibt einen Gott im Himmel."

1. Dezember 1941

Resi Weglein

Ich streichelte jeden Schrank und jeden Stuhl

„Ich kann meine Gedanken weder ausschmücken, noch sie in ein häßliches Gewand kleiden", schreibt Resi Weglein in ihren Aufzeichnungen, die das Münchner Institut für Zeitgeschichte als Typoskript bewahrt, „in schlichten Worten nur schreibe ich nieder, was ich erlebte."

Die Kontoristin und Krankenschwester Resi Weglein, 1894 geboren, lebte ab 1923 als Geschäftsfrau in Ulm und wurde im August 1942 in das sogenannte Altersghetto Theresienstadt, das in Wirklichkeit ein KZ war, deportiert. Ihre Aufzeichnungen ergeben ein genaues Bild der Zustände in Theresienstadt und von der aufopfernden Tätigkeit Resis, der in den mehr als tausend Tagen ihrer Gefangenschaft viele alte und kranke Menschen anvertraut gewesen sind, denen sie „letzte Lebensdienste erweisen durfte."

Am 1. Dezember 1941 ging von Stuttgart der erste württembergische Judentransport nach Riga. Von Ulm wurden aufgerufen: Hedwig Schulman – Sophie Mitlehner und Sohn – Max

Stern – Frieda und Dr. Otto Steiner – Heinrich, Edda und Suse Barth – Beate Hartig – Martha, Helene und Emma Neuburger. – Fräulein Hilb – Frieda und Jakob Maier (Dieser freiwillig, um seine Schwester nicht zu verlassen) – Herr und Frau Zodik mit Sohn und Tochter – Betty Wallach – Alice Harburger und Sohn – Max Neuburger und Herr Hallheimer.

Es hieß, im Osten würde auf freiem Feld eine neue Heimat für die Juden aufgebaut. Für den Barackenbau müßten Öfen und Geschirr mitgenommen werden. Je zwei Menschen konnten eine dreiteilige Matratze mitnehmen. Der Abtransport war human; man verlud die Menschen in einen Omnibus, damit sie unterwegs nicht belästigt würden.

Das zurückgelassene Hab und Gut wurde von der Gestapo beschlagnahmt. Die Wohnungen wurden versiegelt, eines Tages wurde alles versteigert.

Von den tausend württembergischen Juden des Transports nach Riga hat man nichts mehr gehört, bis zum Februar, März 1945 ein Rest von 7 jüngeren Menschen im Lager Theresienstadt auftauchte, die uns von dem furchtbaren Ende der Tausende in dem dortigen Lager berichteten. Im ersten Halbjahr 42 wurden weitere Osttransporte abgefertigt; bei allen betroffenen Ulmern habe ich nach besten Kräften geholfen. In den Transport aus Laupheim, Tiegerfeld und Heckbach (Leute unter 65 Jahren) war von Ulm nur Frau Emma Honold eingereiht. Sie glaubte an eine bevorzugte Behandlung, weil ihr Schwiegersohn SS-Mann war. Sie wurde aber mit dem ganzen Transport in Chelmno vergast.

Nach Isbiza bei Lublin wurden folgende Ulmer Juden deportiert: Berta Hirsch, Alice Gump, Sara Nathan, Isidor Moos und Martha Öttinger. Mit diesen kamen auch unsere Neu-Ulmer Freunde, Familie Bissinger (5 Personen) und Herr Josef Stern weg. Wir sandten ihnen Pakete, wissen aber nicht, ob sie unsere Freunde erreicht haben. Wir haben nie mehr von ihnen gehört. Unsere unter 65 Jahren alten Freunde aus dem Bayerischen kamen nach Piaski bei Lublin. Schon im August 42 hörten wir in Theresienstadt, daß keiner mehr von ihnen lebte. Der Tod war sicher für alle eine Erlösung.

Wir lebten in ständiger Sorge und ich ging nur noch aus der Wohnung, wenn mich die Pflicht in die Altersheime Laupheim und Oberstotzingen rief. Im August 1942 kamen die bitteren Stunden über uns selbst. Am 16. 8. hörten wir von einem Transport nach Theresienstadt. Die Gefühle zu beschreiben, fällt mir heute noch schwer. Es galt, von allen lieben Menschen, allen lieben Gewohnheiten in unserem Heim Abschied zu nehmen. Familie Wurmser, Familie Samuel Hirsch und David Eis halfen uns beim Ordnen des Gepäcks. Ich war nicht fähig, da mich der Wortbruch der Nazi tief getroffen hatte – es hatte geheißen, daß wir als einzige Familie hier bleiben sollten. (Mann Kriegsteilnehmer 1914–1918, Beinamputierter, hohe Auszeichnungen). Nur das Büro M. legte uns so viele Steine wir möglich in den Weg. Am letzten Abend erklärte plötzlich F.H., es sei kein Benzin für uns da, unser Gepäck könne nicht befördert werden. Man log uns vor, unser Gepäck würde für Bombengeschädigte beschlagnahmt. Fritz Wurmser ergatterte schließlich noch ein Auto, das unsere Matratzen und Koffer nach Delmensingen bringen sollte. Matratzen und Koffer wurden gestohlen. Nach etwa 4wöchigem Aufenthalt in Theresienstadt bekamen wir wenigstens die Matratzen und die hineingestopften Dinge.

Der Abschied von den Freunden war schwer, schwerer noch von den lieben Dingen, die uns von den geliebten Kindern erzählten. Ich streichelte jeden Schrank und jeden Stuhl und dankte allen für die treuen Dienste. Den Schlag unserer Uhr hatte ich noch lange im Ohr.

Wir wurden in unserer Wohnung von einem Schutzmann verhaftet und zum Bahnhof Ulm gebracht, zu den alten Menschen aus dem Altersheim Buffenhausen. In der Wohnung mußte mich im Beisein dieses Schutzmannes Fräulein L.H., Mischling 1. Grades, antasten, ob ich nicht Gifte oder Waffen unter den Kleidern verborgen hätte. Das junge Mädchen tat dies mit Behagen. Frau B., die von der Gestapo zu dieser Arbeit ursprünglich bestellt war, hatte glatt abgelehnt. Fräulein H. hat ihre Aufgabe wirklich hervorragend gelöst. Aber ich kann ihr diesen Henkersdienst nie vergessen. Lobend erwähnen will ich den Wachtmeister E., der ursprünglich unsere Verhaftung vornehmen sollte, sich aber weigerte, dies zu tun, da er uns ein Menschenalter gut kannte. Der kleine E.S. ließ es sich nicht nehmen, uns von unserer Wohnung zum Zug zu begleiten. Es hat ihm auch nichts ausgemacht, daß der Schutzmann ihn beschimpfte. Erst auf dem Bahnsteig ließ er sich von uns wegschicken, wartete aber weinend, bis der Zug die Halle verließ.

Ankunft in Stuttgart, Verfrachtung in Omnibusse, Fahrt auf den Killesberg, Übernahme durch die Gestapo.

Gleich beim Eintritt in die Ausstellungshalle wieder Leibesvisitation, bei der meinem Mann die Uhr mit Kette und das Geld abgenommen wurde. Als er sich wehrte und sagte, er sei hundertprozentig Kriegsbeschädigter, wurde erwidert, daß das keine Rolle spiele, da kein Jude eine 900 gestempelte Uhr haben dürfe. Aus meiner Handtasche wurden Kölnisch Wasser und Schokolade gestohlen. Meine Uhr, die ich auf der Fahrt in ein blutiges Taschentuch eingeknotet hatte, fand ich als einzigen Tascheninhalt wieder vor. Also war Judenblut doch für etwas gut.

Killesberg! Diese Nacht des Wahnsinns und des Grauens bleibt unvergessen. 1100 Menschen, meist über 65 Jahre alt – nach dem bevorzugten Theresienstadt kamen nur sogenannte Überalterte, Schwerkriegsbeschädigte über 50% und Träger hoher Kriegsauszeichnungen – saßen auf Stühlen und mußten so schlafen. Etwa 50 ganz schwere Patienten hatten eine schlechte Lagerstatt, z.T. nur ein unbezogenes Oberbett auf der Erde. Wir versuchten, uns bei dem sehr beschränkten Raum niederzulegen, aber schon war es nötig, daß ich half. Neben uns lagen auf einer alten Matratze 2 schwer kranke Männer. Einer davon, Dr. Gutmann aus dem Siechenheim Delmensingen, hatte in den Tohuwabohu den Verstand verloren, zog sich splitternackt aus und legte sich seinem gelähmten Nachbarn auf die Brust. Wohl 10 Mal habe ich den Mann angezogen, immer wieder spielte der Arme das gleiche Spiel: An Schlafen war nicht zu denken, da einige irrsinnige Menschen die ganze Nacht schrien.

Die Schwestern und Helferinnen hatten dauernd zu tun, die Tobenden zu beruhigen, Hinfällige auf die unzureichenden

Klosetts zu führen usw. Dazu der Höllenlärm von 1100 Menschen. Acht arme alte Menschen sind in dieser Nacht gestorben, 12 haben wir sterbend zurückgelassen.

Unser Führer E.M. betonte immer wieder, daß man nicht ins Freie dürfe, da man sonst erschossen würde. Licht dürfe nur ganz spärlich brennen. Davon, daß wir in den Tod gehen sollten, hat er nichts erzählt. Im Gegenteil, er tischte Märchen auf von der Schönheit des Lagerlebens. Am anderen Tag wurden wir ‚sehr gut‘ verpflegt; es war eine Henkersmahlzeit; denn nach 2 Jahren und 10 Monaten Theresienstadt sind wir erstmals nach dem Einmarsch der Russen wieder satt geworden.

An diesem 21. 8. 42 erhielten wir von der Geh. Staatspolizei, Staatspolizeileitstelle Stuttgart, eine Verfügung Nr. 2 B2-586-42d: Auf Grund des § 1 des Gesetzes über die Einziehung kommunistischen Vermögens vom 6. 5. 33 in Verbindung m.d. Gesetz über die Einziehung volks- und staatsfeindlichen Vermögens v. 14. 7. 3 … wird in Verbindung mit dem Erlaß des Führers und Reichskanzlers über die Verwertung des eingezogenen Vermögens von Reichsfeinden vom 29. 5. 41 das gesamte Vermögen der Resi Sara Weglein geb. 15. 2. 94 in Nördlingen, zuletzt wohnhaft in Ulm, Adolf Hitlerstraße 62 zu Gunsten des Deutschen Reiches eingezogen i. A. Gez. Braun. Die Zustellungsurkunde wurde vom Gerichtsvollzieher Zubler im Sammellager Killesberg übergeben. An Gebühren zahlte ich für die Zustellung 90 Pfennig, Fahrkosten 20 Pfennig, Vordruck 5 Pfennig. Das dokumentierte E.M.’s Lügen. Von allen Seiten wurde mir erzählt, Herr M. sei unser Helfer, er hätte überall verbreitet, daß man das ganze Geld von den Abtransportierten bei ihm abzuliefern habe. Wir würden in Th. bevorzugt behandelt, es würde an nichts fehlen. Die abgelieferten Summen sah aber niemand mehr. Der 21. August 42 endete so, daß wir in sehr schlechten Lastkraftwagen auf einen Güterbahnhof außerhalb Stuttgarts befördert würden und dort in Viehwagen eingeladen wurden. Es handelte sich nur um Kranke, welche die Reise nicht in sitzendem Zustand zurücklegen konnten. In meinem Waggon wurden 16 Menschen untergebracht, die meisten gelähmt, und für diese Menschen war eine

Krankenschwester zur Betreuung ausersehen. Leider hat sich die uns zugeteilte Schwester nicht um die Kranken gekümmert, so daß ich den Dienst sofort übernahm.

Hier in Kürze die Namen und Schicksale der in unserem Wagen Reisenden:

Herr Behr und Frau Martha aus Stuttgart. Herr B. bekam während der 30stündigen Fahrt einige Morphiumspritzen und starb im September 42 in Theresienstadt. Frau Martha B. war erst in der Putzkolonne und dann als Fürsorgerin beschäftigt und wegen ihres Fleißes und ihrer Güte sehr beliebt. Im Oktober 44 kam sie nach Auschwitz und wurde vergast. Herr und Frau Dr. Reiß aus Delmensingen. Dr. R. starb während der Fahrt. Herbeigerufene SS entfernte die Leiche und verbrachte sie in den Gepäckwagen. Frau R. kam am 23. 1. 43 nach Auschwitz, nachdem sie in Th. bereits halb verhungert war.

Herr und Frau Schömann aus Stuttgart. Herr Sch. starb während der Fahrt. Die Leiche nahmen wir mit nach Th. Frau Sch. kam im Oktober 43 nach Auschwitz.

Herr und Frau Waitzner aus Stuttgart. Er war gelähmt. Die Frau konnte durch ihre Tätigkeit als Pflegerin bis Oktober 44 sich in Th. halten. Dann kamen beide nach Auschwitz.

Schwester Ursula Henle aus Delmensingen wurde in Th. sehr rasch krank und kam am 29. Januar 43 mit ihrer Mutter Ida Henle nach Auschwitz. Der Namen der anderen entsinne ich mich nicht mehr.

Natürlich mußten wir die Fahrt selbst finanzieren: 50 RM pro Person. 5 RM für ein Lebensmittelpaket. Die Lebensmittelpakete blieben aber in Stuttgart. Durch besondere Protektion bekamen wir etwa 30 Flaschen Selterswasser, das wir als Getränk und Waschwasser benutzten. Für die Nacht hatten wir als Beleuchtung eine Kerze.

Die Nacht in dem Viehwagen war trotz der Hitze erträglich. Jedenfalls wurde nicht geschrien. Durch die offene Waggontüre konnten wir die bewachende SS beobachten. Diese erlaubten uns am nächsten Morgen einen Gang zu einer etwa 10 Minuten entfernten Toilette, wo wir uns notdürftig Gesicht und Hände waschen durften. Die Kranken versorgten wir im Wagen.

Gegen Mittag trafen die vielen hundert Menschen, die als gehfähig bezeichnet wurden, auf dem Bahnhof ein. Viele waren darunter, die 3 Monate vor unserer Abreise nach kleinen Orten, wie Buddenhausen, Oberstotzingen und Laupheim ausgesiedelt worden waren, weil die Judensterne in den größeren Städten aus dem Stadtbild verschwinden mußten. Bei glühender Sonnenhitze standen die armen Menschen, bis sie einsteigen durften. Durch einen kleinen Ausguck am Waggon konnte ich dem Einladen zuschauen. Die arisch versippten Helfer hatten noch die Bettrollen für 1076 Menschen eingeladen und die Fahrt konnte beginnen. Wieder hatten wir nur die kleine flackernde Kerze, bei deren Schein man nachts sogar einige Injektionen machen mußte. Am anderen Morgen wuschen wir uns alle mit Selterswasser, weil es nichts anderes gab. Gegen 10 Uhr starb Herr Dr. Reiß. Für ihn bekamen wir Herrn Julius Löwenthal aus Ulm. Er bekam sofort eine Morphiumspritze, weil er durch seine Arterienverkalkung sehr unruhig war und aus dem fahrenden Zug springen wollte. Frau Dr. Reiß lag auf der Erde und weinte bitterlich. Und neben ihr lag der sterbende Herr Schömann, dessen Frau ebenfalls gramgebeugt war. Bei der Rückerinnerung kommen mir heute noch die Tränen, die sich sonst nicht mehr zeigten, da wir in der Verbannung sehr hart geworden sind.

Ankunft in Theresienstadt.

Bauschowitz! Auch ein Name, der nicht mehr vergessen wird. Als der Zug hielt, stiegen zuerst die SS Männer mit Sturmbannführer Koch aus. Auf dem Bahnsteig stand Lagerkommandant Dr. Seidl mit weiteren SS-Männern und sehr vielen tschechischen Gendarmen. Junge tschechische Juden übernahmen das Ausladen. Da die meisten alten Menschen nicht selbst aussteigen konnten, wurden sie aus dem Wagen gehoben. Die Gehfähigen mußten etwas abseits gehen. Und die Siechen und Kranken wurden auf den Boden gelegt. Zwei sehr schlechte Lastkraftwagen standen zur Beförderung dieser Kranken bereit. Damit ja niemand eine Bequemlichkeit hatte mußten die Kranken stehen, gleichgültig ob sie dazu in der Lage waren oder nicht. In rasendem Tempo fuhren die Wagen nach Theresienstadt, wo die Menschen halbtot in der sogenannten Schleuse abgeliefert wurden. Einer dieser schönen Wagen ging auch prompt in Trümmer. Es hieß, der Boden sei durchgebrochen, wodurch es einige Tote und sehr viele Verletzte gab. Unter den letzteren war ein mir bekanntes Ehepaar Blum aus Oberstotzingen. Herr Blum lag mit Arm und Beinbrüchen einige Wochen im Krankenhaus, ehe er von seinen Leiden erlöst wurde. Auch Frau Blum ist elend an den Folgen dieser Fahrt zugrunde gegangen.

Der Zug der Gehfähigen: Bei glühender Hitze, beladen mit dem verschiedenen Handgepäck, marschierten zwischen 900 und 1000 Menschen nach Th. Es waren traurige Gestalten, die unter Bewachung der tschechischen Gendarmen über die Landstraße mehr krochen, als gingen. Viele brachen unterwegs zusammen. Aber unbarmherzig schlugen die Gendarmen mit ihren Reitpeitschen auf die Armen ein, oder sie hetzten ihre großen Schäferhunde auf sie. Nach zweistündigem Marsch kamen wir in Theresienstadt in der Aussiger Kaserne an. Th. war eine alte Festung. Der Anblick war häßlich und trostlos, bis die Juden ein Musterlager aus diesem Ort des Grauens gemacht hatten.

Wir waren in der Schleuse. Wir kamen durch trostlose lange, mit ungleichmäßigen Steinen bepflasterte Gänge, die schief in noch trostlosere ungleichmäßig gepflasterte Räume führten. Hunderte alter Menschen lagen auf den schmutzigen Böden umher; denn es dauerte viele Stunden, eher jeder einzelne geschleust, dh. ausgeraubt war. Die Gendarmen mit den jungen tschechischen Juden öffneten jede Tasche und es wurden alle Thermosflaschen, Kölnisch Wasser, gute Seifen, Konserven, Taschenlampen und vor allem sämtliche Medikamente abgenommen. Gelassen wurde das restliche Brot, etwas Wurst und einige Kleinigkeiten ohne Wert. Dann kam die Leibesvisitation. Ich selbst hatte in dem unbeschreiblichen Durcheinander das Glück, mit einem Schub abgefertigter Frauen in einen anderen Raum gedrängt zu werden, sodaß ich selbst nicht erzählen kann, wie es bei der Visitation zuging. So konnte ich Wäsche, Kleider, Mantel, die ich 3fach auf dem Leib trug, behalten. Frau Emma Gumbel und meine Schwiegermutter, die diese Tortur über sich ergehen lassen mußten, erzählten mir, daß es sehr peinlich gewesen sei, nackt vor so vielen Leuten stehen zu müssen. Man hatte sogar die Absätze der Schuhe gelöst und sie nach Geld durchsucht.

Das erste Mal in meinem 48jährigen Dasein auf der schönen Erde sah ich in der Aussiger Kaserne eine Latrine – und war entsetzt. 40–50 Menschen hingen dort buchstäblich in der Luft. Von dem Schmutz kann man sich keine Vorstellung machen. Es war unmöglich, sich auf die Stange zu setzen, weil man sonst weder Kleider noch Wäsche hätte weiter tragen können.

Wie alles im Leben nahm auch das Schleusen ein Ende und nachts gegen 1 Uhr am 23. 8. 1942 wurden wir wieder zusammengetrieben, in stockdunkler Nacht, und nach der Dresdner Kaserne auf den Dachboden geführt. Man hatte das Gefühl, daß der Leidensweg kein Ende nehme. Es war auch kein Ende, sondern erst der Anfang des Leides und des Leidens. [...]

Der erste Eindruck auf dem Dachboden war: jetzt bist Du gewiß im Inferno! Es summte und brummte, es weinte und schrie, es herrschte ein merkwürdiges Halbdunkel, da nur ganz vereinzelt eine kleine Glühlampe im Gebälk hing. Dann waren auf der Erde sehr hohe Balken angebracht, die überstiegen werden mußten. Wenn man zu niedrige Schritte machte und nicht aufpasste, fiel man hin und hatte sich sehr weh getan. Oberschenkelhalsbrüche der alten Menschen waren an der Tagesordnung. Betten gab es selbstverständlich nicht; man mußte sich auf die nackten roten Steine niederlassen, auf denen der Schmutz vieler Jahre lag. Mutter und ich hatten uns nach vielem Suchen in der Schleuse gefunden und blieben beisammen in dieser Nacht und das war gut so. Wir ergatterten ein Stück Papier, das Mutter auf den schmutzigen Boden legte. Mir war alles gleichgültig, ich setzte mich auf meinen Mantel. Männer, Frauen und Kinder saßen oder lagen Körper an Körper umher. Es waren 2500–3000 Menschen auf diesem Dachboden untergebracht und an Ruhe war natürlich nicht zu denken. In verschiedenen Winkeln waren leere Marmeladeneimer als Klosetts aufgestellt. Die ganze Nacht war Großbetrieb, weil viele Menschen bereits Durchfall hatten.

Mutter und ich waren wohl beisammen, aber wir hatten die große Sorge um meinen Mann, der mit einem der entsetzlichen Lastwagen befördert worden war. Wir hatten keine Ahnung, wohin man ihn gebracht hatte, wir waren am nächsten Morgen sehr glücklich, als wir vom Dachboden aus meinen Mann auf einem der runden Brunnen im ersten Hof der Kaserne sitzen sahen. Nun galt es, einen Ausgang über hunderte von Körpern hinweg zu suchen, beladen mit dem wenigen verbliebenen Handgepäck, das man immer mitschleppen mußte. Mein Mann war in einem sehr deprimierten Zustand; die Kleider waren beschmutzt, gewaschen war niemand von uns. Man kannte sich nicht aus, niemand war da, der Bescheid geben wollte. Im Hof wurde gerade Kaffee ausgegeben. Ein großes schmutziges Faß enthielt die wie Jauche schmeckende Flüssigkeit, und ein Mann verteilte an jede Person, die eine Essenkarte vorzeigen konnte, $1/4$ Liter dieses Getränkes. Eine lange Schlange von Menschen war angestellt, meist Neuankömmlinge, sodaß man schon sehr froh war, bekannte Gesichter zu sehen. Da uns das meiste Geschirr gestohlen war, mußte ich 3 Mal aufstehen, bis wir Kaffee hatten.

Mein Mann hatte durch Vermittlung eines tschechischen Arztes Dr. Lampl, der damals im Parterre der Dresdner Kaserne Dienst tat, im Zimmer 60 auf dem Fußboden übernachtet. Wir sahen dort ca. 50 Menschen, Männer und Frauen, durcheinander auf der Erde liegen, fast alle schwer krank. Das Herz ging mir über ob des Elends und ich beschloß, zu helfen, so weit es in meinen Kräften stand. Doch wo zuerst anfangen, da keinerlei Hilfsmittel zur Verfügung standen? Ich verfrachtete Mutter mit unserer Habe auf eine Bank in der Balustrade; man konnte nichts ohne Aufsicht lassen, da alles restlos gestohlen wurde. Ich trat den Dienst an, ohne zu wissen, wie ich in das Chaos Ordnung bringen sollte. Als das Ehepaar Schuster aus Oberdorf/Bopfingen mich bei der Arbeit sah, sprangen sie hilfsbereit zu. Wir schleppten Matratzen bei, damit die Kranken wenigstens nicht auf der nackten Erde liegen mußten. Um 11 Uhr gab es Mittagsbrot, bestehend aus einer Wassersuppe ohne Inhalt, 200 Gramm schwarzen Kartoffeln und $1/10$ Liter undefinierbare Tunke. Da wir noch einen kleinen Vorrat an Brot und Wurst hatten, verzichteten wir in den ersten Tagen auf das frugale Mahl. Später haben wir alles genommen und sind alle krank geworden. Mutter und ich mußten zum Essenfassen auf den Dachboden gehen. Dort war ein solches Gedränge und es dauerte nahezu 2 Stunden, ehe man das bißchen Fraß bekam, so daß ich bald zusah, daß meine Essenskarte zum Fassen im Parterre berechtigte.

In den ersten Wochen arbeitete ich 18–20 Stunden im Zimmer 60. Herr Schuster und Herr Kindermann halfen getreulich. Mit Hilfe von Dr. Marek, tschechischer Arzt, brachte ich es fertig, daß die Frauen in anderen Zimmern untergebracht wurden und ich hatte zum Schluß in diesem Zimmer 60 dreiundzwanzig Schwerkranke in sogenannten Betten. Das waren 75 cm breite, ca. 1,90 m lange Gestelle mit 4 aufgelegten Brettern, alles ungehobelt und schlecht zusammengenagelt. Täglich starben in diesen Zimmer 5–6 Menschen, die meisten an schweren Durchfällen. Einige Selbstmörder, deren Nerven die Zustände nicht ertragen konnten, versuchten wir nicht mehr ins Leben zurückzurufen. Die ersten Toten waren Herr Landgerichtsdirektor Wolf aus Karlsruhe, Herr Dr. Reis aus Heidelberg, Herr Frischmann aus Wien, Herr Landau aus Wien, Herr Netter aus Mannheim.

Die Betten konnten nach dem Ableben der Menschen nicht gereinigt werden, weil die Krankenträger nach dem Abholen der Leiche sofort wieder neue Kranke vom Dachboden herunterbrachten. Dort oben gab es noch keine Betten und die Schwestern konnten mit der Arbeit nicht nachkommen. Es starben auf dem Dachboden täglich viele, viele Menschen. Unzählige haben ihrem Leben durch Herabstürzen von den Balustraden und von den Bodenfenstern aus freiwillig ein Ende gesetzt. Grausig sahen die Herabgestürzten aus, alle Knochen waren gebrochen. Man war damals schon so hart, daß man ohne Bedauern, ja, fast mit Neid den Mut der Menschen bewunderte, die sich zu diesem Schritt entschlossen hatten. Der unmenschliche Hunger, die schlechte Unterkunft. – Ich selbst schlief in den ersten 8 Nächten meine 4 Stunden jedesmal in einer anderen Koje, weil ich einfach nicht mehr die Kraft hatte, todmüde, wie ich war, die Bekannten zu suchen. Es dauerte überhaupt etwa 14 Tage, bis die Heime und Städte zusammengefunden hatten, so daß die Bekannten unter der gewohnten Leitung wieder eine kleine Betreuung bekamen.

In diesen Tagen habe ich an der göttlichen Gerechtigkeit gezweifelt und war im wahren Sinne des Wortes verzweifelt. Ich muß das niederschreiben, weil ich mich heute noch meines Kleinmutes schäme. Die Arbeit an den Kranken ließ mich zurückfinden. Ich habe sehr bald eingesehen, daß ich durch alle diese Prüfungen mußte, um innerlich frei zu werden. Alle Not, alles Elend, auch Krankheit mußte ich am eigenen Leibe erleben, um anderen das sein zu können, was ich mir unter „Schwester" vorgestellt habe.

24. Mai 1942

Erika S.

Als Hitler tot war

Erika S., 1926 in Hamburg geboren, bildete sich als Lehrerin aus. Ihr Vater war Mitglied der Hamburger Bürgerschaft (SPD) und seit 1933 mehrfach im KZ, 1949 Senator der Hansestadt Hamburg. Zwar bietet ihr Elternhaus eine klare politische Orientierung, doch Erikas Herz, „das dumme Ding im Körper", interessiert sich für einen Mann, der den NS-Sieg vorzieht. Ihr Tagebuch, in dem sie ihre Widersprüche festhält, auch ihre kurze Liebe zu einem Engländer, hat Heinrich Breloer in seinem 1984 herausgegebenen Buch „Mein Tagebuch. Geschichten vom Überleben 1939–1947" abgedruckt. Erika S. lebt heute mit Harald, dem Mann, den sie heiratete, in Hamburg.

Nun habe ich mir nach langer Zeit wieder einmal vorgenommen, Tagebuch zu führen, und will es dieses Mal auch wirklich durchhalten! Heute ist nun Pfingsten, doch sind die Menschen alle um ihren Pfingstausflug betrogen worden, denn heute vormittag setzten nach einem herrlichen Morgen gewaltige Regenschauer ein und dauerten bis heute nachmittag. Auch unser Plan, nach Tangstedt zu fahren, ist ins Stocken geraten, doch ist er nicht aufgehoben worden. Vielleicht geht es gleich noch los, sonst morgen früh.Große Lust habe sich sowieso nicht, da mein Pfingstprogramm schon gestern zunichte wurde. Ich wollte nämlich nach Lübeck und Heinz, *meinen* Heinz, besuchen, doch nun hat er Pfingsten Kasernenwache, und aus unserem Wiedersehen wird nichts. Am kommenden Sonntag wird er aber gewiß kommen, dann holen wir alles nach, was heute versäumt wurde! Es ist dann wahrscheinlich unser letztes Wiedersehen auf lange Zeit, denn Heinz soll vielleicht Mitte Juni nach Spanien! Einmal muß die Trennung ja auch kommen, denn wir hatten bisher doch sehr viel Glück! Nun freue ich mich schon auf den kommenden Sonntag! Hoffentlich ist recht schönes Wetter! – Da der Regen nicht aufhörte, gingen Mutti und ich ins Kino und sahen „Zwischen Himmel und Erde". Ein sehr schöner Film! Die unglückliche Liebe des jungen Lonini ging mir ziemlich nahe, ich hatte schon befürchtet, daß es kein „Happy End" gibt, aber dieses kam dann doch noch. Am Abend stieß der liebe, tollpatschige Papi *Beize* um, das Tischtuch, der Fußboden usw. sind nun befleckt!!!!!!!!! Typisch, aber seut!.

Sonnabend, der 30. 5.! Ein herrlicher Tag! Die Schulstunden wurden trotz Rechenstunde gut überstanden!

Etwa um $^1/_2 7$ Uhr war ich in der Sperlingsburg, doch war Heinz noch nicht da. Ich fühlte, daß er kommen würde, und sehnte mich sehr! Etwa nach 10 Minuten kam Heinz, und damit begann ein herrlicher Abend. In der Stube war es herrlich, Heinz saß auf dem Sofa, und ich lag vor ihm. Ein unsagbares Glücksgefühl war in mir, wenn Heinz mich an sich zog, und ich hätte immer so bei ihm sitzen mögen. Etwa um ½ 11 brachte er mich nach Hause.

31. 5. 42

Ich träumte herrlich! Um 11 Uhr war ich wieder bei *meinem* Heinz. Da wir uns so sehr liebhaben, wir beide, so kümmern einen die anderen Leute wenig! Bei uns war es auch so, denn vor Tante Emmi und Onkel Heine kann man sich ruhig so geben, wie es ist. Mein einziges Flehen und Wünschen ist nur, daß Heinz gesund bleibt und aus dem Krieg gesund wiederkommt. Und wenn es das Schicksal schwer meint und mein lieber Heinz, den ich um alles in der Welt behalten muß, verletzt [wird], so werde ich trotzdem stets zu ihm halten, und ich will ihm auch dann eine treue Gefährtin sein. – Nach dem Mittagessen holte Heinz mich mit dem Rad ab, ich nahm Tante Emmis, und wir fuhren langsam rund um die Alster. Es wurde dann noch recht schön, ich war wieder seine „Krankenschwester", und als ich rot wurde, sagte Heinz: „Warum schämst Du Dich denn vor mir?" Vor ihm schäme ich mich jedoch niemals! Ich fühlte, wenn er mich an sich preßte, seinen heißen, kurzen Atem, und die Welt schien um mich her zu versinken. Ich fühlte nur, wie mein Körper an seinem lag, und daß ich ihn ganz unsagbar lieb habe, mag da kommen was will.

Um 10 Min. nach ½ 8 Uhr mußten wir uns auf den Weg zum Bahnhof machen. Beide hatten wir gute Laune, denn wahrscheinlich wird Heinz ja noch auf Urlaub kommen, bevor es ins Feld geht! Als der Zug aus der Halle rollte, war in mir immer noch das große Glücksgefühl, und in mir klagen seine Worte, die er gesprochen hatte, als ich mit meinem Kopf an seiner Brust lag: „Jetzt möchte ich immer, immer bei Dir bleiben, nur bei Dir, mit Dir allein, Du!" Der Regen, der herunterströmte, machte mir wenig aus. Ich lief hindurch und kam naß, doch glücklich nach Hause. [...]

Vorletzter Tag in Donauhof... Meinen Vati haben sie wieder verhaftet! Meinen lieben Vati, der doch nichts getan hat! Mutti schrieb es mir gestern schon, und nun fahre ich morgen schon, weil ich meine Mutti nicht allein lassen möchte. Ich habe gleich an Himmler folgende Zeilen geschrieben:

„An den Reichsführer SS, Heinrich Himmler.

Heute erreichte mich während meines Ferieneinsatzes in der KLV die Nachricht, daß mein Vater, der Arbeiter Walter Sch., geb. 3. 2. 1901 in Hbg., am 23. 8. 44 von der Geheimen Staatspolizei verhaftet worden ist.

Mein Vater war seit Beginn 34–Okt. 38 bereits in Haft, da er vor 1933 der SPD angehörte und Bürgerschaftsmitglied war. – Unsere Eltern haben mich und meinen 14jährigen Bruder ganz im nationalsozialistischen Sinne erzogen. Meine Mutter ist Mitglied des Deutschen Frauenwerkes, mein Bruder ist seit Jahren in der HJ, und ich selbst bin seit 1943 BDM-Führerin und Gruppensingewartin, nachdem ich schon vorher $1^1/_2$ Jahre Mitglied des Bannorchesters Hamburg war (421); dem Gebietsorchester gehöre ich seit einigen Wochen wieder an, da wir eine Wohnung in Hbg. bekommen haben.

Seit April 44 bin ich Mitglied der NSDAP und habe mich bisher immer und überall für unsere Idee eingesetzt.

Ich bitte Sie nun, Herr Reichsführer SS, Himmler, den Fall prüfen zu lassen, da es mir aus unserer Haltung und Einstellung heraus unerklärlich ist, welche Gründe vorliegen könnten, meinen Vater in Haft zu halten.

Heil Hitler

Den 24. August 44"

Ich rechne nicht damit, daß der Herr Himmler Gnade zeigen wird, aber ich darf nichts unversucht lassen, meinen Vati freizubekommen, denn ich bin jetzt groß genug, um mit Mutti gemeinsam um Vati zu kämpfen. Damals war ich ja noch ein Kind, jetzt kann ich schon als Erwachsener angesehen werden. –

Am Freitag, den 25. 8. wurden Frl. D. und ich zu einem Unteroffizierskameradschaftsabend eingeladen. Ich sollte singen! Wir wurden gleich als „Damen" begrüßt, im übrigen waren wir 2 die einzigen Damen unter 25 Unteroffizieren und 2 Hauptmännern und einem Staatsfeldwebel (Herr W.). Herrn W. hatten wir überhaupt unsere Einladung zu verdanken, er hat Maiti sehr gern, aber Maiti kann ihn nicht wiederliebhaben. Vielleicht ist er zu alt? Herr W. ist 38 Jahre alt. Ich wurde also auf dem Abend als „Nachtigall vom Donauhof" eingeführt, und ein fabelhafter Akkordeonspieler begleitete mich bei den Liedern „Forelle", „Schlafe mein Prinzchen", „In einen Hering dick und stramm" und „Es hatte ein Bauer ein schönes Weib". Bei „Marie-Madlen" begleitete ich mich selbst. An der einen Seite saß der neue Herr Hauptmann M. neben mir, an der anderen Seite Herr Hauptmann S., der verabschiedet werden sollte. Ich wurde ziemlich gefeiert, nach der „Forelle" bekam ich einen wunderbaren, großen Nelkenstrauß!! Der erste in meinem Leben! Ich bat um Wasser, und der Bursche brachte ein Glas mit Wasser. – Wir aßen ein ganz komfortables Menü: 1. Nudelsuppe, 2. Kartoffeln, Rehbraten, Soße, Knödel, Nudeln, Apfelmus. Weiter: Weizenbier, herrlicher Weißwein und Kognak. Ich war aber satt, als ich das überstanden hatte! Um $1/_4 4^{\circ\circ}$ etwa gingen wir nach Haus. Die Tür war zu, das Fenster war zu, und wir konnten nicht ins Haus. Leichtbeschwipst gingen Maiti und ich „bergan"; es blieb uns nichts anderes übrig, als im Freien zu schlafen. Oben, hinter dem Wäldchen, legten wir uns hin, nachdem wir Handtücher „organisiert" hatten und uns darauflegten. Mit 3 Badeanzügen deckten wir uns zu! Ja, und dort schliefen wir bis um $6^{\circ\circ}$, da weckte uns die Kälte, nein, die *Nässe* des Grases auf. Wie nun ins Lager kommen? Gott sei Dank waren die Erziehungsmädel schon aufgestanden; so konnten wir wie die Diebe ins Haus schlüpfen!

Und nun habe ich Angst um Paul! Er liegt zwischen Paris und Versailles oder lag wenigstens dort. Nun sind die Invasionstruppen schon in Paris und vor Warschau und in Südfrankreich! Überall! Und wo ist Paul?

Mein Vati, wenn wir dich nur erst wiederhaben. Aber wir bekommen Dich heraus, Vati, wir müssen es! Du wirst sonst krank. Du bekommst jetzt so schlechtes Essen dort, und dann bei Alarm! Nein, wir müssen in dieser Zeit zusammen sein. [...]

Wieder in Hamburg, 10. 9. 44

Ja, nun bin ich wieder hier, und viel, sehr viel hat sich ereignet. [...] Ja, und Vati war noch nicht da, als ich kam. Mutti und Walli und Onkel Arthur holten mich vom Hauptbahnhof ab, wir kamen ohne Alarm nach Hause. Im Haus lagen 2 Briefe, von Paul und von Benno. Gott sei Dank, Paul ist noch aus Frankreich zurückgekommen, und nun ist er in Mannheim. Am 1. 9. ging ich noch nicht wieder zur Schule, sondern nur zu Prof. G., um mich bei ihm zu entschuldigen. Wir erzählten ihm alles von Vati, und er zeigte größtes Verständnis. Dann gingen wir zur Gestapo. Die Männer waren alle sehr nett, und sie machten uns die größten Hoffnungen. Am Sonnabend waren wir noch einmal wieder auf der Gestapo, da wurden wir mit einer kalten Dusche empfangen. Wir mußten vom einen zum anderen laufen, alle hatten unterschrieben, aber die Akte war nicht zu finden. Der Leiter, Oberregierungsrat B., machte uns einen Strich durch unsere Hoffnungen, weil er als „Oberster" das Gesuch nicht unterschreiben wollte. Nun mußte Vatis Akte erst nach Berlin, und wir müssen warten, was nun wird. Wir haben nun keinen Pfennig Einkommen, aber unsere Postsparbücher sind ja zum Glück noch da. Am meisten leid tut uns immer unser Vati, der nun eingesperrt ist und nicht einmal bei Alarm in den Keller kommt! Wie die Schwerverbrecher! Es ist halt nicht mehr auszuhalten, wie man in Deutschland behandelt wird. Dabei tut man doch alles, um nicht aufzufallen. [...]

21. 9. 44

Vorgestern, am 19. 9., bekam ich endlich Post von Paul! Er darf nicht schreiben und hat mir die Zeilen auch nur heimlich geschickt. Er schreibt, er hat augenblicklich eine Aufgabe zu erfüllen, die ihm nicht leichtfällt und über die er mit mir bei aller Offenheit nicht sprechen möchte. Paul, was machst Du bloß für Sachen! Hoffentlich mußt Du keine Schweinereien verrichten, das wäre ja schrecklich! Wenn doch bloß dieser wahnsinnige Krieg bald ein Ende hätte. Man weiß wirklich nicht, was werden soll, wenn es nicht bald aus ist! Wie viele dumme Menschen gibt es doch bloß noch!

Die Landung in Holland ist jetzt „öffentlich", es sind allerlei Truppen! Heute steht in der Zeitung: „Briten bei Arnheim vernichtet!" Ja, aber wie viele? Alle? Oder 100? Es ist zum Lachen!!! Und dabei haben die Truppen bald die Verbindung mit den anderen, die aus Belgien vorstoßen? Gefallen sind inzwischen an Städten: Nancy, Aachen schon seit Tagen, Brest ist aufgegeben, Echternach (in Luxemburg) gefallen, ja, und Luneville kommt wohl morgen auch an die Reihe. Seit *zwei* Tagen haben wir schon keinen Alarm mehr gehabt, *nur Vorwarnung*, ist das nicht toll? – Finnland hat nun auch die Bedingungen für den Waffenstillstand bekommen. In der Zeitung steht: „ Finnland ist in sein Verderben gestürzt"; „Finnland im Abgrund"; „Mannerheim wußte um die tödlichen, vernichtenden Bedingungen!" usw. usw. usw.!! Ja, nun möchte ich nur wissen, ob Finnland oder Deutschland *besser* dran ist? Welches Land steht denn *näher* am Abgrund? In welchem Land werden *mehr* Opfer gebracht? Ach, wenn man über diesen Wahnsinn in den Zeitungen nachdenkt, weiß man wirklich nicht mehr, ob nun alle Welt wahnsinnig oder ob man selbst nicht mehr ganz dicht ist! Aber auf unser Gehirn kann man noch bauen; das muß man ja auch, denn wir werden bald viel Arbeit bekommen. Nun hat es geheißen, alle Pg. sollen „entfernt" werden, na, da blüht mir ja noch ein herrliches Los! Hoffentlich drückt man ein Auge zu, sonst wandern nach diesem 10jährigen Schrecken noch einmal Verkehrte in die Verbannung oder ins Jenseits, und wir haben doch im letzten Jahrzehnt bestimmt genug für unsere Gesinnung dulden müssen. Ich bin schrecklich leichtsinnig, schreibe hier Dinge in mein Tagebuch, die mir leicht den Hals und Kopf kosten können! Aber soweit wird es wohl hoffentlich nicht mehr kommen.

Im übrigen fühlen wir uns schon ganz schön sicher, wenn man nichts „Unangenehmes", wie V2, V3, V4 usw. dazwischenfunkt! […]

9. 11. 44

9. November! Heldengedenktag! Und meine Usch ist nun auch tot, seit gestern weiß ich es! Ich kann es noch nicht fassen – meine Usch tot? Sie wurde das Opfer eines Tieffliegerangriffs, mit ihr noch mehrere hohe BDM-Führerinnen. Lotti K. blieb wie durch ein Wunder unverletzt. In mir ringen nun mein Verstand und mein Herz!! Mein Herz beweint Usch, meine liebe Freundin – mein Verstand sagt: „Usch ist ein Opfer ihrer Idee geworden, sie starb gern!" Nein, nein, nein, mein Verstand sagt es nicht. Ich *traure* nur, ich denke nicht, daß Usch selbst schuldig war. Ich bin kein Mensch, ich bin kein Politiker, ich *kann* nicht so konsequent sein, wie ich es sein müßte, um ganz unserer Idee zu dienen. Ich sehe jetzt schon, daß ich zu weich bin, um jemals der Rache dienen zu können. Ich kann nicht – und wenn ich auch wollte.

Ich habe so schwer gerungen mit mir in den letzten Wochen, darum ließ ich Dich, mein lieber Freund, mein liebes Tagebuch, auch so lange allein. Ich konnte nicht eher zu Dir kommen, bevor ich mit mir selbst ins reine gekommen war. Nun bin ich es. Es war wie eine kalte Dusche, das kann ich Dir sagen! Aber es wird wohl so ganz richtig sein, wenn ich auch Schmerzen ausgestanden habe. Es tat so weh, aber ich habe ja selbst schuld. Nun will ich Dir kurz beichten, aber wirklich nur ganz kurz, denn ich kann nicht noch einmal alles aufs neue aufreißen, das darfst Du nicht von mir verlangen, mein Tagebuch. Paul war hier, er kam am Abend des 25. 10., nachmittags war ein schwerer Terrorangriff gewesen. Wir hatten kein Licht, ich saß im Zimmer und spielte Quetsche. – Ich brachte Paul zum Borgweg – und ich war ja so glücklich wie lange nicht! Doch das kannst Du Dir wohl auch gut vorstellen, nicht wahr? Du weißt ja, wie mir immer ums Herz war! Am nächsten Tag holte Paul mich von der Schule ab, wir fuhren aber nur bis zur Kellinghusenstr. zusammen. Da ich wußte, daß

Paul am Freitagmorgen von Altona fahren wollte, ging ich hin, um ihm noch etwas zum Lesen für die Reise zu bringen. Ich hatte ihm zwei Briefe geschrieben, der eine war sehr inhaltsschwer: Ich schrieb ihm, daß ich ihn schon lange gern hatte. – Seine Mutter war auch am Bahnhof, so gab ich ihm den Brief nur. Wir sprachen nicht viel miteinander, Paul ist ja immer so schweigsam. – Und dann rollte der Zug aus der Halle – Paul wurde immer kleiner – immer kleiner – seine Mutter weinte –, und ich tat sehr gleichgültig, obwohl mir auch das Wasser in die Augen schießen wollte. „Wie nimmt er meinen Brief auf?" mußte ich immer denken. Ich kam zu spät zur Schule, aber es machte nichts. – Am Dienstag kam Pauls Antwortbrief. Er kann mich nicht von ganzem Herzen lieben und weiß nicht warum. Daß ich ihn gern habe, weiß er schon lange, es *bedrückt* ihn!! Ach! Aber er kann mir nicht „Nein" sagen, er schreibt, er kann nie von mir lassen … Ja, *was* soll ich denn denken? Als Kamerad will er mich nie verlieren. Paul, Du verlangst viel von mir, nicht wahr, mein Tagebuch? Ich kann nicht anders, ich *muß* ihn lieben, und das darf er doch nie wissen, wenn ich ihm nur Kameradin sein soll. Ich habe seinen Brief noch nicht beantwortet. Ich warte auf seine Adresse. […]

Vati kommt heut abend gar nicht, nun macht Mutti sich Sorgen. Mutti soll arbeiten, nun ist die Angst natürlich groß. Und Vati soll zum Volkssturm!! Als wenn er noch helfen könnte! Die Engl. und Amerikaner werden wohl in den nächsten Tagen im Westen durchstoßen, die Russen stehen vor Budapest und sind schon in Ostpreußen bald 100 km drin!

Seit gestern V2 im Gange! Man hört von Nebelgeschützen – die Matrosen laufen hier nur noch mit Gasmasken herum –, Onkel Willi schreibt auch von „Gasmasken zurechtlegen" usw. Na, es wird nun wohl bald zum Schluß kommen…Wenn wir es man überleben…gesund, dann ist alles andere Nebensache.

Für heute möchte ich schließen, mein Freund, ich bin müde. Mein Herz ist auch müde, so trostlos, als wenn alles bald ein Ende hat. Alles, das Glück und auch der Kummer. Na, dann man los!

11. Juni 1942

Etty Hillesum

Man geht viel zu weit in seiner Angst um den armseligen Körper

Ein Tagebuch von literarischem Rang, in dem Etty Hillesum die Jahre einer persönlichen Entwicklung und, so paradox es klingt, der persönlichen Befreiung beschreibt: „Das Leben und das Sterben, das Leid und die Freude, die Blasen an meinen wundgelaufenen Füßen und der Jasmin hinterm Haus, die Verfolgungen, die zahllosen Grausamkeiten – all das ist in mir wie ein einziges starkes Ganzes, und ich beginne immer mehr zu begreifen, wie alles zusammenhängt, ohne es bislang jemandem erklären zu können."

In neun Heften in kleiner und schwer lesbarer Schrift wurden Etty Hillesums Tagebücher aufgefunden, Notizen über ihr Verhältnis zu S., zu ihrer Familie, zur Frauenfrage, ihre Ansichten über Literatur, ihre Einsichten in die Geschichte und das Judentum, ihr beständiges Streben nach einem Leben, das sich gegen den Haß wehrt, der alle beherrscht. Die niederländische Slawistik- und Psychologiestudentin begann 1941 mit ihrem Tagebuch, zum Zeitpunkt des Kriegs und der Judenverfolgungen, die zur ihrer Deportation nach Auschwitz führten, wo sie nach zwei Jahren starb: „Gut, diese neue Gewißheit, daß man unsere totale Vernichtung will, nehme ich hin. Ich weiß es nun." Und der letzte Satz ihres Tagebuchs lautet: „Man möchte ein Pflaster auf vielen Wunden sein."

11. Juli 1942, Samstag vormittag, 11 Uhr
Über die letzten und tiefsten Dinge des Lebens darf man eigentlich erst sprechen, wenn die Wörter so einfach und natürlich aus einem hervorquellen wie Wasser aus einem Brunnen.

Und wenn Gott mir nicht weiterhilft, dann muß ich Gott helfen. Die ganze Erdoberfläche ist allmählich ein einziges Lager, dem nur wenige entkommen. Es ist eine Phase, durch die wir hindurch müssen. Die Juden erzählen einander hier nette Dinge: daß man in Deutschland eingemauert oder durch Giftgas ausgerottet wird. Es ist nicht sehr vernünftig, solche Geschichten weiterzuerzählen, und außerdem: sollte dies tatsächlich in irgendeiner Form geschehen, nun, dann doch nicht auf unsere Verantwortung? Seit gestern abend fast sintflutartige Regenschauer. Ich habe schon eine Schublade meines Schreibtisches ausgeräumt. Ich habe sein Foto wiedergefunden, das ich vor fast einem Jahr verlegt hatte, von dem ich aber sicher war: ich finde es wieder. Und da lag es auf einmal auf dem Boden einer unordentlichen Schublade. Das ist typisch für mich, von bestimmten Dingen, großen oder kleinen, weiß ich im voraus, daß sie in Ordnung kommen. Vor allem bei materiellen Dingen ist das Gefühl sehr stark. Ich mache mir nie Sorgen um den nächsten Tag. Ich weiß zum Beispiel, daß ich in Kürze von hier weg muß, und habe nicht die blasseste Ahnung, wohin ich komme, und mit dem Geldverdienen sieht es sehr schlecht aus, aber um mich selbst sorge ich mich nie, ich weiß, daß es irgendwie weitergehen wird. Wenn man die zukünftigen Dinge von vornherein mit Sorgen belastet, können sie sich nicht organisch entwickeln. In mir ist ein großes Vertrauen. Ich vertraue nicht darauf, daß es mir im äußeren Leben immer gutgehen wird, sondern darauf, daß ich auch dann, wenn es mir schlechtgeht, das Leben immer bejahen und gut finden werde.

Ich ertappe mich dabei, wie sehr ich mich in Kleinigkeiten schon auf das Arbeitslager vorbereite. Gestern abend ging ich mit ihm am Kai spazieren. Ich hatte bequeme Sandalen an und dachte auf einmal: Die Sandalen werde ich auch mitnehmen, dann kann ich sie ab und zu mit den schweren Schuhen vertauschen. Was geht da zur Zeit in mir vor? Woher diese leichte, fast verspielte Fröhlichkeit? Gestern war ein schwerer, sehr schwerer Tag, an dem ich viel leiden und innerlich viel verarbeiten mußte. Aber ich habe alles überwunden und kann heute wieder mehr ertragen als gestern. Vermutlich ist das der Grund für die innere Heiterkeit und Ruhe: Ich weiß, daß ich mit allem fertig werde, ganz allein damit fertig werde und daß mein Herz dabei nicht vor Verbitterung erstarrt, sondern daß auch die Augenblicke der tiefsten Traurigkeit und Verzweiflung fruchtbare Spuren in mir hinterlassen und mich stärker machen. Ich mache mir nichts vor über die wirklichen Umstände und verzichte sogar auf den Anspruch, anderen Menschen helfen zu wollen. Ich werde mich immer bemühen, Gott so gut wie möglich zu helfen, und wenn mir das gelingt, nun, dann wird es mir bei den anderen auch gelingen. Aber man sollte sich keine heroischen Illusionen darüber machen.

Ich frage mich, was ich wirklich tun würde, wenn ich die Karte mit dem Aufruf nach Deutschland in der Hand hielte und in einer Woche abfahren müßte. Stell dir vor, die Karte käme morgen, was würdest du tun? Ich würde zunächst niemandem etwas davon sagen, mich in die stillste Ecke des Hauses zurückziehen, und alle meine körperlichen und seelischen Kräfte zusammenraffen. Ich würde mir einen Bubikopf schneiden lassen und meinen Lippenstift wegwerfen. Ich würde versuchen, die Rilke-Briefe noch in dieser Woche zu lesen. Aus dem schweren Mantelstoff, den ich habe, würde ich mir eine lange Hose und eine Jacke machen lassen. Ich würde natürlich versuchen, meine Eltern zu besuchen und ihnen viel von mir erzählen, viel Tröstliches, und in jeder Minute, die mir verbliebe, würde ich ihm schreiben, und ich weiß jetzt schon, daß ich vor Sehnsucht nach diesem Mann sterben würde. So wie mir jetzt in manchen Augenblicken zum Sterben zumute ist, wenn ich überlege, daß ich ihn verlassen muß und nicht mehr wissen werde, wie es ihm geht. Nach einigen Tagen würde ich zum Zahnarzt gehen, um meine vielen hohlen Backenzähne füllen zu lassen, denn das wäre wirklich grotesk, wenn man dort Zahnweh bekäme. Ich würde versuchen, mir einen Rucksack zu verschaffen und nur das Notwendigste mitnehmen, aber es müßte alles von guter Qualität sein. Ich würde die Bibel mitnehmen, und auch die beiden dünnen Bändchen „*Briefe an einen jungen Dichter*" und das „*Stundenbuch*" müßten sich doch noch in einer Ecke des Rucksackes unterbringen lassen? Ich nehme keine Fotos mit von den Menschen, die mir teuer sind, sondern verwahre die Bilder ihrer Gesichter und Gebärden in den geheimsten Winkeln meines Innern, damit sie immer bei mir sind.

Und seine beiden Hände werden mit mir gehen, mit ihren ausdrucksvollen Fingern, die wie junge kräftige Zweige sind. Und oft werden die Hände sich im Gebet schützend über mir falten und mich bis zum Ende nicht verlassen. Und die dunklen Augen werden mich begleiten, mit ihrem guten, sanften und forschenden Blick. Und wenn meine Gesichtszüge durch zuviel Leid und harte Arbeit häßlich und zerstört sind, wird alles Leben sich in meine Seele und meine Augen zurückziehen und alle werden sich in meinen Augen versammeln. Und so weiter und so weiter. Das ist natürlich nur eine Stimmung von vielen, die man unter den neuen Verhältnissen von sich kennenlernt. Aber es ist auch ein Stück und eine Möglichkeit von mir selbst. Ein Teil von mir, der immer mehr die Oberhand gewinnt. Und übrigens: Ein Mensch ist nur ein Mensch. Ich übe mich bereits jetzt darin, auch dann weiterzuleben, wenn ich von allen getrennt bin, ohne die ich nicht leben zu können glaube. Äußerlich löse ich mich jeden Augenblick mehr von ihnen, um mich immer stärker auf ein innerliches Zusammenleben und Verbundensein zu konzentrieren, auch wenn wir noch soweit voneinander getrennt sind. Aber andererseits: Wenn ich mit ihm Hand in Hand auf dem Kai spaziere, wo es gestern abend herbstlich und stürmisch war, oder wenn ich mich in seinem kleinen Zimmer an seinen herzlichen, lieben Gesten erwärme, dann beschleicht mich wieder die sehr menschliche Hoffnung und der Wunsch: Warum sollten wir nicht zusammenbleiben können? Alles andere zählt nicht, wenn wir nur zusammenbleiben können, ich will nicht von ihm getrennt werden. Aber dann wieder überlege ich mir, daß es vielleicht leichter ist, aus der Ferne für jemand zu beten, als ihn neben sich leiden zu sehen.

Wirkliche Verbindungswege von Mensch zu Mensch gibt es in dieser wild über den Haufen geworfenen Welt nur im Bereich des Inneren. Äußerlich wird man auseinandergerissen, und die Wege zueinander sind unter Trümmern verschüttet, so daß man häufig nicht mehr zueinander findet. Nur innerlich ist noch ein ununterbrochener Kontakt und ein gemeinsames Weiterleben möglich, und bleibt nicht immer die Hoffnung, daß man einander doch noch irgendwann auf dieser Erde wiedertrifft?

Ich weiß natürlich nicht, wie es sein wird, wenn ich ihn tatsächlich verlassen muß. Ich habe noch seine Stimme von dem Anruf heute morgen im Ohr, und heute abend werde ich zusammen mit ihm an einem Tisch essen, und morgen früh machen wir einen Spaziergang, und dann essen wir beide bei Liesl und Werner, und nachmittags wird musiziert. Er ist noch da. Und in meinen geheimsten Gedanken glaube ich noch immer nicht so recht, daß ich ihn und die anderen verlassen muß. Ein Mensch ist nur ein Mensch. In dieser neuen Situation muß man sich selbst erst wieder neu kennenlernen. Viele Leute werfen mir Gleichgültigkeit und Passivität vor und sagen, daß ich mich zu leicht ergebe. Und sie sagen, jeder, der sich vor ihren Klauen retten könne, müsse es versuchen, er sei dazu verpflichtet. Ich solle etwas für mich selbst tun. Aber das ist eine Rechnung, die nicht aufgeht. Zur Zeit ist nämlich jeder damit beschäftigt, etwas für sich zu tun, sich zu retten, und doch müssen viele, sehr viele sogar, gehen. Und das Komische ist: Ich fühle mich gar nicht in ihren Klauen, weder wenn ich bleibe, noch wenn ich abtransportiert werde. Ich finde das alles so klischeehaft und primitiv, ich kann diese Argumente überhaupt nicht verstehen, ich fühle mich in niemandes Klauen, ich fühle mich nur in Gottes Armen, um es mal pathetisch zu sagen, und ob ich nun hier an dem mir so lieben und vertrauten Schreibtisch sitze oder ob ich nächsten Monat in einer armseligen Kammer im Judenviertel hause oder vielleicht in einem Arbeitslager unter SS-Bewachung stehe, ich werde mich überall und immer, glaube ich, in Gottes Armen fühlen. Man wird mich möglicherweise körperlich zugrunde richten, aber mir weiter nichts anhaben können. Vielleicht werde ich der Verzweiflung anheimfallen und Entbehrungen erdulden müssen, die ich mir in meinen düstersten Phantasien nicht vorstellen kann. Und doch ist das alles belanglos, gemessen an dem Gefühl endloser Weite und Gottesvertrauen und innerer Erlebnisfähigkeit. Es kann sein, daß ich alles unterschätze.

Ich lebe täglich in einer harten Ungewißheit, die für meine Person jeden Augenblick zur Gewißheit werden kann, wie sie schon für viele, allzu viele Menschen zur Gewißheit geworden ist. Ich lege mir bis in die kleinsten Einzelheiten Rechenschaft über alles ab, und ich glaube, daß ich bei meinen inneren *„Auseinandersetzungen"* mit beiden Füßen auf dem härtesten Boden der härtesten Realität bleibe. Meine Ergebung ist keine Resignation oder Willenslosigkeit. Es ist immer noch Raum darin für die elementare moralische Entrüstung über ein Regime, das so mit den Menschen umgeht. Aber die Ereignisse, die uns überrollen, sind zu gewaltig und dämonisch, als daß man darauf mit persönlichem Groll und Erbitterung reagieren könnte. Das käme mir kindisch vor und wäre diesem *„schicksalhaften"* Geschehen nicht angemessen.

Die Leute regen sich oft darüber auf, wenn ich sage: Es ist doch nicht entscheidend, ob ich gehe oder ein anderer, entscheidend ist doch nur die Tatsache, daß soviel Tausende gehen müssen. Und es ist keineswegs so, daß ich mit einem gelassenen Lächeln geradezu in meinen Untergang hineinrenne, nein, so ist es auch nicht. Es ist ein Gefühl des Unabwendbaren, ein Sich-Abfinden mit dem Unabwendbaren in dem Wissen, daß uns in letzter Instanz nichts genommen werden kann. Ich will nicht aus einer Art Masochismus um jeden Preis mitgehen und aus meiner Daseinsform herausgerissen werden, aber ich weiß, daß ich mich keineswegs wohl fühlen würde, wenn mir erspart bliebe, was so viele erdulden müssen. Man sagt zu mir: Jemand wie du ist verpflichtet, sich in Sicherheit zu bringen, du hat im Leben später noch viel zu tun, du hast noch soviel zu geben. Was immer ich zu geben habe, das kann ich überall geben, wo ich bin, hier im Freundeskreis oder irgendwo anders im einem Konzentrationslager. Es wäre eine sonderbare Selbstüberschätzung, mich für zu wertvoll zu halten, um in einem gemeinsamen „*Massenschicksal*" mit den anderen unterzugehen.

Und wenn Gott der Ansicht ist , daß mir noch viel zu tun bleibt, nun, dann werde ich dieses tun, nachdem ich alles durchgestanden habe, was die anderen auch durchstehen müssen. Und ob ich ein wertvoller Mensch bin, wird sich daran zeigen, wie ich mich unter den veränderten Bedingungen verhalten werde. Und auch wenn ich nicht überlebe, wird die Art, wie ich sterbe, den Ausschlag geben, wie ich wirklich bin. Es geht nicht mehr darum, sich selbst um jeden Preis aus einer bestimmten Situation herauszuhalten, sondern darum, wie man sich in irgendeiner Situation verhält und weiterlebt. Was sich anständigerweise tun läßt, werde ich tun. Meine Nieren sind noch entzündet, und auch meine Blase ist nicht ganz koscher, darüber werde ich mir ein Attest geben lassen, falls ich eins bekommen kann. Man empfiehlt mir nämlich, mich um einen Scheinposten beim Jüdischen Rat zu bewerben. Vorige Woche wurden 180 Leute mit einer Sondergenehmigung eingestellt, und seitdem drängen sich dort die Ratlosen in hellen Scharen. Wie sich an einem Stück Treibholz nach einem Schiffbruch noch so viele Menschen wie möglich festklammern. Aber ein solches Unternehmen halte ich für sinnlos und unlogisch. Es liegt mir nicht, von meinen guten Beziehungen Gebrauch zu machen. Es scheint dort eine ziemliche Vetternwirtschaft zu herrschen, und die Erbitterung gegen diese merkwürdige Vermittlungsstelle steigt von Tag zu Tag. Und außerdem: Man kommt ja doch nur etwas später an die Reihe.

Nun ja, bis dahin können die Engländer möglicherweise schon gelandet sein. So reden die Leute, die noch eine politische Hoffnung haben. Ich glaube, daß man alle Hoffnungen auf die Außenwelt aufgeben muß, daß man keine Rechenexempel über die Zeitdauer anstellen darf, und so weiter. Und jetzt gehe ich den Tisch decken.

Sonntagmorgengebet

Es sind schlimme Zeiten, mein Gott. Heute nacht geschah es zum erstenmal, daß ich mit brennenden Augen schlaflos im

Dunkeln lag und viele Bilder menschlichen Leidens an mir vorbeizogen. Ich verspreche dir etwas, Gott, nur eine Kleinigkeit: ich will meine Sorgen um die Zukunft nicht als beschwerende Gewichte an den jeweiligen Tag hängen, aber dazu braucht man eine gewisse Übung. Jeder Tag ist für sich selbst genug. Ich will dir helfen, Gott, daß du mich nicht verläßt, aber ich kann mich von vornherein für nichts verbürgen. Nur dies eine wird mir immer deutlicher: daß du uns nicht helfen kannst, sondern daß wir dir helfen müssen, und dadurch helfen wir uns letzten Endes selbst. Es ist das einzige, auf das es ankommt: ein Stück von dir in uns selbst zu retten, Gott. Und vielleicht können wir mithelfen, dich in den gequälten Herzen der anderen Menschen auferstehen zu lassen. Ja, mein Gott, an den Umständen scheinst auch du nicht viel ändern zu können, sie gehören nun mal zu diesem Leben. Ich fordere keine Rechenschaft von dir, du wirst uns später zur Rechenschaft ziehen. Und mit fast jedem Herzschlag wird mir klarer, daß du uns nicht helfen kannst, sondern daß wir dir helfen müssen und deinen Wohnsitz in unserem Inneren bis zum Letzten verteidigen müssen. Es gibt Leute, es gibt sie tatsächlich, die im letzten Augenblick ihre Staubsauger und ihr silbernes Besteck in Sicherheit bringen, statt dich zu bewahren, mein Gott. Und es gibt Menschen, die nur ihren Körper retten wollen, der ja doch nichts anderes mehr ist als eine Behausung für tausend Ängste und Verbitterung. Und sie sagen: Mich sollen sie nicht in ihre Klauen bekommen. Und sie vergessen, daß man in niemandes Klauen ist, wenn man in deinen Armen ist. Ich werde allmählich wieder ruhiger, mein Gott, durch dieses Gespräch mit dir. Ich werde in der nächsten Zukunft noch sehr viele Gespräche mit dir führen und dich auf diese Weise hindern, mich zu verlassen. Du wirst wohl auch karge Zeiten in mir erleben, mein Gott, in denen mein Glaube dich nicht so kräftig nährt, aber glaube mir, ich werde weiter für die wirken und dir treu bleiben und dich nicht aus meinem Inneren verjagen.

Für große, heroische Leiden fühle ich genügend Kraft in mir, mein Gott, ich fürchte vielmehr die tausend kleinen täglichen Sorgen, die einen manchmal wie beißendes Ungeziefer befallen. Nun gut, dann kratze ich mich eben ein wenig in meiner Verzweiflung und sage jeden Tag aufs neue zu mir selbst: Für den heutigen Tag ist noch gesorgt, die schützenden Wände eines gastfreien Hauses umgeben dich noch wie ein oft getragenes, vertrautes Kleidungsstück, für heute hast du noch genug zu essen und dein Bett mit den weißen Laken und den warmen Decken erwartet dich zur Nacht, also solltest du heute keinen Funken deiner Kraft an kleinliche materielle Sorgen um dich selbst verschwenden. Nutze und genieße jede Minute dieses Tages, mache ihn zu einem fruchtbaren Tag, zu einem starken Stein in dem Fundament, auf das sich die armen und bangen Tage der Zukunft stützen können. Der Jasmin hinter dem Haus ist jetzt ganz zerzaust vom Regen und den Stürmen der letzten Tage, die weißen Blüten treiben verstreut in den schmutzigen schwarzen Pfützen auf dem niedrigen Garagendach. Aber irgendwo in mir blüht der Jasmin unaufhörlich weiter, genauso überschwenglich und zart, wie er immer geblüht hat. Und sein Duft verbreitet sich um deinen Wohnsitz in meinem Inneren, mein Gott. Du sieht, ich sorge gut für dich. Ich bringe dir nicht nur meine Tränen und ängstlichen Vermutungen dar, ich bringe dir an diesem stürmischen, grauen Sonntagmorgen sogar duftenden Jasmin. Ich werde dir alle Blumen bringen, die ich auf meinem Weg finde, und das sind immerhin eine ganze Menge. Du sollst es so gut wie möglich bei mir haben. Um nur irgendein beliebiges Beispiel zu nennen: Wenn ich in einer engen Zelle eingeschlossen wäre und eine Wolke zöge am kleinen vergitterten Fenster vorbei, dann würde ich dir die Wolke darbringen, mein Gott, jedenfalls solange ich noch dazu die Kraft hätte. Ich kann mich von vornherein für nichts verbürgen, aber meine Absichten sind die besten, wie du wohl merkst.

Und jetzt überlasse ich mich diesem Tag. Ich werde heute mit vielen Menschen zusammenkommen, und die vielen bösen Gerüchte und Bedrohungen werden mich bestürmen, wie feindliche Soldaten eine uneinnehmbare Festung.

Jeder muß nun mal entsprechend dem ihm gemäßen Stil leben. Aktiv aufzutreten, um mich sozusagen selbst zu retten, kommt mir so sinnlos vor und macht mich unruhig und unglücklich. Das Bewerbungsschreiben an den Jüdischen Rat, das ich auf Jaaps dringendes Anraten geschrieben habe, hat mich heute aus meinem heiteren und doch wieder sehr ernsten Gleichgewicht gebracht. Als ob es gewissermaßen eine unwürdige Handlung wäre. Sich nach dem Schiffbruch um das eine Stück Treibholz im unendlichen Ozean zu drängeln. Und dann rette sich wer kann, den anderen beiseite stoßen und ihn ertrinken lassen, das ist alles so unwürdig, und drängeln mag ich auch nicht. Ich gehöre wohl eher zu den Menschen, die lieber noch eine Weile mit zum Himmel erhobenen Augen auf dem Rücken im Ozean treiben und dann in ergebener Gelassenheit versinken. Ich kann eben nicht anders. Ich kämpfe ständig mit den Dämonen in meinem Inneren, aber inmitten von Tausenden ängstlichen Menschen gegen die wild gewordenen und zugleich eiskalten Fanatiker zu kämpfen, die unseren Untergang wollen, nein, das ist nicht meine Sache. Ich habe auch keine Angst, ich weiß nicht warum, ich bin so ruhig und manchmal kommt es mir vor, als stünde ich hoch oben auf den Zinnen der Geschichte und hielte Ausschau über eine weite Landschaft. Das Stück Geschichte, das wir jetzt erleben, kann ich sehr gut ertragen, ohne darunter zusammenzubrechen. Ich sehe genau, was geschieht und behalte einen klaren Kopf. Manchmal freilich ist es, als legte sich eine Aschenschicht über mein Herz. Und dann kommt es mir vor, als würde mein Gesicht vor meinen Augen welken und vergehen, hinter meinen grauen Zügen taumeln Jahrhunderte nacheinander in einen Abgrund, und dann verschwimmt alles vor meinen Augen, und mein Herz läßt alle Hoffnungen fahren. Es sind nur Augenblicke, gleich darauf habe ich mich wieder in der Gewalt, mein Kopf wird wieder klar, und ich kann meinen Anteil an der Geschichte tragen, ohne darunter zu zerbrechen. Wenn man einmal begonnen hat, an Gottes Hand zu wandern, ja, dann wandert man weiter, das ganze Leben wird zu einer einzigen Wanderung: ein sonderbares Gefühl.

Ich verstehe ein kleines Stück Geschichte und einen Teil der Menschen. Ich schreibe jetzt nicht gern, es ist als verblaßten und alterten die Wörter augenblicklich unter meinen Händen und verlangten nach neuen Wörtern, die noch längst nicht geboren sind.

Wenn ich vieles aufschreiben könnte, was ich denke und fühle, und was mir manchmal blitzartig über das Leben und die Menschen und über Gott klar wird, dann könnte etwas Großartiges daraus werden, dessen bin ich mir sicher. Ich muß mich immer wieder in Geduld üben und alles in mir reifen lassen.

Man geht viel zu weit in seiner Angst um den armseligen Körper. Und der Geist, dieser vergessene Geist, verschrumpelt irgendwo in einer Ecke. Man lebt falsch, man benimmt sich unwürdig. Man hat viel zuwenig historisches Bewußtsein. Man kann auch mit einem historischen Bewußtsein untergehen. Ich hasse niemand. Ich bin nicht verbittert. Wenn die allgemeine Liebe zu den Menschen sich einmal entfaltet hat, wächst sie ins Unermeßliche.

Viele Leute würden mich eine wirklichkeitsfremde Närrin schelten, wenn sie wüßten, wie ich fühle und denke. Und doch lebe ich in der ganzen Wirklichkeit, die jeder Tag bringt. Der westliche Mensch empfindet das „Leiden" nicht als etwas zum Leben Gehöriges. Und deshalb kann er nie positive Kräfte aus dem Leiden schöpfen. Ich will nach den paar Sätzen aus einem Brief an Rathenau suchen, die ich mir früher einmal aufgeschrieben habe. Da sind sie schon. Das wird mir später fehlen: Ich brauche nur die Hand auszustrecken, und schon finde ich die Worte und Fragmente, die mein Geist in diesem Augenblick in sich aufnehmen will. Ich muß alles in mir tragen. Man muß auch ohne Bücher und Notizen leben können. Ein kleines Stück Himmel wird wohl immer zu sehen sein, und so viel Platz wird immer um mich sein, daß meine Hände sich zum Gebet falten können.

Es ist jetzt halb 12 Uhr nachts
Weyl nimmt den Rucksack auf die Schultern, der viel zu schwer für seinen schmächtigen Rücken ist, und geht zu Fuß

zum Hauptbahnhof. Ich gehe mit ihm. Eigentlich sollte man heute nacht kein Auge zutun und nur noch beten.

Mittwoch morgen

Anscheinend habe ich gestern nacht doch nicht genug gebetet. Als ich heute morgen seinen kurzen Brief gelesen hatte, da erst brach der Sturm in mir los und überwältigte mich. Ich war gerade mit dem Frühstück beschäftigt, als ich plötzlich innehielt und mitten im Zimmer die Hände falten mußte. Ich beugte tief den Kopf, und die Tränen, die ich lange zurückgehalten hatte, flossen über mein Gesicht, und ich fühlte soviel Mitleid und Güte und auch soviel Kraft in mir, daß mir bald leichter wurde. Als ich seinen Brief gelesen hatte, verspürte ich in mir tiefsten, äußersten Ernst.

Es klingt vielleicht sonderbar, aber dieses blasse, unordentliche Bleistiftgekritzel ist für mich der erste wirkliche Liebesbrief. Ich habe Koffer voll Liebesbriefe, die Männer haben mir schon so viele Wörter geschrieben, leidenschaftliche und zärtliche, beschwörende und sehnsüchtige Wörter, mit denen sie sich selbst und auch mich anzufeuern versuchten, und oft war es nur ein Strohfeuer.

Aber diese Worte von ihm, gestern: *„Du, es ist mir schwer ums Herz"*, und heute morgen: *„Liebes, ich will weiter beten!"* Es sind die kostbarsten Geschenke, die meinem verwöhnten Herzen jemals dargebracht wurden.

Abends

Nein, ich glaube nicht, daß ich zugrunde gehen werde. Heute mittag ein Anfall von Verzweiflung und Kummer, nicht um das Geschehen überhaupt, sondern schlicht und einfach um mich selbst. Der Gedanke, ihn allein lassen zu müssen, noch nicht einmal Kummer um die Sehnsucht, die ich nach ihm haben werde, sondern Kummer um die Sehnsucht, die er nach mir haben wird. Und vor ein paar Tagen glaubte ich, es würde mir nichts mehr ausmachen, wenn mein Aufruf kommt, weil ich alles schon vorher durchlebt und durchlitten hätte, aber heute erschien es mir plötzlich, als werde mich alles doch viel mehr erschüttern, als ich bisher dachte. Es war sehr schwer. Ich bin dir untreu geworden, Gott, aber nicht ganz und nur für kurze Zeit. Es ist gut, solche Augenblicke der Verzweiflung und zeitweiliger Betäubung zu erleben, eine unerschütterliche Ruhe wäre jetzt fast übermenschlich. Aber jetzt weiß ich wieder, daß ich jede Verzweiflung überwinden kann. Heute mittag konnte ich mir nicht vorstellen, daß ich heute abend wieder ruhig und konzentriert an meinem Schreibtisch sitzen würde. Da war alles in mir wie ausgelöscht vor Verzweiflung, ich erkannte die Zusammenhänge nicht mehr, und dazu der überwältigende Kummer. Und danach wieder tausend kleine Sorgen, Fußschmerzen nach einem halbstündigen Gang und so starke Kopfschmerzen, daß sie mir den Schädel fast zersprengten und so weiter. Nun ist wieder alles vorbei. Ich weiß, daß ich noch oft kaputt und zerschlagen auf Gottes Erde liegen werde. Aber ich glaube, daß ich sehr zäh bin und immer wieder aufstehen werde. Obwohl sich heute mittag ein Prozeß der Abhärtung und Abstumpfung in mir abspielte, der mich ahnen ließ, was extreme Umstände über Jahre hinweg aus einem machen können. Aber jetzt ist mein Kopf wieder klarer denn je. Morgen muß ich ausführlich über unser Schicksal und unsere Einstellung dazu mit ihm sprechen. Jawohl!

Die Rilke-Briefe von 1907–1914 und von 1914–1921 wurden mir gebracht, und ich hoffe, daß ich sie noch alle lesen kann. Und auch von Schubert. Jopie hat sie gebracht. Ihren Pullover aus reiner Schafwolle, ein Schutz gegen Regen und Kälte, zog sie sich wie ein zweiter Sankt Martin vom Leibe und schenkte ihn mir. Das ist einstweilen meine Reisebekleidung. Soll ich zwischen den Decken doch die beiden Bände des „Idiot" und mein kleines Langenscheidt-Wörterbuch mitnehmen? Ich will lieber etwas weniger Proviant mitnehmen, wenn dafür die Bücher Platz haben. Weniger Decken kann ich nicht mitnehmen, ich friere mich ohnehin fast zu Tode. Der Rucksack von Han lag heute mittag im Korridor, ich habe ihn heimlich anprobiert, es war nicht viel drin, aber ehrlich gesagt, wog mir das Ding trotzdem zu schwer. Nun gut, ich bin doch in Gottes Hand. Und auch mein Körper mit all seinen Wehwehchen.

Wenn ich einmal niedergeschlagen und verstört bin, muß ich irgendwo in einem geheimsten Winkel meines Wesens wissen, daß ich wieder hochkomme, sonst bin ich verloren.

Ich gehen einen Weg, auf den ich geführt werde. Immer wieder gelange ich zu dieser Erkenntnis, und dann weiß ich besser denn je, was ich tun soll. Nicht, wie ich handeln soll, sondern daß ich es bei der jeweiligen Gelegenheit wissen werde.

„Liebes, ich will weiter beten."

Ich habe ihn so lieb.

Und abermals frage ich mich heute, ob es nicht leichter ist, aus der Ferne für jemand zu beten und mit ihm innerlich verbunden zu sein, als ihn neben mir leiden zu sehen. Komme, was kommen mag, die größte Gefahr für mich ist, daß mein Herz eines Tages aus Liebe zu ihm stillsteht.

Jetzt will ich noch ein wenig lesen.

Wenn ich bete, bete ich nie für mich selbst, immer für andere, oder aber ich führe einen verrückten oder kindlichen oder todernsten Dialog mit dem, was in mir das Allertiefste ist und das ich der Einfachheit halber als Gott bezeichne. Ich weiß nicht, ich finde es so kindisch, etwas für sich selbst zu erbitten. Ich muß ihn morgen doch mal fragen, ob er auch für sich selbst betet, dann sollte ich wohl auch für mich beten. Darum zu bitten, daß es einem anderen gut gehen möge, finde ich genauso kindisch, man kann nur darum bitten, daß er die Kraft haben möge, auch das Schwerste zu ertragen. Wenn man für jemand betet, schickt man ihm etwas von der eigenen Kraft.

Und daran leiden viele Menschen am meisten: daß sie innerlich völlig unvorbereitet sind und deshalb schier vor Angst umkommen, bevor sie noch ein Arbeitslager gesehen haben. Ihre Einstellung macht unsere Katastrophe vollständig. Wirklich, damit verglichen, ist Dantes Hölle eine heitere Operette. *„Dies ist die Hölle"*, stellte er neulich ganz einfach und sachlich fest. Momentan ist es mir, als hörte ich ein Heulen und Kreischen und Pfeifen in meinem Kopf. Und die Wolken hängen niedrig und drohend. Und dennoch steigt ab und zu noch der leichte, verspielte Humor in mir auf, der mich nie ganz verläßt, der aber, wie ich zumindest glaube, auch kein Galgenhumor ist. Ich habe mich während dieser Zeit ganz allmählich an solche Augenblicke gewöhnt, so daß ich nicht mehr in Verwirrung gerate und mit einem heiteren Blick die Dinge betrachten und weiterleben kann. Es war doch nicht bloß „Literatur" und „Schöngeisterei", was ich in den letzten Jahren hier an meinem Schreibtisch getrieben habe.

Und diese letzten anderthalb Jahre wiegen ein ganzes Leben voller Leiden und Untergang auf. Sie sind mit mir verwachsen. die anderthalb Jahre sind zu einem Teil meines Selbst geworden, und während dieser Zeit hat sich ein Vorrat in mir angesammelt, von dem ich ein Leben lang zehren kann, ohne allzu große Not zu leiden.

Später

Ich will mir etwas für meine schwersten Augenblicke merken und es nie vergessen: daß Dostojewski vier Jahre in einem sibirischen Kerker verbracht hat, mit der Bibel als einzige Lektüre. Er durfte nie allein sein, und um die Hygiene stand es auch nicht besonders gut.

1. April 1944

Herta Sch.

Polenfreundlich sei ich!

Herta Sch. hat ihre Erlebnisse bei Kriegsende nach losen Notizen aufgeschrieben und erst 35 Jahre später hervorgeholt und geordnet. Herta Sch., 1914 geboren, deren Vater 1914 als Soldat in Frankreich starb, ist mit Begriffen wie „Heldentod" und „Ehre des deutschen Soldaten" aufgewachsen, brach die Schule ab und ging zur praktischen Arbeit aufs Land, wollte über den Bund „Artam e. V." Bäuerin werden. Nach der Auflösung die-

ses letzten selbständigen Bundes der Jugendbewegung durch die Reichsjugendführung wurde sie am 1. Januar 1936 als Gruppenführerin in den Landdienst übernommen. Nach Kriegsbeginn meldete sie sich für die Ausbildung als Fabrikfürsorgerin und arbeitete dann in einem Industriebetrieb als „Soziale Betriebsarbeiterin".

Als ich am 1. April 1944 in Posen auf der Gaudienststelle eintraf, erfuhr ich, daß ich im Kreis Leslau, Ortsgruppe Lubenstadt, eingesetzt werden sollte. Ich freute mich über den Bescheid – Leslau, einer der östlichsten Kreise unmittelbar an der Weichsel! In Lubenstadt erwartete mich umfangreiche und schwierige Arbeit. Neben vielen baltischen Edelleuten auf den Gutshöfen waren die Siedler auf den Bauernhöfen fast durchweg wolhynischer Herkunft, außer einigen eingesessenen volksdeutschen Bauernfamilien. Dazu kamen für das Jahr 1944 rund 170 rußlanddeutsche Familien. Es war vor mir schon eine Ansiedlerbetreuerin in der Ortsgruppe gewesen, sie hatte im Ort geheiratet und war mit allerlei kleinlichem Ärger aus dem Amt ausgeschieden. Eine Betreuung der Siedler hatte seit Jahr und Tag nicht stattgefunden.

Wohnung für mich war zunächst nicht vorhanden, Arbeitsmaterial auch nicht. Als endlich nach einigem Umherziehen ein passendes Zimmer gefunden war, fehlten die Möbel. Über die ersten Anfangsschwierigkeiten half die stets gütige und überaus gastfreie Baronin von Campenhausen hinweg. Am Tag nach meiner Ankunft kam grad einer neuer Schub rußlanddeutscher Rücksiedler aus dem Lager an. Am gleichen Tag war Verteilung von Hausrat an die bereits vor Wochen angesiedelten Familien. So war ich also gleich mittendrin. Einmal in der Woche war festgesetzter Sprechtag in Lubenstadt selbst, wozu die Siedler von weit und breit mit tausenderlei Anliegen kamen. Sehr bald hatte ich den Eindruck, daß diese Arbeit für mich zweitrangig wichtig war, den ärgsten Mangel konnte ich nur an Ort und Stelle sehen und erfahren. Zudem waren einige Damen der Frauenschaft ängstlich darauf bedacht, an den Sprechtagen ja genügend in Erscheinung zu treten. Sollte mir nur lieb sein – Anträge auf Bezugscheine und Suchadressen ausfüllen konnte schließlich auch jemand anderes! Ich machte mich nun in den folgenden Wochen systematisch daran, die einzelnen Familien durch Hausbesuche kennenzulernen. Bei den bereits angesiedelten rußlanddeutschen Familien handelte es sich beim ersten Schub um stammesmäßige Wolhynier aus dem Schwarzmeergebiet, beim zweiten Schub um Wolhynier aus der Gegend von Schitomir. Erschreckend bei diesen ersten Besuchen war die Zahl der kranken Kinder; Masern und Lungenentzündung war zumeist die Diagnose. Erschreckender jedoch die Haltung der betreffenden Mütter! Es schien unmöglich für sie zu sein, rechtzeitig Arzt oder Schwester zu rufen. Schwester Helga war von früh bis spät tätig, ich tat mein möglichstes und machte Helga auf ihr noch nicht bekannte Fälle aufmerksam, dennoch starben in einer Woche oft fünf Kleinkinder. Die Mütter sagten schicksalsergeben: „Wenn Gott die Krankheit schickt, dann ist es auch Gottes Wille, ob das Kind wieder gesund wird. Ich kann nichts tun." Oder beim Tode eines Kindes, echt wolhynisch: „Nun habe ich ein Engelchen mehr, das für mich betet."

Schier unmöglich war es, die halbwüchsigen Jungen und Mädchen zu einer positiven Arbeit zu bringen. „Mein Kind braucht nicht Magd zu sein." Was hatte es für Sinn, daß wir ihnen vom neuen deutschen Bauertum erzählten, das im Osten heranwachsen sollte. Sobald wir die Jugend in die landwirtschaftliche Schule schicken wollten, hieß es: „Arbeiten können sie auch so, das brauchen sie nicht erst zu lernen." Und wenn wir sagten, aber nur Leute mit Abschlußprüfung der Landwirtschaftsschule könnten einmal einen Bauernhof bekommen, kam meist die Antwort: „Wir werden hier schon nicht bleiben." Im Mai kam dann der dritte Schub Rücksiedler zur Ansiedlung. Bäuerliche Bevölkerung aus Transnistrien, prächtige bodenständige Menschen schwäbischer Abstammung, äußerlich ebenso arm wie die anderen. Es waren durchweg Menschen, die eine Hoffnung bedeuteten, fleißig, ehrlich, sauber – was man von den Wolhyniern leider oft nicht sagen konnte. (Die Angaben hier betreffen immer nur den Durchschnitt, wobei sich einzelne durchaus gegensätzlich verhalten konnten). Außerdem zeigten die Leute aus Wiesengrund einen erfreulichen Stolz. „Habt ihr uns nur deswegen hierher gerufen, daß wir Knechtsarbeit leisten? Gebt doch jedem von uns ein paar Morgen Land von den großen Gütern, wir werden schon wirtschaften!" Dann erzählte ich ihnen von unsern Bauern in Deutschland, in Holstein, in Niedersachsen, in Hessen und Schwaben, die alle ihren eigenen Hof bewirtschaften. Dies hier, der Warthegau, ist ja aber noch nicht Deutschland! Sie dürften nicht enttäuscht sein, sondern jeder müsse mit Hand anlegen, damit sich auch hier deutsches Bauertum entwickeln könne!

Was die praktische Hilfestellung für die Umsiedler betraf, so galt es nun vor allem, Hausrat und Kleidung zu beschaffen. Warum war ich nur Angestellte der NS-Frauenschaft? Ich sollte Frauenabende organisieren, Jugendgruppe und Kindergruppe leiten – schön und gut, aber erst mußte ich mir doch das Vertrauen der Menschen erringen, indem ich ihnen in den wichtigsten Dingen des Alltags half! So tat ich mich denn eng mit Schwester Helga zusammen, machte fleißig Besuch bei der Kreisamtsleitung der NSV und erreichte auch manche Sonderzuwendung an Kleidungsstücken für unsere Ortsgruppe. Der Kreisleitung der NS-Frauenschaft war ich von Anfang an ein Dorn im Auge. Wie kann man nur mit den Leuten von der NS-Volkswohlfahrt so eng zusammenarbeiten! „Kleidung und Wäsche verteilen ist Sache der NSV-Schwester, Sie sollten sich mehr um die Frauenschaftsarbeit kümmern." Was konnte aber unseren Siedlern mehr zum Vorteil sein, als wenn wir beide, Schwester und Ansiedlerbetreuerin, unsere Erfahrungen zusammentaten und zum Wohle aller auswerteten?

Schanzeinsatz

Bis zum äußersten hatte ich mich dagegen gewehrt, die Leitung einer Großverpflegungsstelle für Schanzarbeiter zu übernehmen! Bedeutete es doch, die Umsiedler meiner Ortsgruppe im Stich zu lassen. Aber alles Sträuben half nicht, auch nicht der

Einwand, daß ich keine Erfahrung in Massenverpflegung habe. „Wir brauchen Sie! Sie können das! Und die Entscheidung über Ihren Einsatz treffen wir. Im übrigen bekommen Sie zunächst eine kleine Kochstelle mit 1600 Mann Verpflegungsstärke. Betrachten Sie sich als dienstverpflichtet!" So mußte ich mich der Anordnung fügen.

Als ich in den Vormittagsstunden eines schönen Augusttages mit meinem Fahrrad in Windingen ankam, neugierig natürlich, wie eine „kleine" Verpflegungsstelle wohl aussehen mochte, bot sich mir doch ein überraschender Anblick! Auf dem freien Platz vor der Dorfkirche vier große Dampfkessel, in der Kirche auf dem Boden kauernd eine Gruppe Kartoffeln schälender polnischer Frauen, im vorderen Kirchenschiff nebeneinander aufgeschüttet ein Berg Tomaten, eine Ladung Kartoffeln, ein kleinerer Berg Suppengrün und Zwiebeln, ein Stapel Brot. In der Sakristei Butter, Wurst, Margarine, Marmelade, Zucker, Nudeln – alles dicht an dicht auf dem feuchten Boden. Ich war gerade bis ins mittlere Kirchenschiff gekommen, immer in Sorge um mein ungesichertes Fahrrad, als eine jüngere Dame auf mich losstürzte: „Also Sie sind die neue Küchenleiterin? Wir haben eben die Tomaten in den Kessel getan, was soll nun geschehen? Und in zwei Stunden muß ich zu Hause sein." – „Verzeihung", sagte ich, „darf ich mich eben mal umsehen, ehe ich antworte?" Die junge Dame gehörte zu einem der umliegenden Güter und war halbe Tage zur Aushilfe da.

Im Verlauf der nächsten Tage war unsere Verpflegungsstärke auf 3000 Mann angewachsen, nach einer Woche auf 4000. Zu den vier Kesseln waren weitere vier dazugekommen, jeder mit 300 Liter Inhalt. Ein Kessel blieb ständiger Wasser- und Kaffeekessel, mit den anderen sieben Kesseln kochten wir in zwei Gängen das warme Essen, da bei einem Liter Essen pro Kopf ein Gang nur rund 2000 Liter Essen ergab. Der zweite Gang mußte spätestens um 14 Uhr ausgegeben werden, also hieß es früh um vier Uhr mit dem Heizen und Vorbereiten beginnen, damit wir gegen zehn Uhr den ersten Gang ausgeben konnten. Das Kochen des zweites Ganges ging etwas schneller, weil die Kessel ja nun heiß waren. Alles Wasser wurde in pausenlosem Einsatz durch ein Heeresfiltergerät gepumpt und war dennoch trübe. Ungekochtes Wasser durfte wegen Seuchengefahr nicht mal zum Zähneputzen gebraucht werden, also standen immer einige Kannen Tee oder Kaffee in Reserve. Nach dem alten Wahlspruch: „Verlange als Vorgesetzter nie mehr, als du selbst zu leisten bereit bist" war ich morgens die erste und abends die letzte an den Kesseln. In den ersten Tagen mußte ich mich heftig gegen das Gefühl der Pietätslosigkeit wehren: Also die Kirchen werden von uns Deutschen als Lager- und Arbeitsräume genutzt! Komisches Gefühl auch für einen Ketzer wie mich! Doch das Gefühl eines verletzten Tabus abwehrend, dachten wir bald nur noch an die harten Erfordernisse des Tages. Wichtig war, den Mädchen zum Schälen und Gemüseputzen Sitzgelegenheiten zu beschaffen, gab es besseres Material dazu als die Kirchenbänke? Ebenfalls wichtig war, Regale und Gestelle zum Lagern der Lebensmittel zu schaffen, auch einen verschließbaren Lagerraum brauchten wir. Der gute alte Tischler aus Krotoschin hatte viel zu tun, um all unsere Wünsche zu verwirklichen, die Verwandlungsmöglichkeit von Kirchenbänken war unerschöpflich!

Die erste Woche verlief in bester Arbeitskameradschaft. Anstelle der polnischen Frauen arbeiteten jetzt schwarzmeerdeutsche Mädchen in der Küche, die Polinnen waren nach Hause entlassen oder zur Außenarbeit eingeteilt.

Ich hatte nur die Verantwortung für die „Warme Küche", als „Kalte Mamsell" war aus Leslau eine Dame der Frauenschaft da, zur Buchführung kam von einem benachbarten Gut die Tochter herüber. Abends um zehn krochen die „Warme" und die „Kalte" Mamsell einträchtig auf einen gemeinsamen Strohsack, wälzten noch stundenlang Probleme, wie dies und jenes zu verbessern wäre, und waren zum Entsetzen der beiden weiteren Zimmerbewohner, zweier Hilfslehrerinnen, lange vor vier Uhr in der Frühe schon wieder auf den Beinen. Fast zu gleicher Zeit mit der Buchführungskraft wurde unsere „Kalte Mamsell" von ihrer Familie zurückgerufen. Ersatz aus der Kreisstadt kam nicht, nur leere Versprechen.

An den Kesseln hatte ich die Mädel inzwischen gut einge-
arbeitet, dafür saß ich nun täglich Stunden am Telefon, um
Kartoffeln und Gemüse heranzubekommen, wenn ich nicht
sogar mit dem Abschnittsleiter gemeinsam die Güter abfuhr,
um neue Lieferverträge abzuschließen. Brauchten wird doch
für einen Tag einen ganzen Wagen voll Kohl oder anderer
Gemüse. Um die Vorräte zu strecken, kam fast an jedes Ein-
topfessen ein Teil roter Rüben. Rote Bete waren reichlich zu
haben. Dadurch schmeckte alles Essen ein wenig süßlich. Die
Ausgabe der Kaltverpflegung vereinfachte ich insofern, als ich
gleich für drei Tage ausgab und kolonnenweise zuteilte, statt in
Einzelportionen. Die Ausgabe des warmen Essens zweimal am
Tag, um zehn und um 14 Uhr, führte ich selbst durch. Sie erfolgte in 20-Liter-Kannen, ebenfalls kolonnenweise. Zwischendurch Prüfung von Wareneingängen und Kampf gegen
die Mäuse. Nachts saß ich dann bei Kerzenlicht über den Büchern, elektrisches Licht gab es so wenig, wie es Wasserleitun-
gen gab.

In diese Zeit fiel die denkwürdige Kreisstabsitzung. Ich hatte mich telefonisch entschuldigt, da ich ohne Vertretung nicht
den ganzen Tag abkommen konnte. „Sie haben zu erscheinen!“
In letzter Minute mit einem Brotauto mitfahrend, nahm ich an
der Sitzung doch noch teil. Es wurde das erste Mal von der
Möglichkeit eines Trecks gesprochen, mit einer Großspurig-
keit von seiten der Frauenschaft, der ihr späterer tatsächlicher
Einsatz nur hohnsprach! Zum Schluß bekam ich vor ver-
sammelter Mannschaft eine Standpauke, deren Maßlosigkeit
mir die Sprache verschlug! „Sie halten es also für wichtiger,
die Polen zu versorgen, als an einer von mir befohlenen Sitzung teilzunehmen!“ – „Insofern die Polen für uns Deutsche
schanzen, halte ich ihre Verpflegung für äußerst wichtig.“ Was
kamen nun aber erst für ungereimte Vorwürfe, nachdem ich
gewagt hatte, zu widersprechen. Die gute Zusammenarbeit zwischen Küche und Bauleitung wurde mir als
„Hörigkeit“ vorgeworfen! „Polenfreundlich“ sei ich, weil ich
einmal wöchentlich abends eine zusätzliche Milchsuppe ausgab! In Grund und Boden wollten sie mich donnern, es war so

schrecklich, daß ich mir zuletzt nur noch den Ton verbat. Dabei wußte ich doch, daß ich meine Pflicht und nur meine Pflicht tat! Am Tag danach reichte ich mein Kündigungsgesuch bei der Gaudienststelle in Posen ein. Gleichzeitig lief eine Beschwerde vom Kreis ein über mich wegen „Unzuverlässigkeit und Disziplinlosigkeit". Nun wurde eine ganz schlimme Sache daraus, deretwegen ich extra nach Posen beordert wurde. Wie ein solches Dienstbeschwerdeverfahren ausgehen konnte, war mir nur zu klar. Stundenlang zogen sich die Besprechungen in der Gaudienststelle hin und steuerten immer wieder auf den Punkt zu, ich solle der Einfachheit halber in eine Versetzung einwilligen. Ich beharrte darauf, daß ich in einer Versetzung unter diesen Umständen eine Stafversetzung sehen müsse, mir aber keinen Verfehlung bewußt sei! Meine Gauvorgesetzte, Grenzlanddeutsche mit langer Tradition, zeigte Verständnis und fand anerkennende Worte für meine „ausgeprägt preußische Pflichtauffassung". Dann kam der Nachsatz: „Aber die Belange der Frauenschaft müssen stärker gewahrt werden." Das wiederum war *mir* unverständlich, fand ich es doch völlig nebensächlich, ob die Verpflegungsgsstelle den Namen der Frauenschaft oder der NSV oder sonst einer Organisation trug – wichtig war doch nur, daß die Sache klappte. Doch es schien Methode dahinterzustecken; die Zusammenarbeit der unterschiedlichen Dienststellen sollte nicht klappen. Die Damen der Kreisfrauenschaft hatten kein mitmenschliches Gefühl, keine frauliche Regung, nur Machtstreben und Geltungsbedürfnis. Mein Eintreten für eine schwarzmeerdeutsche Kollegin, die 40 Kilometer weit entfernt von ihren schulpflichtigen Kindern eingesetzt werden sollte, war mit den Worten abgetan worden: „Darauf können wir jetzt in ernster Stunde nicht Rücksicht nehmen, wir sind alle Soldaten des Führers. Außerdem verbitte ich mir jede Einmischung in meine Entscheidungen!"

Neben Arbeit, Ärger und Angst vor den möglichen Konsequenzen waren die Augenblicke der selbstlosen Anteilnahme der Kameraden um so schöner. Als ich später voller Empörung berichtete, daß man mich an den unbedingten Gehorsam ge-

mahnt habe, sagte unser Abschnittsleiter Hans nur ruhig: „Laß
gut sein, dafür kann ich dir von der letzten Sitzung beim
Kreisleiter verraten, daß er nur einen Vorschlag für die nächste
Auszeichnung bewilligt hat, und der betrifft dich!" Die Anerkennung, die daraus sprach, tat mir gut – auch ohne Auszeichnung!

Am 12. Januar 1945 begann die Winteroffensive an der Ost-
front. Hans kam von der Abschnittsleitersitzung in Leslau und
berichtete uns davon. „Mögen sie nur kommen", hatte der
Kreisleiter gesagt, „wir werden sie würdig empfangen." Und
dann kam alles ganz anders.

20. Juli 1944

Marie „Missie" Wassiltschikow

Mir geht es einzig und allein um die Beseitigung des Teufels

*Marie „Missie" Wassiltschikow, 1917 in St. Petersburg geboren
und 1978 in London gestorben, mußte mit ihrer Familie Rußland 1919 verlassen und zog nach Zwischenaufenthalten in
Paris und Litauen nach Berlin.*

*Ihr Tagebuch beginnt mit der Arbeitssuche als Staatenlose,
sie fand eine Stellung beim Drahtlosen Rundfunk und später in
der Kulturpolitischen Abteilung des Auswärtigen Amtes, wo sie
eng mit einer Gruppe überzeugter Gegner des NS-Regimes
zusammenarbeitete.*

*Da sie eine passionierte Tagebuchschreiberin war, verdanken
wir ihr diesen einzigartigen Bericht, der uns hinter die Kulissen
des Staatsstreiches führt. „Missie" Wassiltschikow fertigte nach
dem Krieg eine Reinschrift dieses Tagebuchs an, entschloß sich
aber erst 1976, nach langen Zweifeln und wiederholter Auf-*

munterung von Freunden und ihrer Familie, das Buch zu veröffentlichen. Kaum hat ein privates Tagebuch in den letzten Jahren ein so großes Aufsehen erregt wie die Aufzeichnungen der russischen Prinzessin.

Donnerstag, 20. Juli
Heute nachmittag saßen Loremarie Schönburg und ich auf der Treppe unseres Büros und schwatzten, als Gottfried Bismarck hereinstürzte mit hochroten Flecken auf den Wangen. In einem solchen Zustand fieberhafter Erregung hatte ich ihn noch nie erlebt. Zuerst zog er Loremarie beiseite, dann fragte er mich nach meinen Plänen. Ich erklärte ihm, daß ich es nicht genau wüßte, aber eigentlich gern so bald wie möglich aus dem A.A. ausscheiden würde. Er antwortete, ich solle mir keine Sorgen machen, in einigen Tagen würde sich ohnehin alles regeln, und wir alle wüßten dann, wie es mit uns weitergeht. Er lud mich und Loremarie noch ein, so bald wie möglich nach Potsdam hinauszukommen, dann sprang er in seinen Wagen, und fort war er.

Ich kehrte in mein Büro zurück und versuchte, Percy Frey in der Schweizer Gesandtschaft anzurufen, mit dem ich eine Verabredung zum Abendessen hatte. Während ich auf Antwort wartete, wandte ich mich Loremarie zu, die am Fenster stand, und fragte sie, warum Gottfried wohl so aufgeregt gewesen sei. Handelte es sich vielleicht um die „Konspiration"? Den Telefonhörer hatte ich in der Hand. Sie flüsterte: „Ja, so ist es! Die Tat ist vollbracht. Heute morgen!" Just in diesem Augenblick antwortete Percy. Ich hielt den Hörer noch immer in der Hand und fragte: „Tot?" Sie antwortete: „Ja, tot!" Ich legte den Hörer auf, nahm sie bei den Schultern und tanzte mit ihr durchs Zimmer. Dann raffte ich einige Unterlagen zusammen, warf sie in die nächste Schublade, rief dem Pförtner zu, wir seien dienstlich unterwegs, und raste mit Loremarie zum Bahnhof Zoo. Auf der Fahrt nach Potsdam vertraute sie mir im stillen einige Einzelheiten an, und obgleich das Abteil voller Menschen war, machten wir gar keinen Versuch, unsere Aufregung und Freude zu verbergen.

Claus Schenk Graf von Stauffenberg, ein Oberst im General-
stab, hatte Hitler im Führungshauptquartier in Rastenburg in
Ostpreußen eine Bombe vor die Füße gelegt. Sie war explo-
diert, und Adolf war tot. Stauffenberg hatte draußen die Ex-
plosion noch abgewartet und war, als er sah, daß Hitler auf
einer blutbeschmierten Bahre hinausgetragen wurde, zu seinem
Auto gelaufen, das irgendwo versteckt gewesen war, und mit
seinem Adjutanten, Werner von Haeften, zum nächsten Flug-
platz gefahren und von dort aus nach Berlin zurückgekehrt. In
der allgemeinen Verwirrung habe niemand seine Flucht bemerkt.

In Berlin war er geradewegs zum OKH in der Bendlerstraße
gegangen, das inzwischen von den Verschwörern übernommen
worden war und wo sich auch Gottfried Bismarck, Helldorf
und viele andere eingefunden hatten (das OKH liegt am
oberen Ende der Woyrsch-Straße, auf der anderen Seite des
Kanals). Heute abend soll über den Rundfunk Hitlers Tod
bekanntgegeben werden und auch, daß inzwischen eine neue
Regierung gebildet worden ist. Goerdeler, der frühere Oberbürgermeister von Leipzig, soll neuer Reichskanzler werden.
Er kommt aus dem sozialdemokratischen Lager [sic] und
gilt als brillanter Volkswirt. Unser Graf Schulenberg oder
Botschafter von Hassell sind als Außenminister vorgesehen.
Meine spontane Reaktion ist, daß es sich vielleicht als Fehler
erweisen wird, die besten Köpfe an die Spitze einer Regierung
zu stellen, die nach Lage der Dinge nur eine vorläufige sein
kann. [...]

Als wir in der „Regierung" in Potsdam ankamen, war es bereits nach sechs Uhr. Ich ging mich waschen. Loremarie eilte
die Treppe hinauf. Nur wenige Minuten waren vergangen, als
ich sie schleppenden Schritts zurückkehren hörte: „Gerade ist
im Rundfunk gesagt worden, ‚ein Graf Stauffenberg hat einen
Mordanschlag auf den Führer verübt, aber die Vorsehung hat
ihn gerettet…'"

In Wirklichkeit erwähnte die erste Meldung des Deutschen
Rundfunks um 18.28 Uhr keine Namen. Es hieß lediglich, auf
den Führer sei ein Attentat verübt worden, er sei jedoch unver-

letzt und habe seine Arbeit sofort wieder aufgenommen. Zunächst hatten Hitler und seine Umgebung wohl nicht erkannt, daß das Attentat Teil einer sehr umfangreichen Verschwörung war, mit dem Ziel das nationalsozialistische Regime zu stürzen. Erst als die von den Verschwörern getroffenen Maßnahmen in Berlin, Paris und Wien bekannt wurden, enthüllten sich ihnen die wirklichen Ausmaße des Geschehens.

Ich nahm sie am Arm, und wir liefen zusammen wieder die Treppe hinauf. Die Bismarcks waren im Salon. Melanie saß mit einem vergrämten Gesicht da, während Gottfried ohne Unterlaß auf und ab lief. Ich hatte Angst, ihm ins Gesicht zu sehen. Er war gerade aus der Bendlerstraße zurückgekehrt und wiederholte immer wieder: „Es ist einfach nicht möglich! Es ist ein Trick! Stauffenberg hat doch gesehen, daß er tot war!" Gottfried meinte, sie spielten Theater und ließen Hitlers Double weitermachen. Er ging in sein Arbeitszimmer, um Helldorf anzurufen. Loremarie folgte ihm, und ich blieb allein mit Melanie zurück.

Sie begann zu klagen: Loremarie habe Gottfried da hineingetrieben; seit Jahren habe sie auf ihn eingewirkt; wenn er jetzt stürbe, säße sie, Melanie, mit drei kleinen Kindern allein da. Vielleicht könnte sich Loremarie den Luxus leisten, aber wer wäre schließlich vaterlos? Die Kinder anderer, nicht die ihren... Es war ganz grauenhaft, und es gab nichts, was ich hätte antworten können.

Gottfried kam zurück. Es war ihm nicht gelungen, zu Helldorf durchzukommen, aber er hatte weitere Nachrichten: den Deutschlandsender hätten die Verschwörer verloren; sie hätten ihn zwar besetzt, seien aber nicht in der Lage gewesen, ihn einzusetzen, und inzwischen sei er wieder in der Hand der SS. Die Offizierschulen in den Außenbezirken von Berlin hätten jedoch zu den Waffen gegriffen und befänden sich nun im Anmarsch auf Berlin. In der Tat hörten wir eine Stunde später die Panzer der Truppenschule Krampnitz auf ihrem Wege in die Hauptstadt durch Potsdam rollen. Wir lehnten uns aus den Fenstern, sahen ihnen nach und beteten. Auf den Straßen, die praktisch ausgestorben wirkten, schien niemand zu wissen, was vor sich ging. Gottfried erklärte immer wieder, er könne nicht glauben, daß Hitler unverletzt sei, sicherlich verberge man irgend etwas…

Bald darauf meldete der Rundfunk, daß der Führer um Mitternacht zum deutschen Volke sprechen werde. Es wurde uns klar, daß wir erst dann Sicherheit hätten, ob dies alles ein Schwindel war oder nicht. Gottfried weigerte sich, alle Hoffnung aufzugeben. Er war der Meinung, das Führerhauptquartier in Ostpreußen liege so abseits, daß, selbst wenn Hitler noch am Leben sein sollte, das Regime dennoch gestürzt werden könnte, ehe er die Zügel in Deutschland wieder in die Hand bekäme, vorausgesetzt, andernorts liefe alles nach Plan. Uns wurde immer beklommener zumute. […]

Helldorf rief einige Male an. Ebenso der örtliche Parteileiter, der den Potsdamer Regierungspräsidenten Graf Bismarck fragte, was zum Teufel er zu tun gedenke, da es seinen Informationen nach in der Reichshauptstadt Unruhen gebe und vielleicht sogar gemeutert werde. Gottfried war unverschämt genug zu antworten, seine Befehle aus dem Führungshauptquartier gingen dahin, daß der Führer von allen hohen Beamten verlange, auf ihrem Posten zu bleiben und weitere Weisungen abzuwarten. In Wirklichkeit hoffte Gottfried noch immer, daß die aufständischen Truppen erscheinen und den Gauleiter festnehmen würden.

Als es Nacht wurde, waren Gerüchte im Umlauf, der Aufstand komme nicht wie erhofft voran. Vom Flughafen war angerufen worden: „Die Luftwaffe macht nicht mit." Man verlange einen persönlichen Befehl von Göring oder gar Hitler. Jetzt begann Gottfried skeptisch zu klingen – zum ersten Mal. Er sagte, ein Staatsstreich müsse rasch ausgeführt werden; jede verlorene Minute sei unwiederbringlich dahin. Inzwischen war Mitternacht vorbei und Hitler hatte noch immer nicht gesprochen. Die Nachrichten klangen immer deprimierender; ich sah keinen rechten Sinn mehr darin, weiter aufzubleiben, und ging ins Bett. Sehr bald folgte auch Loremarie.

Um zwei Uhr früh steckte Gottfried den Kopf durch die Tür und sagte mit tonloser Stimme: „Kein Zweifel, er war es!"

Bei Morgengrauen hörten wir abermals die Panzer aus Krampnitz vorbeirollen; sie kehrten in ihre Kasernen zurück, ohne etwas ausgerichtet zu haben.

Hitler sprach gegen 1 Uhr früh über alle deutschen Sender: „Eine ganz kleine Clique ehrgeiziger, gewissenloser und zugleich verbrecherischer, dummer Offiziere hat ein Komplott geschmiedet, um mich zu beseitigen und zugleich mit mir den Stab praktisch der deutschen Wehrmachtführung auszurotten. Die Bombe, die von dem Oberst Graf v. Stauffenberg gelegt wurde, krepierte zwei Meter an meiner rechten Seite. Sie hat eine Reihe mir teurer Mitarbeiter sehr schwer verletzt, einer ist gestorben. Ich selbst bin völlig unverletzt bis auf ganz kleine Hautabschürfungen, Prellungen oder Verbrennungen. Ich fasse es als eine Bestätigung des Auftrages der Vorsehung auf, mein Lebensziel weiter zu verfolgen, so wie ich es bisher getan habe … Der Kreis, den diese Usurpatoren darstellen, ist ein denkbar kleiner. Er hat mit der deutschen Wehrmacht und vor allem auch mit dem deutschen Heer nichts zu tun … Diesmal wird nun so abgerechnet, wie wir das als Nationalsozialisten gewohnt sind."

Freitag, 21. Juli

Beim Frühstück erfuhren wir, daß Gottfried und Melanie Bismarck mit dem Auto nach Berlin gefahren waren (vermutlich, um Helldorf zu sehen). Loremarie Schönburg sah bleich wie der Tod aus. Ich ließ sie im Bett zurück und fuhr allein nach Berlin. Noch immer machten wir uns den ganzen Umfang des Unglücks und die fürchterliche Gefahr, in der wir alle schwebten, nicht klar.

Auf meinem Wege in die Stadt ging ich kurz bei Aga Fürstenberg vorbei und deponierte mein Nachtzeug bei ihr. Da Potsdam so weit draußen liegt und die Bomben das Leben im Gersdorffschen Hause unerträglich gemacht haben, werde ich es zur Abwechslung mal bei Aga versuchen. Sie war über die Ereignisse erstaunt, tappte aber über die Beteiligten offensichtlich im dunkeln. Es wird nicht leicht sein, aber von jetzt ab muß man so tun, als wisse man gar nichts, und selbst zu Freunden mit Skepsis über die ganze Sache sprechen.

Nach einem kurzen Gastspiel im Büro ging ich zu Maria Gersdorff. Sie war verzweifelt. Graf Stauffenberg, so sagte sie mir, sei gestern abend im OKH in der Bendlerstraße zusammen mit seinem Adjutanten, Werner von Haeften, erschossen worden. General Beck, der als Staatsoberhaupt ausersehen war, habe Selbstmord begangen. General Olbricht, ein weiterer führender Kopf der Verschwörung, der den wankelmütigen General Fromm als Befehlshaber des Ersatzheeres abgelöst hatte, sei ebenfalls erschossen worden. [...]

Maria Gersdorff hatte Stauffenberg oberflächlich gekannt, da einige seiner Vettern zu ihren engsten Freunden zählen. Jetzt ist sie in Todesängsten um sie. Dem jungen Haeften war ich vor zwei Monaten bei Adam Trott begegnet. Eines Abends hatte ich mit Adam zu Abend gegessen, als ein lockenköpfiger, gutaussehender junger Oberleutnant hereinplatzte, sich vorstellte und Adam dann in ein anderes Zimmer zog. Sie waren eine lange Zeit fortgeblieben. Hinterher war Adam neugierig zu hören, welchen Eindruck der junge Mann auf mich gemacht hatte. Ich antwortete: „Ein typischer Verschwörer, ganz wie er im Bilderbuch steht." Damals wußte ich nicht, was seine Rolle war. Jetzt bei Maria vermochte ich nur an Gottfried und Adam zu denken. Zu irgendeinem Zeitpunkt hatten sich beide gestern in der Bendlerstraße aufgehalten. Wird das herauskommen? Die ganze Zeit über muß man überrascht tun, vielleicht auch betroffen wirken, aber auf keinen Fall total verschreckt...

Spät am Abend kam Percy Frey vorbei, um mich abzuholen. Da ich keine Lust zum Essen hatte, fuhren wir in den Grunewald, stiegen aus und gingen spazieren. Ich versuchte, ihm Grauen und Ausmaß dieser Tragödie begreiflich zu machen. Als es ihm langsam klar wurde, zeigte er sich überrascht und mitfühlend. Bis dahin hatte auch er der offiziellen Version Glauben geschenkt, das Ganze sei lediglich das Werk von ein paar Abenteurern gewesen.

Ich *muß* Adam sehen. Wir hatten uns zwar für heute verabredet, aber ich wage es noch nicht, ihn aufzusuchen.

Heute morgen stand ein Aufruf in allen Zeitungen, in dem eine Million Mark Belohnung für die Auffindung eines Mannes „namens Goerdeler" ausgesetzt war. Welche Erleichterung! Dies bedeutet, daß er noch auf freiem Fuße ist.

Es heißt, daß Claus Stauffenbergs Frau und vier Kinder ermordet worden seien. Sie ist eine geborene Lerchenfeld und ein Patenkind von Mama, da ihre Eltern vor dem Ersten Weltkrieg im russischen Litauen lebten.

Innerhalb weniger Tage nach dem Fehlschlag des Putsches wurden aufgrund der verfügten Sippenhaft nicht nur Stauffenbergs Frau und Kinder, sondern auch seine Mutter, Schwiegermutter, Brüder, Vettern, Kusinen, Onkel und Tanten (sowie deren Frauen, Männer und Kinder) verhaftet. Anläßlich einer vor Gauleitern in Posen am 3. August gehaltenen Rede rechtfertigte Himmler die Sippenhaft mit dem Hinweis auf einen angeblich uralten germanischen Brauch. Wenn die Vorfahren „eine Familie in die Acht taten und für vogelfrei erklärten oder wenn eine Blutrache in einer Familie war, dann war man maßlos konsequent. Wenn die Familie für vogelfrei erklärt wird und in Acht und Bann getan wird, sagten sie: Dieser Mann hat Verrat geübt, das Blut ist schlecht, da ist Verräterblut drin, das wird ausgerottet. Und bei der Blutrache wurde ausgerottet bis zum letzten Glied in der ganzen Sippe. Die Familie Graf Stauffenberg wird ausgelöscht bis ins letzte Glied."

Als ich heute morgen Judgie Richters Büro betrat, traf ich dort den älteren Haeften, Hans-Bernd (unsern früheren Personalchef). Er saß an seinem Schreibtisch und aß Kirschen aus einer Papiertüte. Und seinen Bruder hat man erst vorgestern wie einen Hund niedergeknallt! Er lächelte mich an und unterhielt sich mit mir, als sei nichts geschehen. Nachdem er das Büro verlassen hatte, fragte ich Judgie, ob Haeften über seinen Bruder Bescheid wisse. Judgie bejahte es. Judgie selbst sah besorgt und unglücklich aus; wie würde er erst aussehen, wenn er die Wahrheit über Adam Trott wüßte.

Ich ging in Adams Zimmer hinunter und traf ihn dort mit einem seiner Assistenten, der uns bald verließ. Adam warf sich auf das Sofa, wies auf seinen Hals und sagte: „Ich stecke bis hierher drin." Er sah entsetzlich aus. Wir unterhielten uns flüsternd. Sein Anblick machte mich noch unglücklicher. Ich sagte es ihm. Ja, antwortete er, aber für mich bedeute es nicht mehr als den Verlust meines Lieblingsbaums im Obstgarten, während für ihn alles, worauf er gehofft hatte, verloren sei. Das Haustelephon klingelte: unser Chef, Dr. Six, wünschte ihn zu sehen. Wir verabredeten uns für den Abend. Ich hinterließ seiner Sekretärin die Nachricht, daß ich seinen Anruf erwarte.

Als ich zu Maria Gersdorff hinüberging, gestand ich ihr, wie besorgt ich um Adam war. „Aber warum?" fragte sie. „Er hat Stauffenberg doch nur oberflächlich gekannt. Nein, ich bin sicher, er war nicht wirklich in die Sache verwickelt."

Adam rief an, und wir machten aus, uns nach sechs Uhr bei Aga Fürstenberg zu treffen. Dann ging ich ins „Adlon", wo ich mit Loremarie Schönburg und Aga verabredet war. Letztere war wütend, denn sie war Hasso Etzdorf auf der Straße begegnet, und er hatte ihr den Rücken gekehrt. Ich nehme an, auch er ist schwer kompromittiert. Wir versammelten uns alle bei Aga und tranken Tee auf dem Rasen. Tony Saurma und Georgie Pappenheim waren auch zugegen, und dann kam Adam. Er war bei Six gewesen und hatte versucht, ihn von der Fährte abzubringen. Adam sah wie der Tod aus. Ich fuhr mit ihm in seine Wohnung und setzte mich, während er sich umzog, auf den Balkon in die Sonne. Es ertönte Fliegeralarm; er hatte die irritierende Wirkung eines Bienenschwarms, nichts weiter. Adam erschien, setzte sich draußen zu mir und erzählte mir einen Teil des Geschehens.

Stauffenberg, sagte er, sei ein wundervoller Mann gewesen, nicht nur außergewöhnlich intelligent, sondern ebenso außerordentlich vital und energisch. Er war einer der wenigen Verschwörer, der häufig bei Hitler Zugang hatte. Schon zweimal sei er mit einer Bombe im Führerhauptquartier gewesen, aber jedesmal habe es irgendein Hindernis gegeben, oder Himmler, Göring und einige andere, die er gemeinsam mit Hitler ebenfalls hatte töten wollen, seien der Besprechung im letzten Augenblick ferngeblieben. Als er das dritte Mal zu Hitler gerufen wurde, hatte er seinen Mitverschwörern erklärt, daß er handeln werde, einerlei, wie die Umstände seien. Die Zerreißprobe wurde langsam unerträglich, und das war kein Wunder. Hätte er doch nur einen Revolver benutzen können, dann wäre der Versuch vielleicht geglückt. Aber Stauffenberg war zu schwer kriegsversehrt... Mit ihm, erklärte Adam, habe er seinen nächsten Freund verloren. Er wirkte völlig niedergeschmettert.

Adam selbst hatte am 20. Juli den ganzen Tag im Auswärtigen Amt in der Wilhelmstraße verbracht und auf die Machtübernahme der Militärs gewartet. Er wisse, sagte er, daß man ihn verhaften werde, er sei zu tief in die Angelegenheit verstrickt. Ich fragte ihn nicht, wie tief. Er hatte vor, sein Dienstmädchen zu entlassen; sie sei Zeugin zu vieler Treffen in seinem Hause gewesen und könnte, falls sie verhört würde, reden. Er fürchtete, auch Helldorf werde unter der Folter zusammenbrechen. (Ich entsann mich, daß Helldorf Loremarie gesagt hatte, selbst er habe Angst davor...)

Adam erwog, ob er nicht einen Artikel in der Londoner „Times" veröffentlichen sollte, in dem er erklärte, um was es diesen Männern gegangen war. Ich war gegen diesen Plan. Die Reaktion in Deutschland wäre lediglich die, daß sie im Sold der Feinde gestanden hätten; jetzt, da ihr Attentat fehlgeschlagen war, würde sie die öffentliche Meinung hier ohnehin noch stärker verurteilen. [...]

Wir saßen die ganze Nacht, redeten miteinander und lauschten auf die gelegentlichen Geräusche draußen. Jedesmal, wenn wir ein Auto hörten, das die Fahrt verlangsamte, konnte ich seinem Gesicht ansehen, was er dachte ... Ich kann ihn in dieser Lage einfach nicht allein lassen. Wenn sie ihn holen, solange ich noch da bin, kann ich wenigstens seine Freunde alarmieren. Adam sagte, daß Alex Werth über alles Bescheid wisse und auch, was zu tun sei, falls er verhaftet würde. Er glaubt, daß Dr. Six einen Verdacht hegt, denn er dränge ihn ständig, in die Schweiz zu fahren. Ich bestand ebenfalls darauf, daß er reisen solle – und zwar unverzüglich. Aber er weigert sich seiner Frau und seiner Kinder wegen. Er sagt, wenn sie ihn verhafteten, würde er alles ableugnen – nur um freizukommen – und es noch einmal zu versuchen. Um vier Uhr früh fuhr er mich nach Haus und versprach mir, mich später am Morgen wieder anzurufen, damit ich wüßte, daß es ihm gutgehe. [...]

Sonntag, 23. Juli

Adam Trott rief mich wie versprochen an. Bisher geht alles gut. Ich sagte ihm, daß ich nach Potsdam hinausfahren und ihn von dort anrufen würde.

Ich traf Gottfried Bismarck, der im Badeanzug im Springbrunnen plantschte. Es ist sehr heiß. Melanie und Loremarie Schönburg waren auch draußen. Melanie scheint jetzt ruhiger; sie hat sogar vor, aufs Land zurückzukehren, um dem Personal den Eindruck zu vermitteln, daß das Leben normal weiterlaufe.

Ich erzählte ihnen, wie besorgt ich um Adam sei. Gottfried glaubt nicht, daß man ihn verhaften werde. Derjenige, der sich augenblicklich in der größten Gefahr befinde, so meinte er, sei Helldorf. Seine Rolle bei dem Umsturzversuch sei zu offensichtlich gewesen, und es werde ihm nicht gelingen, sich ein Alibi zu verschaffen.

Wir sprachen über Fritzi Schulenburg, den Neffen des Botschafters und früheren Polizeivizepräsidenten von Berlin unter Helldorf. Ich erinnerte mich an ihn noch als einen jungen Mann – das war vor dem Krieg in Ostpreußen. Obgleich anfänglich ein Nazi, hatte er schon damals heftige Kritik am Regime geübt.

Adam erzählte mir gestern abend, daß er mit Stauffenbergs Sekretärin gesprochen und sie ihm beschrieben habe, wie Fritzi aus seinem provisorischen Büro im OKH herausgelaufen und auf dem Flur in den Rücken geschossen worden sei. Darauf habe man ihn verwundet auf den Hof gezerrt und dort getötet. *[Dies stellte sich als Gerücht heraus. Schulenburg gehörte zu den ersten Verhafteten, die vor den Volksgerichtshof gestellt wurden. Er wurde zum Tode verurteilt und am 10. August 1944 gehenkt.]*

Am Nachmittag legten wir uns alle zu einem kurzen Schlaf hin, denn die Spannung erschöpft einen. Später sagte mir Loremarie, Gottfried habe ihr in seinem Schrank im Büro zwei große Pakete gezeigt und sich dabei laut gefragt, was er wohl damit anfangen solle. Auf ihre Frage, was es denn sei, habe er erwidert: „Übriggebliebener Sprengstoff von der Bombe." Sie hatte ihn angefleht, sich dieser Pakete zu entledigen, da sein Haus todsicher bald durchsucht werden würde. Er hatte sich jedoch geweigert und erklärt, es sei so schwierig gewesen, den Sprengstoff zu beschaffen, daß er beabsichtige, ihn für einen nächsten Versuch aufzubewahren. Es gelang ihr wenigstens, ihn zu überreden, das Zeug im Keller zu verstecken.

Der Sprengstoff „Plastit W", eine deutsche Mischung, die zu 64 Prozent aus Hexogen bestand und von der Abwehr verwendet wurde, war von den Verschwörern unter beachtlichen Schwierigkeiten beschafft worden; die Zünder waren britischer Herkunft.

Rief Adam an; es ging ihm noch immer gut. Aß mit Percy Frey zu Abend.

Montag, 24. Juli

Melanie Bismarck hat mich gebeten, in der russischen Kirche eine Seelenmesse für die Opfer vom Donnerstag lesen zu lassen und auch Gebete für alle, die in Gefahr sind. Es sind so viele: Adam Trott ... Gottfried Bismarck ... Helldorf ... Melanie wagt nicht, in der katholischen oder protestantischen Kirche einen Gottesdienst halten zu lassen, und glaubt, daß ein orthodoxer weniger auffällig wäre. Ich versprach, mit Pater Johann Schachowskoy darüber zu sprechen. Wir kamen auch überein, daß nur ich teilnehmen sollte, um so wenig Aufmerksamkeit wie möglich zu erregen.

Verbrachte den Morgen im Büro und überredete dann Adam, der schon in der Kantine gegessen hatte, mit zu Maria Gersdorff zu kommen. Ich gab ihm eine Ikone des heiligen Seraphim von Sarow und erzählte ihm von Melanies Plan mit der Messe. Er meinte, wir sollten uns keine Sorgen machen; Claus

Stauffenberg sei ein so frommer Christ gewesen, daß sicherlich in ganz Deutschland Messen für ihn gelesen würden. Einige unserer Freunde gesellten sich zu uns, und wir versuchten, von anderen Dingen zu sprechen. Beim Abschied sagte Adam zu mir und Loremarie Schönburg, daß man unmöglich einen zweiten Versuch unternehmen könne, wenn keiner von uns am Leben bliebe, und daß wir daher von jetzt ab sehr, sehr vorsichtig sein müßten, uns nicht mehr treffen dürften, da wir alle unter Beobachtung stünden und so weiter. Dies scheint der rote Faden zu sein, der sich durch alle ihre Gespräche zieht; sie *müssen* es noch einmal versuchen!

Am Abend fuhr uns Gottfried nach Potsdam hinaus. Wir aßen allein mit ihm. Helldorf, so berichtete er, ist heute morgen verhaftet worden. Das Polizeipräsidium gebe keine Auskunft: „Der Herr Präsident ist heute morgen ausgegangen und noch nicht zurückgekehrt."

Nach dem Abendessen kam Hanna Bredow, Gottfrieds Schwester, entschlossenen Schritts ins Haus. Sie ist ein Original. Ihren Schirm in der Hand, setzte sie sich und sagte: „Gottfried, ich will wissen, wie weit du in diese Sache verwickelt bist. Du kannst mich nicht länger im dunkeln tappen lassen. Ich weiß nur zu gut, daß etwas vor sich geht. Ich muß wissen, wo wir stehen!" Gottfried stammelte und stotterte, sagte ihr aber nichts. Hanna ist um ihre Töchter besorgt. Die neunzehnjährige Philippa war mit dem jungen Werner von Haeften, Stauffenbergs Adjutanten, der mit ihm zusammen erschossen wurde, befreundet. Dieser scheint sehr offen, zu offen, mit ihr gesprochen zu haben.

Später legte uns Hanna die Karten; sie kann das sehr gut. Demnach ist keiner von uns dreien bisher dem Untergang geweiht. Dann gingen wir in ihr Haus hinüber, wo Georgie Pappenheim ganz wundervoll Klavier spielte. Zur Nacht kehrten er, Aga und ich nach Grunewald in Agas Haus zurück.

Ein Luftangriff holte uns aus den Betten. Diesmal begann es in unserer unmittelbaren Nachbarschaft Bomben zu hageln, und wir suchten Zuflucht im Unterstand, einem lächerlichen

Holzbau unter einem Grashügel. Ganz in unserer Nähe kamen zwei aneinander gekettete Minen herunter. Sie brauchten eine Weile, da sie an Fallschirmen hingen. Wir kauerten auf dem Boden, die Helme fest auf den Kopf gedrückt. Aga, die ihren Helm völlig schief aufhatte, sah so komisch aus, daß ich selbst in diesem schlimmsten Augenblick ein Kichern nicht unterdrücken konnte. Die rührende, alte, stocktaube Köchin hörte gar nichts von all dem Höllenlärm und warf sich nur auf den Boden, weil wir es taten.

Heute nachmittag suchte ich Pater Johann auf. Er hielt es für zu gefährlich, eine Messe in der russischen Kirche zu lesen; er hat aber eine kleine Kapelle in seiner Wohnung, und so zelebrierte er sie dort. Ich war die einzige Anwesende und schluchzte die ganze Zeit fürchterlich. Als ich Loremarie später sagte, daß ich mich an Helldorfs Vornamen nicht hätte erinnern können, rief sie erstaunt: „Aber Missie! Wölfchen!"

Dienstag, 25. Juli

Heute rief ich Adam Trott ganz früh zu Haus an; noch war alles in Ordnung. Als ich später in seinem Büro vorbeihaute, war er nicht da, nur seine Sekretärin – ein nettes, mit mir befreundetes Mädchen –, die verängstigt aussah. Aß hastig bei Maria Gersdorff zu Mittag und kehrte dann ins Amt zurück. Dieses Mal versuchte Adams Sekretärin, mich aus dem Zimmer zu schieben. Ich drängte mich an ihr vorbei und marschierte hinein. An Adams Schreibtisch saß ein kleiner Mann in Zivilkleidung, der sämtliche Schubladen durchsuchte. Ein anderer rekelte sich in einem Sessel. Die Schweine! Ich betrachtete sie mir näher, um festzustellen, ob sie irgendein Abzeichen im Knopfloch trügen, erinnerte mich dann aber, daß Gestapo-Beamte ihre Marke innen tragen. Ich fragte die Sekretärin ostentativ: „Wo ist Herr von Trott? Noch immer nicht da?" Beide Männer blickten auf. Sobald die Sekretärin und ich das Zimmer verlassen hatten, sah sie mich flehentlich an und legte einen Finger auf die Lippen.

Ich sprang drei Stufen auf einmal nehmend die Treppe hinauf, stürmte in Judgie Richters Büro und erklärte, es müsse sofort etwas unternommen werden, um zu verhindern, daß Adam in sein Büro zurückkehre, da es von der Gestapo durchsucht werde. Judgie sah mich gequält an und erwiderte: „Es ist zu spät. Sie haben ihn mittags abgeholt. Zum Glück war Alex Werth bei ihm und fuhr in einem anderen Wagen hinter ihnen her; er wird hoffentlich bald zurück sein, um uns einen Hinweis zu geben, warum Adam verhaftet worden ist." Judgie ahnt offenbar noch immer nichts. Er berichtete, daß Adam der täglichen Besprechung in der Zentrale des A. A. in der Wilhelmstraße beigewohnt habe. Unterdessen sei die Gestapo hier erschienen und habe wissen wollen, wo Adam sei. Die Sekretärin habe versucht, davonzuschlüpfen, um ihn zu warnen, aber man habe sie daran gehindert und ihr nicht erlaubt, das Zimmer zu verlassen. So sei Adam ihnen geradewegs in die Falle gelaufen. Staatssekretär Keppler – ein hoher Nazi im A. A., der die Abteilung Freies Indien unter sich gehabt hatte – habe ihn um ein Uhr zum Mittagessen im „Adlon" erwartet. Vorläufig scheint Dr. Six an Adams Entlassung interessiert zu sein; er hat seinen Adjutanten ausgeschickt, um festzustellen, worauf die Anklage lautet. Ich bezweifle allerdings, daß er diese Einstellung beibehalten wird.

Ich verließ das Büro und lief zu Maria Gersdorff hinüber. Steenson, der dänische Geschäftsträger, war gerade da, und ich konnte nicht viel sagen; ich brach nur in Tränen aus. Maria versuchte, mich zu trösten: es handle sich offensichtlich um einen Irrtum, er könne nicht viel mit der Sache zu tun gehabt haben und ähnliches mehr. Wenn sie nur wüßte! Aber ich darf nichts sagen.

Etwas später kam Heinz Gersdorff nach Hause. Auch er ist in Schwierigkeiten, da sein Chef, der Stadtkommandant von Berlin, Generalleutnant von Hase, den wir gut kennen und der unsere Besuche bei Jim Wjasemski im Gefangenenlager ermöglicht hat, bis zum Hals in der Verschwörung steckt und nach einer stürmischen Unterredung mit Goebbels verhaftet worden ist. Warum hat Hase diese Ratte nicht an Ort und Stelle niedergeschossen?

Verschiedene Männer haben Selbstmord verübt, auch Graf Lehndorff, auf dessen ostpreußischem Gut sich Hitlers Hauptquartier in Rastenburg befinde. *[Nach seiner ersten Verhaftung gelang es Graf Lehndorff, zunächst zu entkommen; er wurde dann abermals verhaftet und später gehenkt.]* Graf Hardenberg schoß sich, als ihn verhaften wollten, in den Magen und ist schwer verletzt. Er hatte schon früh zur Opposition gehört und war in Verdacht geraten, weil Stauffenberg und Werner Haeften ihr letztes Wochenende in seinem Haus verbrachten. Die zwei Gestapo-Beamten, die ihn festgenommen hatten, sind auf dem Rückweg nach Berlin bei einem Autounfall ums Leben gekommen. Endlich mal eine willkommene Nachricht! Unser Hans-Bernd Haeften ist heute morgen auch verhaftet worden. Es heißt, es seien Listen gefunden worden.

Übernachtete bei den Gersdorffs auf dem Sofa im Wohnzimmer. Es hat noch immer keine Fensterscheiben, aber draußen ist es so heiß, daß es nichts ausmacht. Um Mitternacht erfolgte ein Luftangriff; die Bomber waren so schnell über uns, daß wir kaum Zeit hatten, uns ein paar Kleider überzuwerfen und in den Keller eines Nachbarhauses zu kriechen, das im vorigen November abgebrannt ist. Sie warfen Luftminen ab. Zum ersten Mal seit Jahren hatte ich keine Angst.

Mittwoch, 26. Juli

Heute morgen war Judgie Richter noch relativ ruhig. Er ahnt offensichtlich nicht, wie kompromittiert Adam Trott und Hans-Bernd Haeften sind. Er hält das Ganze für einen Irrtum, der sehr bald aufgeklärt werden wird. Als Alex Werth hereinkam und mich mit einem verzweifelten Ausdruck sah, brach ich in Tränen aus. Judgie und Leipoldt waren sichtlich konsterniert.

Ich hielt es nicht länger im Büro aus und ging nach Haus. Maria Gersdorff ist inzwischen außer sich. Peter Graf Yorck von Wartenburg, dessen Schwester eine ihrer besten Freundinnen ist, ist auch verhaftet worden.

Nach dem Mittagessen besuchte mich Percy Frey. Ich führte ihn in die Ruinen nebenan und erklärte ihm, daß ich ihn nicht mehr treffen könne; Marias Haus werde vermutlich längst überwacht, und sein nagelneues Auto mit ausländischem Nummernschild sei zu auffällig. Keiner von uns könne es sich im Augenblick leisten, Beziehungen mit Ausländern zu unterhalten. Wir kamen überein, daß es am besten wäre, wenn er mich gelegentlich in der Höhle des Löwen, das heißt im Büro anriefe.

Kurz vor dem Abendbrot machte ich einen langen Spaziergang im Grunewald. Dort saß ich dann den größten Teil des Abends wie ein Häufchen Elend auf einer Bank; es war mir gleichgültig, was die Vorübergehenden denken mochten.

Heute abend hat Goebbels im Radio noch einmal über das Attentat gesprochen und, wen er konnte, mit Dreck beworfen. Die öffentliche Meinung scheint jedoch nicht auf seiten der Regierung zu stehen. Auf der Straße wirken die Menschen blaß und bekümmert; sie wagen es anscheinend kaum, einander in die Augen zu blicken. Ein Straßenbahnschaffner, der in aller Öffentlichkeit Kommentare über Goebbels zum besten gab, sagte zu mir: „Alles ist zum Kotzen!".

3. Januar 1945

Lieselotte G.

Rede von Adolf Hitler. Abends Strümpfe gestopft.

Lieselotte G. war 14 Jahre alt, als sie im Sommer 1942 begann, Tagebuch zu schreiben. Die Familie G. wohnte damals in Berlin-Friedrichshagen. Lieselottes Vater war Sozialdemokrat und deshalb 1933 nach dem Gesetz zur „Wiederherstellung des Berufsbeamtentums" aus seiner Stellung als Stadtoberinspektor

entlassen worden; er arbeitete in den folgenden Jahren freibe-
ruflich weiter.

Durch ihren Vater, dem das „Heil Hitler" nie über die Lip-
pen kam, war Lieselotte G. mit einer eher regimekritischen
Haltung konfrontiert; ihre Mutter lebte in steter Sorge, daß der
Nonkonformismus ihres Mannes sie „alle eines Tages noch ins
KZ bringen" würde.

Der Unterricht am Friedrichshagener Lyzeum, das Liese-
lotte G. bis 1943 besuchte, hat der Schülerin den National-
sozialismus nahegebracht. Insbesondere die Lehrerin Frau L.,
die als Offiziersgattin deutschnational eingestellt war, ist
für Lieselotte G. zu einem wesentlichen Bezugspunkt für ihre
damalige geistige Orientierung geworden. „Diese Spannung
zwischen Elternhaus und Schule hat meine ganze Jugend
durchzogen", erinnert sie sich.

Lieselotte Gs. Tagebücher bestehen aus 1 Schulheft und
2 Notizheften. Sie habe sie seit der Zeit der Abfassung nie
mehr gelesen, sagt sie, und sei nun überrascht gewesen, was
für Dummheiten sie doch damals zusammengeschrieben
habe.

30. 1.   Rede von Adolf Hitler. Abends Strümpfe gestopft.

1. 2.   Papa zum Volkssturm. Alarm. Bis nachts ½ 12 Uhr gearbeitet.

2. 2.   Alarm. Bis ½ 12 Uhr gearbeitet. Papa hat Polizeiuni-
form bekommen.

6. 2.   Alarm. Papa befreit von Stadtwacht. Mit Mutti im Kino: Frau meiner Träume.

9. 2.   Strippentasche angefangen. Ein Deckel ziemlich fertig.
[...] Alarm!

13. 2.   Alarm! Strippe gefärbt. Täglich 3 mal 2 Stunden kein
Licht.

14. 2. Alarm! Die Fronten haben sich gefestigt. Volkssturm steht bereit. Barrikaden werden gebaut.

15. 2. Alarm. Auf dem Viehhof die letzte Kiste Schmalz bekommen.

16. 2. In 2 Stunden 2 Zentner Sauerkohl verkauft.

25. 2. Mutti und Margit sind krank. Kino mit Inge: Opfergang. Mitten raus wegen Alarm.

28. 2. Alarm. Kino: Opfergang – Alarm! – Opfergang. Paul mit Mädel gesehen. Wird aus Berlin wegkommen. Kuchen gebacken.

3. 3. Mein Geburtstag. Alarm!

4. 3. Geburtstag gefeiert. […] Herrlich! Nachts 2 Uhr Alarm!

5. 3. Fliegeralarm! Zwischenstück der Tasche angefangen.

7. 3. Alarm! Weisheitszahn macht Beschwerden.

8. 3. Alarm! In Zahnklinik gewesen. Erste Tasche fertig. Post von Horst R.

11. 3. Alarm! Schwerer Angriff. Treffer vor der Kirche. Der kleine Uwe Sch. ist an Erkältung gestorben. Zweite Tasche angefangen.

12. 3. Alarm! Gewaschen, geplättet, gerollt u.s.w.

13. 3. Alarm!

14. 3. Alarm! Matratzen geklopft.

15. 3. Alarm!

16. 3.   Alarm! Mit Günter ins Zimmer eingezogen.

17. 3.   Alarm! Teppiche geklopft.

18. 3.   Alarm! Ausgebombt! Gerettet!

19. 3.   Haben in Gastwirtschaft auf dem Fußboden geschlafen. Mutti und Kinder zu Tante Eka. Margit ist krank.

20. 3.   Nähmaschine ausgebuddelt. Schlafen bei T. Eka.

21. 3.   18. Hochzeitstag meiner Eltern. Fliegeralarm! Wagen mit geretteten Sachen zur T. Eka gefahren. Papa kommt nicht vom Volkssturm bzw. Stadtwacht frei.

22. 3.   Alarm! Auf allen Vieren rumgelaufen. Onkel Fritzens Bild rausgebuddelt.

23. 3.   Alarm! Gebuddelt. Im Schutt 50,– RM gefunden. Abgegeben.

25. 3.   Alarm! Mit Mutti und Papa neue Wohnung sauber gemacht. 100,– RM sind uns aus der Brieftasche gestohlen worden.

28. 3.   Alarm! Sachen gepackt. Kartoffeln sind aus dem Keller gestohlen worden.

18. 4.   Alarm! In Jagowstr. gebuddelt.

19. 4.   Alarm! In Jagowstr. gebuddelt. Hören schon das Schießen.

20. 4.   Alarm! Wenig Wasser, kein Strom, bei Fliegerangriffen ertönen keine Sirenen mehr.

21. 4.   Zur Jagowstr. fährt keine Bahn mehr.

22. 4. Schlafen jetzt im Keller. Russen sind bis Berlin. Onkel
        Willi ist geflüchtet und zu uns gekommen.

23. 4. War in Jagowstr. mit Onkel Willi. Habe Papa besucht.
        Hatte von seiner Schnapsration einen Schwips.

24. 4. Trautenaustraße durch Granatenbeschuß 5 Tote.

25. 4. Kein Wasser! Kein Gas! Kein Licht!

26. 4. Artilleriebeschuß!

27. 4. Feind bis Kaiserplatz.

28. 4. Unser Haus bekam den 4. Artillerietreffer!

29. 4. Unser Haus hat etwa 20 Treffer. Das Kochen ist sehr
        erschwert wegen dauernder Lebensgefahr, wenn man
        den Keller verläßt.

30. 4. War bei Bombeneinschlag mit Frau B. oben an der
        Treppe zum Keller. Die Russen sind da. Sie sind total
        besoffen. Nachts Vergewaltigungen. Ich nicht, Mutti ja.
        Manche 5–20 mal.

1. 5.   Russen gehen ein und aus. Alle Uhren sind weg. Die
        Pferde liegen auf dem Hof auf unseren Betten. Die
        Keller sind aufgebrochen. Sind in die Stubenrauchstr. 33
        geflohen.

2. 5.   Erste Nacht Ruhe. Sind von der Hölle in den Himmel
        gekommen. Haben geweint, als wir den blühenden
        Flieder auf dem Hof entdeckt haben. Alle Radios müs-
        sen abgegeben werden.

3. 5.   Noch in der Stubenrauchstr. Darf nicht ans Fenster,
        damit mich kein Russe sieht. Überall sollen Vergewalti-
        gungen sein.

4. 5.	In der Derfflinger Str. keine Nachricht von Papa erhalten.
5. 5.	Wieder zur Kaiserallee zurück. Unordnung!
6. 5.	Unser Haus hat 21 Treffer. Den ganzen Tag geräumt und gepackt. Nachts Sturm. Bin vor Angst, daß die Russen kommen unters Bett gekrochen. Aber das Haus hatte nur durch den Beschuß so geklappert.
7. 5.	Straße frei geschippt. Nummern für Brot geholt, aufgeräumt, saubergemacht.
8. 5.	Straße geschippt. nach Brot angestanden. Nachricht, daß Papa lebt.
9. 5.	Waffenstillstand. Für Margit gibt es Milch.
10. 5.	Aufgeräumt.

21. Januar 1945

Ruth Andreas Friedrich

Wenn man für andere stiehlt, ist Klauen ein Genuß

Rund zehn schicksalsschwere Jahre deutscher Geschichte – die Zeit von 1938 bis 1945 – werden in diesen unmittelbar unter dem Eindruck der Ereignisse niedergeschriebenen Tagebuchaufzeichnungen noch einmal lebendig. Die Autorin gehörte einer kleinen, tapferen Widerstandsgruppe an, die verfolgten Juden Asyl bot und sie mit falschen Pässen versorgte, die politische Flugblätter verteilte und die brandgeschwärzten Ruinen

171

der deutschen Hauptstadt mit aufrüttelnden Parolen bemalte.
Das Kriegsende befreite die Widerstandskämpfer zwar von den
Schrecken der Naziherrschaft, machte aber auch die politische
Konzeption zunichte, die ihnen für den Aufbau eines neuen
Deutschlands vorschwebte. Der unheilvolle, alle Deutschen
in zwei Lager spaltende Gegensatz zwischen Ost und West
begann sich abzuzeichnen. Eine Berliner Chronik von hohem
dokumentarischen Wert und befreiender Integrität des Gewis-
sens.

Ruth Andreas-Friedrich wurde in Berlin geboren und ging in
Stettin, Metz, Magdeburg und Breslau zur Schule. Nach dem
Kriege war sie Mitlizenzträgerin und Herausgeberin der ersten
Berliner Frauenzeitschrift „sie". Trotz angespannter journa-
listischer Tätigkeit schrieb sie eine ganze Reihe von Büchern,
die in angesehenen Verlagen des In- und Auslandes erschienen
sind.

Sonntag, 21. Januar 1945

Wir beten um die Gesundung des Himmler-Adjutanten. Täglich telefoniere ich mit meinem Verleger.

Vor zwei Tagen hat man den Volkssturm antreten lassen.
Die ersten Bataillone sollen bereits ausgerückt sein. In Zivil-
jacken und Wickelgamaschen. Manche von ihnen hätten noch
nie ein Gewehr in der Hand gehabt. Schon spricht man im
Volk von achtzig Prozent Verlusten. Man setzt sie bloß ein,
um Lücken zu stopfen. Leichenwälle gegen alliierte Panzer.
Wenn sie nur hielten, bis der Nachschub käme. Einen Tag, eine Stunde. Gleichgültig, wie lange. Man füllt die Breschen mit
zerfetztem Fleisch.

Montag, 22. Januar 1945

Im Osten rollt die russische Offensive. Ab sofort sind alle Le-
bensmitteltransporte nach Berlin gesperrt. Die Gaszufuhr wird
eingestellt. Der D-Zug-Verkehr hört auf. Wir rennen mit der
Geschichte um die Wette. Zeit, Zeit, Zeit! Nur vier Wochen
müßte man gewinnen. Schon rasen die Ereignisse mit Riesen-
schritten der Katastrophe entgegen. Zeit, Zeit, Zeit! Und ein

heiler Fuß für den Himmler-Adjutanten. Aus Schlesien kommen erste Flüchtlingszüge. Auf dem Schlesischen Bahnhof ist eine offene Lore mit erfrorenen Kindern eingetroffen. Sechsundneunzig Stunden standen sie in der Kälte. Eingepfercht wie Heeringe in einer Tonne. Schnee deckte sie zu. Sie froren und weinten. Sie standen und starben. Eingepfercht in eine hölzerne Güterlore.

Dienstag, 23. Januar 1945
Der Himmler-Adjutant ist gesund geworden. Übermorgen mittag um zwei wird er bei meinem Verleger frühstücken. Und bei Kognak und Bohnenkaffee Freya Moltkes Brief lesen. Damit er ihn an Himmler weitergibt.

Donnerstag, 25. Januar 1945
Andrik ist zum Volkssturm einberufen. Noch in derselben Stunde packt er Zahnbürste und Rasierzeug zusammen. Vorläufig soll er aus der Wohnung verschwinden. Ich schreibe der zuständigen Dienststelle einen höflichen Brief, daß Andrik Krassnow zur Zeit verreist und postalisch nicht erreichbar sei. Aufschub ist alles!

Um zwei Uhr mittags frühstücken sie in Dahlem. Mit Kognak und Bohnenkaffee.

Und morgen sollen sämtliche hier lebenden Russen mit Sowjetpaß verhaftet werden. Wieder eine Tauchwelle. Uns stehen die Haare zu Berge. Wie soll man es noch schaffen?

Die letzten Omnibusse sind eingezogen. Straßenbahnen verkehren in Zukunft nur noch bis zehn Uhr abends in endlosen Abständen. Das Fahrrad wird Trumpf. In der Stadt spricht man von Stromsperrzeiten und totaler Einstellung des Verkehrs.

Aber der Himmler-Adjutant hat den Brief gelesen und versprochen, ihn weiterzuleiten. Noch spätabends telefoniere ich mit Doktor Tegel. „Wir haben es geschafft. Morgen wird Freyas Brief bei Himmler sein." Warum ist Doktor Tegel so merkwürdig? Warum freut er sich nicht? Warum antwortet er kaum?

Freitag, 26. Januar 1945

Gestern mittag haben sie den Grafen Moltke zur Hinrichtung geholt. Zur selben Stunde, in der Himmlers Adjutant das Gnadengesuch las. Um vier Uhr war er tot. Alles geschah überraschend und plötzlich. Am Vormittag verließ Doktor Tegel seine Zelle. „Also dann, bis morgen!" sagte er. Kurz darauf führte man sie weg. Helmuth von Moltke und etliche andere. „Zur Verhandlung in Plötzensee", hieß es lakonisch. Im Schuppen von Plötzensee stehen die Galgen Adolf Hitlers.

Weil Himmlers Adjutant in einen Heizofen getreten ist. Weil der Justizminister Thierack gestern vom Urlaub zurückkam und den Befehl gab, alle „unerledigten Angelegenheiten" sofort aufzuarbeiten. Weil die Russen noch nicht in Berlin und die Engländer noch nicht in Potsdam sind. Weil ... weil ... weil ... Warum zerbrechen wir uns den Kopf? Die Welt stürzt ein, und wir vermögen ihren Zusammenbruch nicht aufzuhalten.

Mittwoch, 31. Januar 1945

Ganz Berlin ist aus den Fugen geraten. Die Russen sollen Strausberg erreicht haben. Höchste Alarmstufe für den Volkssturm. In Scharen verschwinden die Männer von der Bildfläche. Ich treffe mich mit Andrik an einer abgelegenen Straßenecke. Er sieht nervös und niedergeschlagen aus. „Man sucht dich", sagte ich. „Ein Mann war bei uns. Ein Bote vom Volkssturm. In einer Stunde abmarschbereit steht auf der Order." – Andrik kneift die Lippen zusammen. „Und was hast du geantwortet?" – „Daß du auf Reisen bist. Daß ich deine Anschrift nicht wisse. Daß du ein Nierenleiden hast und ohnehin nicht in Frage kommst." Bedrückt mustern wir die Trupps vorüberhastender Soldaten. „Lange kann das nicht so weitergehen", seufzt Andrik.

Am Abend kehrt er nach Hause zurück. Ein nierenkranker Mann, der dringend das Bett hüten muß, bis er am Freitag, dem 9. Februar, vor dem diensthabenden Arzt vom „Schanzeinsatz Spitzhacke" seine Volkssturmuntauglichkeit beweisen wird.

In allen Stadtteilen wimmelt es von Flüchtlingen. Sie schimpfen laut oder leise auf die verfluchten Zeiten. Keiner nimmt ein Blatt vor den Mund. Wer alles verloren hat, verliert auch die Angst. Und findet es gleichgültig, ob er hier oder dort zugrunde geht. Die Polizei stellt sich taub. Vierundzwanzig Stunden lang darf jeder Volksgenosse seine Not, seine Verzweiflung und Todesangst ungehindert austoben. Dann ist Goebbels wieder Herr der Lage.

Freitag, 2. Februar 1945

Die Panik war verfrüht. Über Nacht hat sich alles beruhigt. Noch sammelt sich die Front an der Oder. Und statt ein Auge zuzudrücken, nimmt die Polizei neue Verhaftungen vor. Wenn nicht bald etwas geschieht, werden sie auch Hinrichs noch fassen. Heute ist er gekommen, um Abschied zu nehmen. Die Nachrichten, die er bringt, klingen wenig erfreulich. Roesch, der Jesuitenprovinzial aus München, verhaftet. Die Hinrichtung von Delp zurückgestellt. Jedermann weiß, was solche Zurückstellung bedeutet. Folter bedeutet sie und Martyrium. Prügelstrafe tagaus, tagein, bis das befohlene Geständnis herausgeprügelt ist. Roesch gehörte zum Moltkekreis. Gemeinsam mit Hinrichs hat er den Kreisauer Sitzungen beigewohnt. Und wer an den Kreisauer Sitzungen teilnahm ...

Hinrichs packt seine Koffer. „Wenn ich Glück habe, komme ich noch nach Hamburg durch", meinte er und lächelt ein bißchen hoffnungslos. Hamburg liegt weit vom Schuß. Ehe sie ihn von dort zurückholen, dürfte die Schlinge um Berlin schon zugezogen sein. Wieder mal rennt ein Menschenleben mit der Zeit um die Wette. Zwanzig Kilometer vor Stettin, zwanzig Kilometer vor Frankfurt, lauten die letzten amtlichen Meldungen.

Bis zur nächsten S-Bahn geben wir unserem Freund aus zwölf Kampfjahren das Geleit. Er steigt in den überfüllten Zug. Noch zweimal winkt er zurück. Dann stehen wir allein auf dem Perron. „Wieder einer weniger", sagt Andrik und schaut melancholisch auf die verschwimmenden Schlußlichter. Trübselig machen wir uns auf den Heimweg. Am Lauenburger

Platz kommt uns Fabian entgegen. Fabian Trooth, Freund und Studienkamerad von Heike. Schauspieler, Dichter, Dressurreiter, passionierter Raucher, passionierter Lebenskünstler, und alles in allem fünfundzwanzig Jahre alt. Er strahlt uns an, als hätte er soeben das große Los gezogen. „Wissen Sie das Neueste?" fragt er lachend. „Man hat mich rausgeschmissen. Knall und Fall aus meiner Bude gesetzt. Von Staats wegen, sozusagen. Weil ich einen ehemaligen KZ-Mann auf meinem Sofa hab übernachten lassen. Das gehört sich nicht für einen anständigen Deutschen, hat man mir erklärt. Gut, bin ich eben keiner, dachte ich und schnürte mein Bündel." – „Ja, und was nun?" frage ich. Er macht eine großartige Handbewegung. „Den Rest hat Heike übernommen. Untermieter Nr. elf im Junggesellenparadies. Zweite Tür rechts vom Eingang. Falls Sie mich gelegentlich besuchen wollen!" Ein Handkuß, ein Kratzfuß, und Fabian Trooth verschwindet um die Ecke. Trotz aller Kümmernis muß ich lachen. „Wenn der nicht zur Clique paßt!"

Spät am Abend trinken wir den ersten Schnaps miteinander. Auf Hitlers Untergang und auf eine gute Nachbarschaft.

Samstag, 3. Februar 1945

Schwerer Tagesangriff auf Berlin. Die Stadt ist fürchterlich zugerichtet. Durch Rauch, Ruß und Dreck kämpfe ich mich zum Verlagshaus durch. Es regnet in Strömen. Die Nässe schlägt den Qualm zu Boden, der als zäher Brei an den Fußsohlen festklebt. „Du", ruft ein Vorübergehender seinem Nachbar zu, „das Volksgericht brennt. Der Freisler soll drunterliegen!" Freisler? Der Mann, der alle zum Tode verurteilt? Einen Monat starb er zu spät. Und um wie viele Wochen zu früh, für Rechenschaft und Vergeltung! Wahrhaftig! Dieses Henkers Tod kam uns nicht gelegen. In der Redaktion liegen die Wände auf den Schreibtischen, die Fenster auf dem Fußboden. Und mit der Morgenpost ist die Nachricht eingetroffen, daß wir am 15. März endgültig zumachen müssen. „Es lohnt kaum mehr das Aufräumen", schilt Hollner. Aber er hält schon den Hammer in der Hand. Und zwei Minuten später klopft es im ganzen Haus, als säße man in einer Schmiedewerkstatt.

Ich mache, daß ich wegkomme. Frank bereitet mir Sorge. Im Bayrischen Viertel soll es mächtig eingeschlagen haben. Auch der U-Bahnhof Bayrischer Platz sei getroffen. Mehr als hundert Tote lägen unter den Trümmern. Ob etwa auch Frank? ... Dem Himmel sei Dank! Seine Wohnung steht. Aber er selbst ist nicht zu Hause. Wo steckt er? [...]

Sonntag, 4. Februar 1945

Neun Stunden hat Frank im Keller gehockt. Zusammen mit sechsundzwanzig Frauen, die vor Angst schrien, die haltlos in sich hineinweinten, die vor Schreck erstarrt waren oder verzweifelt Gebete lallten. Zehn Sekunden, ehe die Bomben auf das Bayrische Viertel niederstürzten, sprang er in ein fremdes Haus. Der Luftdruck des ersten Einschlags stieß ihn die Kellertreppe hinunter. Der nächste Einschlag traf. Bis zum Erdgeschoß riß er das Haus auseinander. Aber die Kellerdecke hielt. Neun Stunden trug sie die Last der drei Stockwerke hohen Trümmer, bis aus dem Brandmauerdurchbruch die Rettung kam.

Frank ist am Leben geblieben! Grund genug, dieses Wunder zu feiern. In Heikes Zimmer versammeln sich Andrik, Dagmar, Ursel, Wald, Fabian, Flamm, Frank, Heike und ich. Irgend jemand hat eine Flasche Rotwein „organisiert". Mit dem Meßbecher wird der kostbare Inhalt in neun mathematisch gleiche Teile geteilt. Es reicht für jeden gerade zum Anstoßen. [...]

Donnerstag, 8. Februar 1945

„Was machen wir bloß mit dir?" sagt Frank und blickt sorgenvoll auf Andrik, der nun schon seit acht Tagen zu Hause herumliegt; einer der tausend „Volkssturmkranken", die zur Zeit Berlin bevölkern. Angestrengt brütet er vor sich hin. Wir schweigen fünf Minuten. Wir schweigen zehn Minuten. Dann hebt Frank den Kopf. „Hast du's?" – „Ich hab's! Wartet ein Weilchen, ich komme gleich wieder." Er macht sein Fahrrad flott und verschwindet in Richtung Kufsteiner Straße. Nach einer Stunde kehrt er zurück, bepackt mit Fläschchen, Nickelbüchsen, Instrumenten und Reagenzgläsern. Im Handumdrehen ist Andriks Schreibtisch in ein chemisches Laboratorium verwandelt. „Also du bist nierenkrank", doziert Frank im Professorenton. „Daß dein Herz nicht gut und dein Blutdruck zu hoch ist, hat man dir schon vor Wochen bescheinigt. Herz – Blutdruck – Niere. Die Kombination ist bedenklich. Höchst bedenklich für jeden Fachmann. Nierenschrumpfung. Verstehst du! Todeskandidat, gewissermaßen." Emsig hantiert Frank mit Gläsern und Tiegeln. „So, hier hast du die Mischung." Er reicht ihm ein Fläschchen. „Und wenn sie etwa von dir verlangen sollten, daß du an Ort und Stelle – ich meine, ohne den Umweg über das Fläschchen … Dann sage, daß es dir leider im Augenblick physisch unmöglich sei. Dann trocknen wir das Präparat und führen es dir … Na ja! Das weitere wird sich finden. Ich glaube, es dürfte kaum notwendig sein …"

Freitag, 9. Februar 1945

Es ist nicht notwendig gewesen. Das EKG, der ominöse Flascheninhalt, drei Pillen zur Erhöhung des Blutdrucks – und der Volkssturmarzt hat Andrik Krassnow auf sechs Wochen krank geschrieben. Sechs Wochen ab Aufnahmetag in einem Diätsanatorium. Bis er dort Platz findet, kann er ungestört mit uns weiterarbeiten. Zeitgewinn ist alles. Gestern begann im Westen die kanadische und englische Offensive. An der Oder rüsten die Russen zum letzten Schlag. Roosevelt, Churchill und Stalin haben sich auf der Krim getroffen, um über Deutschlands Kapitulation zu beraten.

Es gibt nicht mehr viel Auswahl für einen Kuraufenthalt in Diätsanatorien. Wir lassen uns Zeit mit den Anfragen, viel Zeit.

Montag, 19. Februar 1945

Täglich wandern wir in den Keller. Morgens nach dem Aufstehen und abends vor dem Schlafengehen. Die Amerikaner machen Mitteldeutschland sturmreif. Die Engländer sorgen dafür, daß wir auch nachts nicht zur Ruhe kommen. Am vergangenen Dienstag haben sie Dresden schrecklich heimgesucht. Dreimal in vierundzwanzig Stunden luden sie Zentner um Zentner ihrer Bomben dort ab. Bis von der ganzen Stadt kaum ein Haus übrigblieb. Bis aller Glanz einer jahrhundertealten Kultur in Rauch und Flammen erloschen war. Tausende von Menschen fanden den Tod, liefen wie brennende Fackeln durch die Straßen, klebten fest am glühenden Asphalt, stürzten sich in die Fluten der Elbe. Schrien nach Kühlung. Schrien nach Gnade. – Sterben ist Gnade. Sterben ist gut, wenn man wie eine Fackel brennt. Dresden war eine herrliche Stadt. Und es fällt schwer, sich daran zu gewöhnen, daß auch Dresden nicht mehr besteht.

Samstag, 3. März 1945
Andrik hat ein Sanatorium gefunden. In Braunsdorf, achtzig Kilometer von Berlin. Morgen wird er abreisen. Der Himmel weiß, wann er heimkehren darf!

Samstag, 10. März 1945
In Zehlendorf kehren die „Besenmädchen". Sie kehren die Straßen. Zehn Stunden am Tag. Manchmal auch elf. „Es ist nicht ganz einfach", sagt Ursel Reuber. „… Man ist es doch nicht gewohnt." Ein bißchen müde, ein bißchen niedergeschlagen, sitzt sie in unserer Mitte. „Übrigens – was ich noch sagen wollte", ihre Stimme hebt sich ein wenig, „ich habe Einquartierung bekommen. Eva Gerichter. Mischling – wie ich. Sie sollte nach Theresienstadt, weil sie ihres jüdischen Glaubens wegen zu den Geltungsjuden zählt. Da hab ich sie aufgenommen. Als U-Boot in der Ihnestraße. Unangemeldet. Ihr versteht!" – Wir verstehen. Also Eva Gerichter heißt das neue Mitglied unserer Clique!

Sonntag, 18. März 1945
Frank Matthis wohnt für ein paar Tage bei uns. Es ist besser, wenn er sich nicht zu oft in seinem Luftschutzkeller blicken läßt. Seit dreieinhalb Wochen kommen die Moskitos jede Nacht. Gelegentlich sogar zweimal. Das ist die Revanche für unseren V-I-Beschuß. Für die prahlerische Behauptung in jedem Wehrmachtsbericht: Das Vergeltungsfeuer auf London wird fortgesetzt.

Wiedermal sitzen wir beim Frühstück, als die Sirene los-
heult. Vollalarm! Schon nach den ersten Anflügen merken wir,
daß unser Viertel nicht gemeint ist. Wir stellen uns vor die
Haustür und starren zum Himmel empor. Im wolkenlosen
Blau hängen, wie helle Wolknäuelchen, die feindlichen Mar-
kierungszeichen. Dann dröhnen die Bomber heran. Große sil-
berne Vögel. Gefährliche Vögel! Wir ziehen die Köpfe ein.
dort, wo die weißen Zeichen stehen, kracht ein Einschlag nach
dem anderen. Rauchwolken steigen empor, hängen wie Sargtü-
cher über Tod, Grauen und Zerstörung. Immer neue Ge-
schwader folgen. Endlich, nach zwei Stunden, kommt Vor-
entwarnung. Wir stürzen hinauf, so rasch unsere Beine uns
tragen. Wenn wir Glück haben, kriegen wir das Mittagessen
fertig, ehe sie den Strom absperren. Bis zur Vollentwarnung
bleiben zehn Minuten. Bratkartoffeln, Kaffeewasser, für jeden
ein Spiegelei aus der letzten Zuteilung. Es brodelt in allen
Töpfen. Es ist ein Wettrennen mit der Zeit – mit dem Strom –,
mit der Berliner Elektrizitätsgesellschaft. Man kocht nicht
mehr wenn man Hunger hat, sondern wenn es die Sperrzeit
erlaubt. Man riskiert lieber eine Bombe auf den Kopf als die
Aussicht, vier Stunden mit knurrendem Magen herumzusitzen.
Man wird abgebrüht selbst gegen das Sterben. Eine Minute,
nachdem der Drahtfunk seine Tätigkeit eingestellt hat,
schweigt auch das Radio. Aus ist es mit dem Strom. Vollentwarnung. Doch wir haben es geschafft. Unser Mittagessen ist
gerettet.
    Um drei Uhr kommt Ursel Reuber. Sie hat sich, allen Ver-
kehrsstörungen zum Trotz, durch Trümmer und Brände zu
uns durchgeschlagen. Ihre Kleider riechen, als hätte man sie
acht Tage im Rauchfang aufgehängt. Unter dem Arm schleppt
sie ein großes Paket: Gemüse für unsere „U-Boote", die Un-
tergetauchten. Drei Kohlrüben, einen Krautkopf, fünf dicke
Kohlrabiknollen. „Ich habe noch was viel Schöneres", rühmt
sie und nestelt aus ihrer Jacke die Brieftasche hervor. „Acht
Kilo Brotmarken, frisch geklaut aus dem Markenkästchen in
einem Bäckerladen." – „Aber wie denn?" – „Es war ganz einfach. Kein Mensch im Geschäft. Ich rief ein paarmal. Niemand

erschien. Da fiel mein Blick zufällig auf das Kästchen auf dem Tisch. Der Deckel stand halb offen. Wenn man für andere stiehlt, ist das Klauen ein Genuß. Vier Kilo für Frank, vier Kilo für Wald. Eine glatte Monatszuteilung." Frank strahlt. Wir alle strahlen. Vier Wochen Versorgung für zwei U-Boote. Das große Los ist nichts dagegen. „Das ist alles Überschuß", lacht Ursel. „Eva hat jetzt ihren eigenen Markensatz." Stolz faltet sie eine polizeiliche Anmeldung auseinander. „Helga Seidler, Flüchtling aus Guben, angemeldet bei Frau Gerichter, Bleibtreustraße 46", lesen wird. „Diese Helga existiert natürlich gar nicht. Ich habe mich bei Evas Mutter unter falschem Namen als Flüchtling angemeldet und dann von der Kartenstelle den ganzen Monatssatz abgeholt. Es ging vollkommen glatt. Überhaupt keine Schwierigkeiten. Zehnmal – hundertmal könnte man das wiederholen."

Fabian streicht ihr über den Kopf. „Bist doch ein tolles Mädchen!" sagt er anerkennend. Dann beraten wir den Feldzugsplan für die kommenden Wochen. Frank verteilt die Rollen. „Ich liefere Atteste, Rezepte, übernehme die Krankenbehandlung sämtlicher U-Boote. Du, Ursel, sorgst für Lebensmittelbeschaffung, stellst durch deinen jüdischen Ordnerfreund den Mittelsmann zur Gestapo. Fabian organisiert die Mangelwaren. Eckardt ist unser Sabotagefachmann. Wald druckt, was an Ausweisbedarf anfällt, Eva und Heike machen mit ihren Rädern die Botenjungen, Flamm gibt die Rechtsauskünfte, Hinrichs die Informationen vom Kriegsschauplatz. Doktor Tegel bleibt Zentrum der Stellenvermittlung für alle Getauchten." – „Und welchen Posten hattest du mir zugedacht?" wagte ich einzuwerfen. – „Den Ehrenposten des ‚Hansdampf in allen Gassen‘", lacht Frank vergnügt. Er ist, wie immer, wenn es um Politik und Zukunftspläne geht, in strahlender Laune. – „Daß sie dich nur nicht schnappen!" mahne ich. „Himmler macht verdammt kurzen Prozeß, und was sich bei den Standgerichten tut, ist nicht erfreulich."

Tatsächlich gehen im Augenblick die Hinrichtungen wieder am laufenden Band. Erst gestern hat man ganz Berlin „durchgekämmt", hat allein in einem Häuserblock fünfzehn Deserteure verhaftet. Fünfzehn arme Teufel, die keine Lust mehr verspürten, den Krieg für Hitler fortzusetzen. Gottlob bekamen wir rechtzeitig Kenntnis von der Aktion. Ursels Gestapomann funktionierte. Zwei Stunden, ehe die Sache losging, waren alle Freunde verständigt und in sicheren Schlupfwinkeln. Ursel blickt auf die Uhr. „Kinder, ich muß nach Hause. Unser Untermieter hat Gäste. Da darf sich Eva in der Wohnung nicht blicken lassen. Sie hockt in der Besenkammer. Wenn ich noch lange ausbleibe, verhungert das arme Mädchen." Gegen ein solches Argument gibt es keinen Einwand. Ich begleite sie zur Tür. „Bleib behütet", sagte ich.

22. Januar 1945

Rita H.

Ich möchte mal wieder tanzen!

Rita H. aus Kevelaer, geboren 1922, gelernte Damenschneiderin, hat Tagebuch über ihren Einsatz als Wehrmachtshelferin von Januar bis Mai 1945 geführt. Sie wird von den Nazis, als Strafe für den Protest der katholischen Bevölkerung in Kevelaer, zu einem sinnlosen Einsatz abkommandiert. Auf ihrer Reise durch Deutschland lernt sie den lebensgefährlichen Unsinn der sogenannten militärischen Ordnung kennen: „Wir kämpfen doch nur, damit die ,Herren da oben' noch länger leben können ... "

22. Januar 1945
Der Chef in München, aber besonders der Leiter unseres Betriebes, der seit Oktober 1944 bei der Wehrmacht ist, werden wohl erstaunt sein, wenn sie meine Post mit der Nachricht von meinem Einzug zur Wehrmacht erhalten. Daran hätten sie

wohl im Traum nicht gedacht, daß die kleinste im Betrieb – immerhin bin ich ja nur 1,45 m groß – doch zur Wehrmacht eingezogen wurde.

Um 20 Uhr ging der Zug nach Essen-Kray. Der Abschied von den Eltern und Geschwistern war kurz. Sie hatten mir noch viel gute Sachen zum Essen eingepackt, und Mutter meinte, daß sie um mich keine so große Sorge haben brauche, denn ich käme schon durch und würde schon fertig.

Der letzte Gang, bevor ich zum Bahnhof ging, war zur Muttergottes unseres Heimatstädtchens. Sie wird mich wohlbehalten wieder in die Heimat zurückführen. Das glaube und hoffe ich.

Unser Zug hatte in Krefeld keinen Anschluß mehr; deshalb mußten wir uns bis morgens 5 Uhr im Luftschutzbunker aufhalten.

Oh, wie sah es da aus? Vorn im Raum waren Männer und Frauen jeden Alters und frönten dem Schnaps, den es als Sonderzuteilung gegeben hatte. Schwerer Tabakqualm machte es unmöglich zu schlafen. Aus einer Ecke hörte man Frauenkreischen und trunkenes Männerlallen durcheinander. – Viele Neugierige scharten sich um die beiden Zankenden. – Andere Weiber buhlten um die Gunst einiger anständig aussehender Offiziere, die scheinbar ebenso wie wir auf den Zug warteten.

Ich hatte das Gefühl, in eine Unterwelt, in Dreck und Unordnung geraten zu sein. Die Neugierde trieb uns in die anderen Abteilungen des Bunkers. Aber welch Elend bot sich da unseren Blicken!

Kinder und Greise lagen zwischen Erwachsenen in Wolldecken oder Lumpen gehüllt auf Holzpritschen oder auf Stühlen und schliefen. Überall müde Gestalten und hagere Gesichter. Man konnte nicht überall hingehen, denn auf den breiten Stufen, die in einen anderen Raum führten, lagen, hingen und saßen meist Männer und Soldaten und versuchten scheinbar, auf den kalten Steinen doch noch ein wenig Schlaf zu erhaschen. Selbst quer über die schmalen Gänge lagen Leute auf dem Fußboden und schliefen. Dieser Raum war schwach beleuchtet, und ein schrecklicher Dunst von ungewaschener

Wäsche, Schweiß und verbrauchter Luft raubte einem fast den Atem. Fern aus einer Ecke jammerte leise ein Kind, während man von anderer Seite aus Schnarchen und Stöhnen hörte. Der ganze Eindruck war entsetzlich. Hierbei paßte ein Schild mit leuchtenden Lettern: „Das verdankt das Volk dem Führer." Es war mir und den Kameradinnen, die ebenfalls zur Kaserne fuhren, wie eine Erlösung, als ein Bahnbeamter morgens gegen 4 Uhr die Ankunft unseres Anschlußzuges verkündete.

– Heraus aus der Atmosphäre! –

23. Jan. 1945

10 Uhr schlug es, als wir drei neuen Helferinnen in der Krayer Flakkaserne uns bei der Führerin meldeten [...]

12 Uhr antreten! Oh, das ging noch gar nicht kasernenmäßig! Das Türenaufreißen beim ersten Pfiff klappte auch noch nicht. Na ja, jedenfalls bekamen wir aber um 2 Uhr unser Essen, und marschieren mußten wir auch schon über den Kasernenhof.

Bis 6 Uhr war Musterung. Von gegen 250 Mädchen war nur eine untauglich, sonst alle „v", also verwendbar. Zu wenig Körpergröße war kein Hindernis, zumal sonst alles in Ordnung war [...]

25. Jan. 1945

Wieder zu Hause! Ja, gestern bekamen wir den Marschbefehl nach Uetersen in Schleswig-Holstein. [...]

27. Januar 1945

Aber heute ging es wirklich fort. Heute morgen früh fuhren wir ab.

Meine Kameradin Marion und ich hatten ein Abteil für uns alleine. Die Fensterscheiben waren kaputt; es hatte in den Wagen geschneit und geregnet, so daß auf dem Fußboden eine dicke Eisschicht war. Man konnte quer durch den Zug schlittern.

Wir beide stellten uns an die Fensterrahmen, und gemeinsam sangen wir. Es waren zuerst Wanderlieder und Soldatenabschiedslieder, doch je mehr wir sangen, desto kühner wurden wir, und bald sangen wir „unsere" Lieder. Das waren alles oder doch meistens Lieder der katholischen Jugendbewegung, die durch die Nazis verboten waren. Das machte uns jetzt gerade Spaß, und Angst hatten wir keine. Im Gegenteil! Ich hatte eine solche Freude daran, daß ich ganz begeistert vorschlug, jetzt den Kanon zu singen, den wir im Kirchenchor gelernt hatten. Es ist der Psalm 8, den unser Chordirektor selbst komponiert hat.

„Du unser Herr und Gott, wie wunderbar
ist dein Name, auf der ganzen Erde
ist wunderbar dein Name."

Die Melodie ist wunderschön, angenehm und voll und abgerundet und für das Gehör eine rechte Erholung.

Feierlich klang unser Kanon und vermischte sich mit dem gleichmäßigen Lied der Eisenbahnräder.

Ich fühlte, wie uns die gemeinsamen Lieder, das gemeinsame Erlebnis zu Kameradinnen formen wollte.

„Du, wenn es geht, bleiben wir zusammen, woll?" – „Na klar, Ehrensache!"

28. Januar 1945

Gestern abend waren wir im Wartesaal Essen Hbf und warteten auf den Anschlußzug nach Hamburg. Es waren da sehr viele junge Mädchen, die als Wehrmachtshelferin zur Ausbildungskaserne unterwegs waren. Ebenfalls saßen überall viele Soldaten herum. Auffallend war, daß diese Soldaten alle schätzungsweise 40 bis 50 Jahre und älter waren. Neben mir saßen drei Soldaten auf ihren Feldtornistern und sprachen vom Krieg.

„Na, und Sie wollen auch zur Wehrmacht?"

„Ja, aber nicht wollen, sondern müssen!"

„Nun, dann werden wir den Krieg wohl bald gewonnen haben."

„Oder umgekehrt!"

„Wieso, wir gewinnen doch diesen Krieg!"

„Das haben Sie wohl so gedacht! Ja, hören Sie mal, glauben Sie denn tatsächlich, daß wir den Krieg noch gewinnen können? Überall steht der Feind an den Grenzen Deutschlands und auch schon weit im Land drin. Der braucht ja fast keine Infanterie, der macht uns doch durch die Luftwaffe kaputt. Ja, wer hat denn jetzt die Luftherrschaft? Wenn wir zu Hause Alarm haben, dann sehen wir draußen die Flugzeuge zu Hunderten überfliegen, genau wie wenn sie Parade hätten. Kein deutsches Flugzeug läßt sich sehen, und die Flak holt auch keine herunter. Was nützt es da, wenn wir eine Geheimwaffe haben? Was nützt V 1, was V 2, und was wird V 3 machen? Wenn wir keine Waffe haben, die die feindlichen Flugzeuge vollständig ausschaltet, dann kann der Krieg doch nicht gewonnen werden!

Ja, und so eine Wunderwaffe haben wir nicht, denn sonst wäre der Führer doch ganz anders ins seinen Reden und sagte nicht, daß die Waffen nicht entscheidend wären. Ja, sogar auf einem Auto las ich in großen Buchstaben: „Vertrauen ist auch eine V-Waffe!"

Also, ein solcher Blödsinn! Dafür diese furchtbaren Opfer alle! Wir kämpfen doch nur, damit die „Herren da oben" noch etwas länger leben können. […] Und dann im Gegensatz dazu: Amerika! Die können arbeiten, wie es ihnen gefällt: Die kennen ja keinen Alarm, nicht einmal Verdunklung.

„Nee, den Krieg können wir nicht gewinnen, nur verlängern. Dazu noch diese blöde Aktion mit den Wehrmachtshelferinnen." Ganz erstaunt schaut mich der Soldat an und meint: „Wie alt sind Sie eigentlich?"

„Dreiundzwanzig!"

„Na, Sie haben ja einen guten Einblick und urteilen nicht schlecht, aber passen Sie auf, es ist besser für Sie!" Wir konnten nicht weiter sprechen, denn unser Zug nach Hamburg kam.

Als ich mir überlegte, was der Soldat gesagt hatte, bekam ich doch einen Schrecken, denn in meiner Redseligkeit hatte ich doch großes Glück gehabt, daß die Soldaten eben keine „gehässigen" waren. Wie leicht hätte einer aus meinen Reden hören können, daß ich auch „Schwarzhörer" war.

Von Essen fuhren wir mit dem D-Zug nach Hamburg-Altona. Von da aus fuhren wir einige Stationen mit einer Kleinbahn. Von dieser Station wurden wir vom Fliegerhorst Uetersen mit dem Auto abgeholt.

Ein Unteroffizier der Luftwaffe hatte die Aufsicht.

„Die Mädchen vom Rheinland stellen sich extra auf!" schrie er lauter, als es notwendig war.

„Oh je, ob die von unserem Urlaub ohne Urlaubsschein wissen?"

Aber es ging gut, keiner fragte uns nach der langen Reise. Wir kamen im Fliegerhorst an, wo schon mehrere hundert Wehrmachtshelferinnen waren. Wir zwei kamen auf eine Stube, welche schon von 14 Mädchen belegt war. Bald mußten wir heraus, Wolldecken und Bettwäsche fassen, und dann wurden Betten gebaut. [...]

29. Januar 1945

Um 4 Uhr heute morgen wurden wir geweckt, und ¼ Stunde später war Antreten auf dem Flur. Einige Mädchen bekamen den Marschbefehl und hauten dann nach kurzer Zeit ab. Wir durften uns dann bis zum nächsten Pfiff wieder aufs Bett legen.

Wir standen aber doch gegen 6 Uhr auf; dann haben wir zwei eine Hintertüre entdeckt, die auf den Kasernenplatz führt. Dahin haben wir uns nach dem Stubenreinigen verdrückt und haben unser Morgenlied gesungen. Da waren wir doch endlich einmal frei von diesem Kasernenrummel. Hier fand uns keine Führerin und kein Feldwebel.

Soeben haben wir die Nachricht erhalten, daß wir zwei und noch eine dritte aus Oberhausen nach Lenglern bei Göttingen morgen früh in Marsch gesetzt werden. Die Transportführerin bin ich.

Wir zwei sind uns bald um den Hals gefallen vor Freude, daß wir nach Mitteldeutschland kommen und nicht, wie fast alle anderen Mädchen, in Nord- und Nordostdeutschland bleiben müssen.

30. Januar 1945

Heute früh mußten wir wieder so früh aufstehen, aber es ging ja auch ab nach Göttingen. Zuerst fuhren wir bis Hamburg-Altona. Da hörten wird, daß unser einziger Anschlußzug erst heute abend 10 Uhr fährt.

Nun wird sich aber Hamburg angesehen! So eine günstige Gelegenheit haben wir wohl nicht mehr. „Wo ist hier nun die weltbekannte Reeperbahn?" – „Ja, das ist aber noch ein schönes Stück zu laufen!" Mit der Zeit merkten wir das selber, denn immer noch nur Trümmer und nichts von einer Reeperbahn. „Fräulein, Sie verzeihen wohl; bitte, ist's zur Reeperbahn noch weit?" – „Nun, sie sind doch schon auf der Reeperbahn!" – „ – – A – a – a – h, danke schön!" [...] Ich bin von Hamburg eigentlich enttäuscht und auch von der vielbesungenen Reeperbahn. Da gefällt mir die Königsallee in Düsseldorf bei weitem besser.

31. Januar 1945

In Göttingen waren wir umgestiegen und saßen dann im Zug nach Lenglern. Der ganze Eisenbahnwagen, in dem wir saßen, war leer. [...]

1. Februar 1945

Der erste Telephondienst ist vorbei. Unser Klappenschrank hat 50 Klappen, und man muß gut aufpassen, daß einem die Verbindungen nicht durcheinanderlaufen und man keine Sprechenden trennt. Es gehört schon eine schöne Einarbeitung dazu, damit der Schrank einigermaßen gut bedient wird. Ausdrücke wie: Vermittlung! – Ich verbinde – wird nicht gesprochen? – Ich trenne! – sind uns jetzt nach einem Tag schon geläufig. [...]

Über Marion staune ich eigentlich. Sie behauptet den Platz der Telephonistin mit einer großen Selbstverständlichkeit. Ich glaube, sie hat gar keine Angst, daß mal einer der Vorgesetzten durch sie falsch verbunden wird. [...]

5. Februar 1945

Als wir heute vom Dienst kamen, war Hallo in unserer Bude. Erna war von einer Wanze gestochen worden in der Nacht. Sie hatte ein ganz angeschwollenes Gesicht. [...] Mit komischen, kribbeligen Gefühlen gingen wir heute ins Bett. [...]

[...] Heute nachmittag mußten wir drei neuen Helferinnen zum Fliegerhorst nach Göttingen und uns Uniform holen. Jede sollte eine warme Kombination (Arbeitsanzug), Stiefel, Sokken, Mantel, Mütze und Leibbinde bekommen.

Da gerade eine Kutsche nach Göttingen fuhr, um die Führerin der Wehrmachtshelferinnen vom ganzen Luftgau Hamburg abzuholen, durften wir auf der Hinfahrt mitfahren. Natürlich ging die Fahrt mit Lachen und Singen schnell vorwärts, und bald waren wir im Fliegerhorst angelangt. Dort ging es sofort in die Bekleidungskammer, aber damit auch gleich los: Für mich war keine blaue Kombination da. Ja, mit meiner kleinen Größe hat die Wehrmacht wohl nicht gerechnet. Eine richtige Soldaten-Drillichhose wollten sie mir anpumpen, aber die paßte nun eben auch nicht!! Schuhe waren auch keine für meine Größe 35 da. So zog ich dann zum Schluß mit einem Luftwaffenschiffchen, Leibbinde, 2 Paar Socken und einem nagelneuen Luftwaffenmantel, der aber viel zu lang war, ab. [...]

Heute war ich zum ersten Male seit meinem Einzug zur Wehrmacht in der hl. Messe. [...] Es waren bis zur Kirche 7 km zu gehen. Unterwegs traf ich eine Russin. Sie war von den Deutschen bis hier transportiert worden und arbeitete jetzt bei Bauern. [...] Sie hatte in Deutschland sich schon ganz gut die deutsche Sprache angeeignet und war so erstaunt und zugleich erfreut über meinen Gruß, daß sie ihn sogleich beantwortete und ein Gespräch anknüpfte. „Guten Morgen, Du gehen in Kirche? Ich auch katholisch!" – „Aber woher wissen Sie denn, daß ich zur Kirche gehe und katholisch bin?" – „Oh, ich sehen an Buch", dabei schaute sie auf mein Gebetbuch. „Sind sie Ukrainerin?" – „Oh ja, aus Rußland, ich haben Tochter, oh, sehr gut sprechen Deutsch." – „Sind Sie gerne in Deutschland?" – „Deutschland schön, aber wenig Essen, viel Hunger. Ich haben Mann in Rußland, ist Soldat. Ich gerne wieder gehen nach Rußland. In Rußland gehen nach Kirche.

Hier nix in Kirche gehen." – „Oh, dann will ich in der Kirche für Sie beten!" – „Ja? – O Du, gut Deutscher, danke!" Ich gab ihr die Hand und grüßte mit „Grüß Gott!" Da schaute sie mich an, lachte und sagte: „Auf Wiedersehen!" Was mag diese Russin wohl ein Heimweh haben. Vielleicht hat sie schon jahrelang nichts mehr von ihrem Mann gehört. Wie mag sie sich jetzt freuen, daß sie einen katholischen Menschen gefunden hat, der für sie beten will in der Kirche. Jedenfalls soll sie sich nicht vergeblich freuen! […]

22. Februar 1945

Heute kamen 2 neue Wehrmachtshelferinnen an. Es waren Ostpreußen. Eine heißt Annchen und eine Elli. […]

Elli erzählte von ihrem großen Erlebnis, das sie am Anfang ihrer Militärzeit in Ostpreußen gehabt hatte:

„Wir waren kaum 3 Wochen Helferinnen und noch nicht vereidigt. Im Pistolenschießen waren wir kaum 14 Tage ausgebildet, als eine Kameradin, die auf unserer Bude schlief, Ehrenwache hatte. Sie mußte, wenn feindliche Flieger kamen, auf ihrem Posten verbleiben und die Meldungen durch ein Telephon zum Fliegerhorst weiterleiten. Als nun die Tiefflieger kamen, ist dieses Mädchen fortgelaufen und hat Deckung genommen. Dafür ist sie dann zum Tode verurteilt worden. Morgens ganz früh wurden wir geweckt und wurden mit Autos zum Feldgericht gefahren. Wir wußten nicht, was da passieren sollte. Auch diese betreffende Helferin war bei uns und hatte ihr eigenes Urteil noch nicht gehört. Sie sagte nicht viel, sondern nur, daß, wenn sie mit dem Tode bestraft würde, eine den Eltern den Sachverhalt schreiben solle und daß sie unschuldig den Tod erleiden würde.

Tatsächlich wurde unsere Kameradin auf dem Feldgericht zum Tode verurteilt und das Urteil auch gleich vollstreckt. Wir wurden alle gezwungen, am Zaun zu stehen und mit anzusehen, wie unsere Kameradin erschossen wurde.

Ich werde den Augenblick nie in meinem Leben vergessen können. Immer noch steht mir die Kameradin vor Augen, wie sie erschossen wird.

Eine ganze Reihe Mädchen wurden ohnmächtig. Wir wurden dann nach der Kaserne zurückgefahren. Der Eindruck, den die Urteilsvollstreckung auf uns gemacht hatte, war unbeschreiblich. Wir haben alle tagelang nur geweint und sind im Bett geblieben. Keine ist zum Dienst gegangen.

Dafür hat man uns in Zellen eingesperrt. Ich war bei den ersten, denn es ging nacheinander, weil nicht genug Zellen da waren. Wir mußten 4 Tage drin bleiben und bekamen nur Wasser und Brot. Eine Bibel oder „Mein Kampf" konnten wir mitnehmen, aber darauf habe ich verzichtet. Ich habe diese Tage wie betäubt in der Zelle gesessen und auch das Brot, welches es gab, habe ich liegen lassen. Nach 3 Tagen wurde ich freigelassen wegen guter Führung. Es war nur gut, daß wir dann flüchten mußten."

Was hatten also diese Mädchen nicht alles mitgemacht? Wir waren ganz erschüttert. Ich kann nicht schlafen, immer wieder steht mir dieses Mädchen vor Augen, wie sie erschossen werden soll, und immer wieder will ich dazwischenschreien, daß sie unschuldig ist, und dann versagt meine Stimme vollkommen. Ich würge und strenge mich an, und plötzlich merke ich, daß alles ja nur ein Traum ist. Ganz müde bin ich von dem Träumen und richtig Kopfschmerzen habe ich bekommen.

Und da fragt man sich nur: Ist es in Deutschland besser als in Sowjetrußland? Das ist also die Regierung Hitlers!

17. März 1945

Jetzt bin ich schon wieder versetzt worden und muß jetzt vorne in der Registratur „Vernichtungsverhandlung" auf der Maschine schreiben.

Die ganzen Geheimakten liegen da und müssen mit den Eintragungen in die Geheimbrief-Bücher verglichen werden und dann für die Vernichtung zusammengestellt werden.

Wenn ich etwas Interessantes bei den Geheim-Rundschreiben gefunden habe, habe ich es schnell durchgelesen, und da war fast alles für mich interessant. Leider ist es mir verboten, etwas daraus zu erzählen, aber soviel weiß ich, daß der Lügenapparat von Dr. Goebbels sehr gut intakt war und daß unsere Propaganda die Menschen wirklich systematisch stärkstens beeinflußte. Na, ich bin mal gespannt, wann das nun alles verbrannt werden soll. [...]

30. März 1945 (Karfreitag)

Der Feind steht bei Kassel. Das sieht für Göttingen böse aus. Der Chef ist furchtbar aufgeregt.

Als wir abends im Bett lagen, kam Uffz. Busch ganz aufgeregt in unsere Kaserne. Gerda mußte Bereitschaftsdienst machen. Alles ist wie aus dem Häuschen. Überall wird vom Flüchten gesprochen, aber alles nur leise, niemand sagt es so richtig. [...] Utta gewinnt auch den Krieg. Sogar wenn der Tommy in Berlin steht, meint sie, ist der Krieg noch nicht entschieden. Sie wird deswegen schon lange ausgelacht. Wenn ich sie schon mal so tagsüber treffe, grüße ich sie schon mal: „Und wir siegen doch!" Dann bekomme ich meistens die Antwort: „Ja, wir siegen auch!"

Ostern, 1. April 1945

[...] Der Morgen fing gerade an zu grauen; als Osterstrauß pflückten wir Zweige von jungen Bäumen und Sträuchern, die gerade ihr erstes Grün getrieben hatten. Marion hatte diese Idee, und wir anderen haben natürlich mit Freuden diese Idee verwirklicht. Es waren aber auch wirklich wunderbare Frühlingszweige.

Als wir ein ziemlich windgeschütztes Plätzchen zwischen Bäumen und Sträuchern gefunden hatten, versuchte ich, meine Kerze anzuzünden, aber der Wind blies die Flamme immer wieder aus. So mußte die Kerze leider ohne Flamme uns als Osterfeuer Ersatz leisten.

Zuerst stimmte ich nun das alte Osterlied an: „Das Grab ist leer". Es war ja eine kleine Gemeinschaft, wir 5 Wehrmachtshelferinnen, aber als wir gemeinsam das Osterlied sangen, fühlten wir wohl alle stark die Verbundenheit mit unserer Heimat, unserem geliebten Rheinland. Daheim werden sie gewiß für uns in den Gottesdienst gegangen sein.

Nun betete Marion die Hl. Messe aus ihrem Meßbuch vor, und wir antworteten. Feierlich klang das Glaubensbekenntnis in den jungen Morgen hinein.

An vielen Orten unseres Vaterlandes wurde um diese Zeit wohl auch die Ostermesse gefeiert, der wir jetzt aus der Ferne beiwohnten.

Wir sangen noch ein Osterlied und ein Morgenlied und gingen dann mit unserem Frühlingsstrauße zurück zur Kaserne.

Das war nun der Ostergottesdienst der Wehrmachtshelferinnen in der Muna/Lenglern, im Jahr 1945. [...]

Ostermontag, 2. April 1945

[...] In der Kommandantur wurde heute geräumt. Die Wehrmachtshelferinnen haben die Räumung mit durchgeführt, und da ging es furchtbar zu.

Die Geheimakten, die LdV, die Karteien, sämtliche Unterlagen aus allen Abteilungen, ja, außer Möbeln fast das ganze Inventar wurde wüst aus den Schränken und Schreibtischen herausgerissen und vor der kleinen Kaserne zum Verbrennen zusammengetragen. [...]

Nach Beendigung der Räumungsaktion kamen die Wehrmachtshelferinnen zurück in die Kaserne, und zwar mit allerhand Sachen, die sie aus der Kommandantur mitgenommen hatte, darunter Uhren, Stuhlkissen und andere Gebrauchsgegenständen von den Angestellten, die auf Ostern keinen Dienst hatten. Am Nachmittag mußten Marion und ich da draußen Akten verbrennen. Der Regen strömte ununterbrochen, als wir mit den Feuerpatschen der Feuerwehr am Feuer standen und aufpassen mußten, daß nichts fortflog. Trotzdem lagen die angebrannten Papiere und Akten schon im ganzen Gelände herum, denn der Wind durchstöberte immer wieder unser Häuflein Papiere. Es war eigenartig und doch schön, so da zu stehen und gewissermaßen den Untergang einer gottlosen Regierung mitzuerleben. [...]

24. Januar 1945

Gretel B.

Ein jedes Sternlein ein toter Kamerad

Ein Tagebuch für einen Toten hat Gretel B. aus Leichlingen, 1921 geboren, geschrieben: Zusammen mit Glückwünschen zu ihrer gerade gefeierten Hochzeit mit dem Oberleutnant Robert B. bekommt sie die Todesnachricht von der Front. Ein Jahr lang schreibt sie an ihrem Tagebuch, einem Zwiegespräch mit dem Toten, ein Versuch, diese Unwiderruflichkeit einzuüben und anzunehmen. Sie hat nach 1945 nicht wieder geheiratet.

Leichlingen, 24. 1. 45

An Dich, mein lieber Robert!
Einige Stunden tiefsten Schmerzes sind nun schon vorüber, weil Du, mein liebster Robert, für immer von mir gegangen bist. Ich kann und will das Entsetzliche nicht fassen und glaube, bald aus einem tiefen Traum zu erwachen und wieder in hoffnungsfroher Wirklichkeit leben zu dürfen, aber es ist wohl doch alles unabänderliche Tatsache, grausamste Wahrheit. Im Briefe Deiner Schwester vom schönen Forsthaus, wo wir einst herrliche Urlaubstage verbringen durften, steht es geschrieben. Sooft ich diese Zeilen auch durchlese, sie bleiben immer die gleichen, immer wieder geben sie mir das Unfaßbare erneut preis, und das später noch eingetroffene Telegramm läßt mich die grausame Tatsache zur endgültigen, schmerzerfüllten Gewißheit werden. Im Geiste wähnte ich mich nach der Mitteilung Deines Kameraden von Deiner Verwundung schon bei Dir, da Du ja bald ins Reich verlegt werden solltest – stattdessen bist Du nun für immer, für wahrhaft alle Zeiten von mir gegangen. Kein noch so großes Hindernis hätte ich gekannt, um sofort zu Dir zu eilen, wenn auch jetzt eine Reise mit größten Gefahren verbunden ist. Ich hätte Deinen Ruf vernommen und wäre

unter Überwindung aller Hindernisse zu Dir geeilt, um bei Dir zu sein, Dich zu pflegen und Dir ganz Liebes zu sagen.

Ohne ein Abschiedswort hast Du mich nun für immer alleine gelassen! Oder aber hast du mir doch noch geschrieben oder schreiben lassen, und bald darf ich Deine letzten Zeilen lesen? Darauf warte ich nun von Tag zu Tag. Das Warten habe ich ja viele Jahre gelernt, aber hierbei leuchtete mir die Hoffnung auf künftige Tage des Beisammenseins mit Dir, mein lieber Robert, wie ein lichter Stern auf meinem Lebensweg. Mit einem Mal ist alles ausgelöscht, all mein Glück ist dahin! Wie schön haben wir uns die Zeit des täglichen Beisammenseins, der glücklichen Gemeinsamkeit ausgemalt! Wie haben wir sie herbeigesehnt und waren voller Zuversicht, weil wir den Glauben im Herzen trugen, daß alle unsere Wünsche, die wir an die Zukunft knüpften, einmal Wirklichkeit würden. –

Ich weiß, Du willst, daß ich tapfer bin, wie Du es all die Jahre kampfreichsten Einsatzes warst, aber es ist so unsagbar schwer. Du warst mir doch alles, und sonst wollte ich nichts auf der Welt. Das Schicksal hat mich um die schönsten Zukunftshoffnungen betrogen, und dennoch muß ich dankbar sein, daß es uns vor kurzer Zeit noch einen schönen, den herrlichsten Urlaub schenkte, wo wir den Bund fürs Leben schlossen, der jetzt schon durch Deinen Tod äußerlich gesprengt ist – innerlich gehöre ich noch ganz Dir –, dir ganz allein! [...]

Ich wollte dir nach all den harten Kriegsjahren eine gute Lebensgefährtin und liebende Frau sein. All die schweren Erlebnisse sollten einst durch eine glückliche Gegenwart verwischt und vielleicht einmal ganz überbrückt werden. Ich wollte Dich froh und zufrieden machen in geordneten Verhältnissen.

Und nun, mein lieber Robert, wohin mit all meiner Liebe, meiner stillen Sehnsucht und den vielen, vielen Gedanken, die ich ansonsten in Briefen an Dich niederlegen konnte?? – Ich weiß es, immer wenn es mich dazu drängt, schreibe ich an Dich, wenn ich auch meine Zeilen nicht mehr abschicken kann. Ich brauche aber diese Unterhaltung mit Dir zum inneren Ausgleich, zum Einsbleiben mit Dir, um Dir oft in inniger Zwiesprache ganz nahe zu sein. –

Nun ist mir leichter, da ich mein Herz ausgeschüttet habe, wie ich es stets bei Dir zu tun gewohnt war. Sprechen kann ich doch kaum.

Ich will nun tapfer sein und das Schwere gottergeben tragen. Du hast es nun gut und bist bei Deinem lieben Mütterlein. Was im Schoße der Zukunft noch an kommenden, schweren Ereignissen verborgen ist, wird Dir erspart bleiben, und ich will Dir die ewige Ruhe gönnen. Jetzt hast Du den himmlischen Frieden – die Welt brachte Dir nur Krieg! Ich will ein solches Leben führen, daß ich einst wieder mir Dir vereint werde!

Dies gelobt Dir Deine Frau. [...]

26. 1. 45

Heute kam noch ein Brief von Dir, Robert! Wenn es auch ein solcher früheren Datums ist und vor der Verwundung geschrieben wurde, so sind es aber dennoch liebe Zeilen von Dir, und dafür möchte ich Dir so herzlichst danken!

Nun ist es also doch so gewesen, daß bei Euch in letzter Zeit viel Betrieb war. Trotzdem schreibst Du wenig von Dir, sondern nur von den Sorgen, die Dich um der geliebten, bedrohten Heimat willen plagen. Nun weißt Du genau, wie es bei uns ist, kannst auf uns hernieder und in die Zukunft sehen, in deren Schoß unser Schicksal für uns noch verborgen ist.

So bekommst Du für mich das Bild eines Überirdischen, dem vergangene, gegenwärtige und zukünftige Ereignisse kein Geheimnis mehr sind. Du siehst auch mich, Dein Gretchen, wie ich traurig bin, weil Du mich verlassen hast. – Deine Zeilen, die ich zuletzt erhalten habe, stammen vom 10. 12., und am 13 12. wurdest du verwundet. Sind es wohl die letzten lieben Worte von Dir?? Du ließest noch alle grüßen und führtest sie teils mit Namen auf. War es Deine Ahnung?

Du wünschest mir viel Glück im Neuen Jahr, aber schon vor seinem Beginn ward es mir genommen, während ich in Unwissenheit noch immer laufend an Dich schrieb.

Manchmal hatte ich ja doch wahnsinnig große Angst um Dich, weil ich Dich täglich, ja stündlich von Gefahren umgeben wußte – und manchmal, wenn ich wieder von einer erbitterten Schlacht hörte, dann rief beim Schreiben eine innere Stimme, ob meine Grüße Dich überhaupt noch lebend erreichen würden.

28. 1. 45

Heute kam von Deinen Angehörigen aus Bruchsal der sehnlichst erwartete, aufschlußreiche Brief mit dem Schreiben des Arztes. Obwohl ich Deine Frau bin, ging die Todesnachricht nach dort. Die eben erst erfolgte Trauung war wohl noch nicht in Deinem Soldbuch eingetragen, und der behandelnde Arzt vom Feldlazarett wußte natürlich nicht davon.

Die Verwundung war also erheblich schlimmer, als Du durch einen Kameraden schreiben ließest. Du schreibst von Verletzung am Oberschenkel und Unterarm durch Bordwaffenbeschuß beim Regiment Deiner Einheit. Das Bein liege im Streckverband, bald erfolge die Verlegung ins Reich, und daran anschließend hofftest Du auf viele Tage des Beisammenseins, denn ich sollte Dich schnell besuchen und barmherzige Samariterdienste leisten.

Wie unendlich groß war meine Freude auf das baldige Wiedersehen. Ich richtete schon alle meine Sachen, damit keine Verzögerung eintreten sollte. Täglich wartete ich voll freudiger Spannung die Post ab, die mir Deinen Bescheid zum Besuch bringen sollte – stattdessen hielt ich nach einigen Tagen die Todesnachricht in Händen. Damit versank all mein Glück in abgrundtiefes Leid. –

Du hast mich wohl nur trösten oder beruhigen wollen, oder glaubtest Du selbst nicht an den nahen Tod?? Entgegen Deiner Mitteilung schreibt der Arzt von Verwundungen schwerster Art an Kopf, Hals und Oberschenkel. Weiter heißt es in seinem Brief:

„Der Zustand war schon bei der Einlieferung lebensbedrohlich. Im weiteren Verlauf lag es nicht mehr in der Macht des ärztlichen Könnens, ihm das Leben zu erhalten. Obwohl die Ärzte kein Mittel unversucht ließen, die belebenden Einspritzungen und blutauffüllenden Eingießungen gaben, waren alle Bemühungen umsonst. Die Folgen der schweren Verwundung führten am 26. 12. den Tod herbei. Wir haben den gefallenen Kameraden auf dem Heldenfriedhof in Levoca = Leutschau/ Slowakei am 30. 12. im Grab 21/V, Block C, mit militärischen Ehren zur letzten Ruhe beigesetzt ..."

Mit vielen anderen Kameraden ruhst Du dort fern der Heimat. Möge Dir die fremde Erde leicht sein! Wieviel Hoffnung und Glückseligkeit, junges Leben und Sonnenschein wurde dort schon in die Heldengräber gesenkt.

29. 1. 45

Es geht oft grausam zu im Leben! Gleichzeitig mit der aufschlußreichen Todesnachricht kamen noch Glückwünsche zu unserer Hochzeit! Darunter gratuliert auch Dein Kamerad und Freund Karl, Leutnant H. Ich schrieb gleich wieder, daß seine Wünsche zu unserem gemeinsamen Lebensweg zwar gut gemeint seien, aber trotzdem nie ihre Erfüllung finden könnten. Karl lag ganz in Deiner Nähe und wollte dich schon immer aufsuchen. Jetzt wird sein Weg vergeblich sein. Ich habe ihn gebeten, sich mit Deinem Regiment nach Möglichkeit einmal persönlich in Verbindung zu setzen, um nähere Einzelheiten in Erfahrung zu bringen. Vielleicht kann er auch Dein Grab aufsuchen und Dir liebe Grüße von mir bringen.

Ich kenne Karl nicht, aber eben weil er Dein Kamerad und Freund war, ist er mir lieb und wert. Ihr wart zusammen auf dem Lehrgang in Ungarn, habt Euch über Themen und Probleme unterhalten, die junge Menschenherzen beschäftigen, hattet die gleichen Ideale und Ziele und wolltet in jugendlichem Übermut die Welt erobern.

Er war schon vom Leben enttäuscht; Du hast ihm den Glauben an das Glück wiedergegeben, wie er mir heute schrieb. Oh Du, mein Liebster, der Du Deine festen Grundsätze, Deine hohen Ideale, auch nicht durch „neue, moderne Lebensauffassungen" umwälzen ließest, sondern sie anderen noch als Wegweiser gabst, wie lieb' ich Dich!

> Du hast ihn uns geliehen, o Herr,
> und er war unser Glück;
> Du hast ihn zurückgefordert,

und wir gaben ihn Dir – ohne Murren,
aber das Herz voll Wehmut und Schmerz.

Ich gehe nun seit heute wieder meiner Arbeit in der Firma nach. Das Leben geht weiter, wenn man auch selbst glaubt, die Weltenuhr müßte stehenbleiben, bei solch' großem Schmerz, aber immerfort macht sie ihre Runden. Das Einzelschicksal versinkt im Toben des gewaltigen Kriegsgeschehens. Die Welt draußen kann nur großen, entscheidenden Ereignissen auf den Schlachtfeldern Beachtung schenken, denn allein hiervon hängt die Zukunft unseres ganzen Volkes ab. Wir wollen sie darum nicht undankbar schelten; es ist zwingende Notwendigkeit, die wir erkennen müssen.

Ich will auch kein großes Bedauern. Mein eigenes Leid fühle ich selbst tief in meinem Herzen, aber die Arbeit gibt ein wenig Trost. Die trüben Gedanken schwinden zuweilen und müssen den notwendigen Dingen und Fragen des Tages Platz machen.

Meinen ursprünglichen Beruf als Stenotypistin hatte ich aufgegeben – für Dich! Seit Anfang des Jahres bekam ich nach vielen Bemühungen eine Anstellung als Küchenpraktikantin in der Werksküche. Meine Aussicht nach einem baldigen Aufstieg zur Sekretärin war damit leider hinfällig, doch was besagt eine berufliche Karriere in dieser Hinsicht, wenn man sich als höchstes Ziel den Lebensberuf erwählt hat: Frau und Mutter zu sein!

Die Umstellung war nicht leicht, aber die Gewißheit, daß Können und Erfahrung auf diesem Gebiet auf die Dauer allein ein Familienglück aufrechterhalten können, gab mir die Freude an der Arbeit. Diese Woche nun sollten auf meinen besonderen Wunsch hin Dampfnudeln, Dein Lieblingsgericht, gemacht werden, denn im nächsten Urlaub wollte ich Dich damit überraschen. Du siehst, Robert, mein ganzes Tun und Lassen war nur auf Dich abgestimmt, und bei allen entscheidenden Unternehmungen legte ich mir die Frage vor, ob sie auch für unser gemeinsames Leben gut und nützlich sind. Und nun?? –

[...] Und dann behüte ich ja auch wie einen kostbaren Schatz all die vielen, vielen Briefe, die Du mir vom Anfang unserer Bekanntschaft bis zum Bewußtsein unserer Liebe, ja, bis zu Deinen letzten Lebenstagen geschrieben hast. Noch oft werde ich sie in stillen Stunden zur Hand nehmen – gleich einem Freudenborn will ich aus ihnen schöpfen alle Tage meines Lebens; er wird nie versiegen, dieser Kraftquell unserer jungen Liebe – solange ihn eine würdige Seele schöpft.

Ich muß Deine Briefe vor der Vernichtung bewahren! Noch habe ich all das Liebe von Dir hier in der Wohnung, in der Hoffnung, daß ein gütiges Geschick mir wenigstens dies erhält, aber der Feind schließt einen immer engeren Ring um unsere Grenzen, das erbitterte Toben der Schlacht im Westen ist durch Artillerieschießen in der Ferne vernehmbar, und die Front rückt immer näher. Was nun, wenn wir die Heimat verlassen müssen? Was geschieht mit all Deinen Sachen? Die Bilder sollen mich auf meinem Weg begleiten, so wie Du die meinigen draußen an der Front nicht verlassen hast, wie Du sie treu als Zeichen unserer Zusammengehörigkeit am Herzen trugst, aber all die lieben Briefe müssen bleiben. Dem Notwendigsten an Kleidung gilt zur Erhaltung des Lebens der Vorzug, von dem Lieben muß wehen Herzens Abschied genommen werden. Aber in einem dichten Behälter an einem sicheren Ort, vergrabe ich Deine Briefe und die Gedichte, welche ich Dir in herzlicher Liebe widmete. Keine unwürdige Hand soll sie je vernichten, kein fremdes Menschenauge in höhnischem Spott lesen. Vielleicht habe ich später Gelegenheit, all das Liebe von Dir wieder auszugraben, wenn das Schlachtgetöse über unsere Heimat hinweggebraust ist. Manches mag uns der Krieg an irdischen Gütern rauben oder mag der Vernichtung anheimfallen, nur nicht die Zeugen unserer großen Liebe: unsere briefliche Zwiesprache vom Anfang des Krieges bis zu Deinem Heldentod!

Meine Ahnung hat mich nicht betrogen. Von Tag zu Tag wartete ich auf irgendeine Nachricht, die mir etwas Näheres über

Deine letzten Tage und Stunden bringen würde. Heute ist sie eingetroffen: Ein Hilfs-Sanitäter aus dem Lazarett schrieb mir einen lieben Brief und bestellte letzte Grüße von Dir! Er hat Dich gepflegt und durfte in der Sterbestunde bei Dir sein, er durfte Deine Schmerzen lindern und hat Deine letzten Worte vernommen! Ach, wie beneide ich ihn darum. Wie gerne wäre ich an seiner Stelle bei Dir gewesen, hätte dich meine große Liebe in den letzten Tagen noch einmal so richtig spüren lassen, wäre in banger Erwartung Tag und Nacht nicht von Deinem Lager gewichen. Auch du, mein liebster Robert, wie wird Dir zumute gewesen sein, als Du das Sterben fühltest?!

Man hat Dir noch das Bein abnehmen müssen, an dessen Folgen Du noch am gleichen Tage, es war Weihnachten, gestorben bist, weil gleich bei der Verwundung der Blutverlust zu groß war und Du dadurch die Amputation nicht mehr überstehen konntest. Sterbend hast Du nach Deinem Frauchen gerufen und jenem Sanitäter das Soldatenwort abgenommen, mir Deine letzten lieben Grüße zu übermitteln. Dann bist Du nach überstandenem Kampf ruhig eingeschlafen – ja, ruhig und still nach außen hin, aber innerlich, ich weiß es, da brannte die Seele, da nagte die Sehnsucht nach Deinem Gretchen, nach einem lieben Abschiedswort, nach kühlen, weichen Händen, die sich auf Deine fiebernde Stirne legen sollten, da brannte das Heimweh nach den Lieben, draußen in unserer schönen deutschen Heimat. Alle waren in Gedanken bei Dir, es brannten die Lichterbäume, und ich zündete für Dich eine besonders strahlende Kerze an – vielleicht gerade in dem Augenblick, als Dein Lebenslicht verlöschte, als Du Abschied von dieser Erde nahmst. So möge dir denn meine Weihnachtskerze vorangeleuchtet haben in die Ewigkeit. Sie erstrahlt nun als Stern droben am Himmel, wenn die Nächte so klar sind, und bringt mir Grüße von Dir und die Hoffnung auf ein Wiedersehen dort, wo ewiger Friede ist. Wie heißt es doch in einem Lied, das wir als Kinder oft so ahnungslos gesungen:

„Die alte Mutter es oft erzählet hat,
ein jedes Sternlein ein toter Kamerad,

der Herrgott hat ihn zu sich genommen,
nun glänzt er wie ein Held am Himmelszelt."

7. 2. 45

Heute steht Deine Todesanzeige in der Zeitung, während wir vor wenigen Wochen erst unsere Hochzeitsanzeige aufgaben!

Immer und immer wieder muß ich sie kopfschüttelnd lesen und kann es einfach nicht fassen, daß Dein Name dort steht. Wie oft hast Du im Urlaub eine Zeitung zur Hand genommen und im Scherz gefragt, wann man Dich wohl mit einem Gefallenenkreuz einsetzt. Mir zitterte immer das Herz dabei, aber Du lachtest in jugendlichem Übermut und meintest, daß „Deine Zeit" noch nicht gekommen sei. Nun ist sie aber gekommen, Robert, und hat Deinem jungen, blühenden Leben ein Ende gesetzt, noch ehe all Deine vielen Wünsche, die Du an die Zukunft knüpftest, ihre Erfüllung finden konnten.

Unser Glück war nur kurz!
O Menschenherz, was war Dein Glück?
Ein seliger geborener –
und, kaum gegrüßt, verlorener
unwiederholter Augenblick!

9. 2. 45

Heute habe ich die Totenzettel von Dir abgeholt. Es ist schwer, all diese unumgänglichen Dinge selbst erledigen zu müssen, aber trotzdem möchte ich sie mir nicht aus der Hand nehmen lassen.

Bei Vollalarm und schwerem Bordwaffenbeschuß bin ich 2 1/2 Std. gelaufen, um überhaupt diese Gedenkzettel zu bekommen, aber ich habe keine Mühe gescheut, denn nun werden alle Bekannten ein ewiges Andenken von Dir erhalten, zumal noch Dein liebes Bild, das mir immer so gut gefiel, eingedruckt wurde. Wer hätte je gedacht, daß es einmal solchem Zwecke dienen würde!

15. 2. 45

Heute suchte ich den Pfarrer auf, um noch Einzelheiten zu regeln.

Einige Zeit war ich im Wartezimmer allein – in dem gleichen Raum, wo wir vor wenigen Wochen erst unseren Brautunterricht erhielten. Ich sah den Stuhl, wo Du neben mir gesessen und voll Andacht den Worten des Geistlichen zum bevorstehenden neuen Lebensabschnitt gelauscht hast. Einen Augenblick war es mir, als würdest Du wieder meine Hände fassen, doch bald kam mir das Alleinsein wieder schmerzlich zum Bewußtsein, denn auf die damaligen glücklichen Hochzeitsworte des Pfarrers folgten nun nach so kurzer Zeit schon tröstende Beileidsworte. Er segnete unseren Bund, und wir schworen uns „ewige Treue bis zum Tode".

       Oh, wer ahnt es, wie klein
       kann eine Ewigkeit sein!

19. 2. 45

Heute waren die Exequien, das heilige Opfer für Dich! Ach Robert, ein schwerer Tag war es für mich; das Herz drohte oft zu zerspringen. Viele Menschen gingen zur Kirche, obwohl Du doch eigentlich erst wenig bekannt warst. Wer Dich jedoch kennenlernte, gewann Dich lieb!

Ich ging den schweren Opfergang, empfing die heiligen Sakramente und bat in inständigem Gebete um den Frieden Deiner Seele.

Vor der Tumba legte ich einen frischen Kranz als Gruß von Deinem Gretchen, einen Kranz von grünem Islandmoos mit einer weißen Schleife, die in schwarzen Lettern Deinen Namen trug.

Daneben standen zwei Loorbeerbäume, die Zeichen Deines Sieges, die Du Dir als tapferer Kämpfer für unser Vaterland verdient hast. Noch klingt mir das Orgelspiel im Ohr, das Lied vom guten Kameraden.

Ja, ich hatt' einen Kameraden,
einen besseren findst Du nicht …

Da blieb kein Auge trocken, denn wer von den Anwesenden beweinte nicht den Verlust eines lieben Menschen. Dieser den Sohn oder Bruder, jene den Bräutigam oder Mann und nicht zuletzt den guten Freund und Frontkameraden. Überall hat der Krieg seine Wunden geschlagen, und mir nahm er Dich!

Die Zeit soll diese Wunden heilen, aber mein Schmerz wird von Tag zu Tag größer.

9. 3. 45

Der warme Sonnenschein zog mich heute wieder ins Freie. Ich mied die lärmende Umgebung und ging still meines Weges. Dann bist Du mir immer am nächsten. Mein Gang führte mich wieder über die Wege, die wir so oft gegangen sind. Wir suchten uns ein schönes Plätzchen aus, wo wir uns im Geiste einmal unser Häuschen dachten. Wie haben wir oft mit hoffnungsfrohem Herzen Pläne geschmiedet. Du konntest so lebhaft davon erzählen, wie Du Dir einmal Dein Haus wünschtest. Dann wurde mir immer wieder erneut zur Gewißheit, daß nur ein Beruf dereinst Dein Leben ausfüllen könnte: der Baumeister-Beruf. Die Fähigkeiten Deines verstorbenen Vaters schlummerten auch in Dir und drängten mit Gewalt, durch entsprechende Betätigung zur Entfaltung gebracht zu werden, aber der Krieg verhinderte es. Ach, dieser grauenhafte Krieg; er nahm uns doch alles!

13. 3. 45

Das erste Stadium des Schmerzes um Dich kann noch nicht sein Ende nehmen, solange noch solche Dinge geschehen wie heute.

Nun kamen von Deiner Einheit all Deine Sachen zurück, alles, was Du getragen hast, alles, was Dir gehörte! Liebevoll umfasse ich mit zitteriger Hand jedes Teil, jedes kleinste Ding, indessen heiße Tränen sie netzen.

Da ist Deine Uniform, und wenn ich sie vor mich halte, ist mir grad' so, als ständest Du vor mir, als würdest Du ganz nahe zu mir herankommen, mich in Deine starken Arme nehmen und mir sagen, daß ich alles Traurige nur geträumt habe und eine bessere Wirklichkeit Tatsache ist. Ach Du, ich sehe Dich vor mir in Deiner kraftstrotzenden Gesundheit, sehe Dein lachendes Gesicht mit den dunklen, schelmischen Augen, sehe Dich wie in den Tagen des Lebens, und Dein allzeit sonniges Gemüt geht auch auf mich über; ich kann sogar mit Dir lachen, und ein Abglanz des erstrebten Glücks liegt wohl auf meinem Gesicht – jetzt, wo ich Deine Nähe spüre, wo Du greifbar nah aus dem Sonnenland der Erinnerung steigst –, aber ach, dies nur für einige Augenblicke, dann wird mir wieder unerbittlich zur schmerzlichen Gewißheit, wie die Tatsachen sind:

Du stehst nicht vor mir, sondern ruhst weitab in fremder Erde; Deine strahlenden Augen sind gebrochen, und Dein Lächeln in den Zügen ist erstarrt vor der eisigen Kälte des Todes, Dein Herz steht still, das Du mir so ganz geschenkt hattest.

O grausiges Geschick, wie soll ich Dich strafen und verdammen, da Du mir die Sonne meines Lebens genommen, da Du uns auf der Höhe des Glücks auseinandergerissen hast?! –

Und dort stehen Deine Stiefel, in denen Du Tausende von Kilometern auf den Straßen des Westens und unendlichen Ostens zurückgelegt hast, unermeßliche Strecken bis in Rußlands Tiefen, bei Hitze und Staub, bei Kälte und Schnee! Immer haben sie Dich getragen, gingen die Wege, die ihr Träger befahl. Was könnten sie wohl alles erzählen!

Dann finde ich noch Dein Notizbuch. Eingetragen sind dienstliche Bemerkungen, und auf vielen Seiten steht unzählige Male mein Name. Manchem würde das wohl nichts besagen, mir bedeutet es aber unsagbar viel. Ist es mir doch ein Beweis dafür, daß du in stillen Mußestunden an mich gedacht und ganz unwillkürlich meinen Namen geschrieben hast, daß Du in stummer Zwiesprache bei Deinem Gretchen warst – auch über viele tausend Kilometer hinweg. Wie wertvoll ist mir dadurch das Büchlein geworden!

Fortan trage ich als Talisman von Dir immer einen Stern von Deiner Achselklappe bei mir, den ich bei Deinen Sachen u. a. gefunden habe.

20. 3. 45

[...] Immer war es mein höchstes Ideal, nur einem Menschen im Leben ganz zu gehören. Ich habe mein Wort gehalten, Du weißt es, Robert, aber oft frage ich mich in stillen Stunden der Einsamkeit, warum diese Treue so belohnt werden mußte.

Zuweilen überkommt mich dann eine tiefe Bitterkeit, und ich bin fast geneigt, mein zukünftiges Leben leichter zu gestalten.

Und doch weiß ich, daß diese Bitterkeit nur eine kurze, vorübergehende Erscheinung ist, daß ich doch nicht so handeln könnte, wenn es darauf ankommt. Ich will in der Erinnerung weiterhin glücklich sein, und diese liebe Erinnerung soll durch nichts je getrübt werden.

Du bleibst mein ewig-einziges Erleben ...

10. 4. 45

Der Krieg ist nun zu Ende!

Hörst Du, Robert, der lange, harte Krieg fand sein Ende, ohne daß Du es erleben durftest! Nun gibt es täglich irgendwo ein glückliches Wiedersehen, wonach sich die Menschen Jahr um Jahr gesehnt haben – auch wir, lieber Robert, aber sieh, unser Zukunftstraum bleibt unerfüllbares Sehnsuchtsbild ... [...]

26. 5. 45

Eben war ich im Nachbarhause. Dort herrscht eitel Glück und Sonnenschein, denn wieder gab es ein frohes Wiedersehen, wie so oft irgendwo in den letzten Tagen. Junge Ehen, im Krieg geschlossen, nehmen erst jetzt ihren normalen Verlauf. Vorbei das Hoffen und Harren; nun ist ein Urlaub ohne Ende angebrochen, und alle bemühen sich, den heimgekehrten Kriegern ein gemütliches Heim herzurichten.

Wie gerne würde ich auch für Dich sorgen und schaffen, würde helfen, das Schwere einer vergangenen Zeit zu vergessen. In mir ist so ein Verlangen, einem Menschen etwas ganz Liebes und Gutes zu tun, aber Du müßtest es sein, Robert! Ich kann mir so gar nicht vorstellen, daß mein Lebensweg ohne Dich weitergehen soll!

[...]

Ach Robert, warum hast du mir nicht wenigstens ein Kind geschenkt, warum?? Zwar würde es gerade jetzt schwer sein, alles allein zu tragen, aber Dein Vermächtnis wäre mir für die Zukunft mein Lebensinhalt geworden. Ich kann es einfach nicht fassen, daß Du für immer von mir gegangen bist, ehe Du mir in einem Kind ein Stück von Dir selbst geschenkt hast. Ich würde unsagbar glücklich sein, etwas Liebes, Lebendiges von Dir einmal mein eigen nennen und Dich, mein liebster Robert, Dich selbst darin wiederfinden zu können!

Aber das Wünschen allein bringt keine Erfüllung. Unsere liebende Vereinigung und das Verlangen nach einem Kind blieb unerfüllt. Durch nichts kann der Verlust je wieder gutgemacht werden, denn körperlich bist Du für mich durch Deinen Tod für immer und ewige Zeiten verloren, und das, oh lieber Robert, schmerzt wie eine ewig blutende Wunde, die nicht Heilung finden kann, weil das Glück mit Dir nie wiederkehrt, weil Du mir nicht mehr geben kannst, wonach mein Schoß zur Entstehung neuen Lebens verlangt.

Warum nur ließest du mich so grenzenlos arm und einsam zurück? Ohne etwas greifbares Liebes von Dir als teuerstes Vermächtnis bist Du nun für immer von mir gegangen.

9. September 1945

Margret Boveri

Der Zug war so überfüllt, daß man selbst auf den Dächern nicht mehr unterkam

Zwanzig Jahre nach dem Zusammenbruch des Dritten Reiches hatte ein junger Regisseur den Einfall, über den Tag der Kapitulation, das war in Berlin der 2. Mai, einen Film zu drehen, und er besuchte Margret Boveri, um sie zu befragen. Margret Boveri sagte: „Das habe ich alles aufgeschrieben". Und sie gab ihm eine Niederschrift aus dem Jahr 1945, die sie seit Jahren nicht mehr angesehen hatte: „Sie sollte erst nach meinem Tod veröffentlicht werden, weil ich verhindern wollte, daß einige der geschilderten Vorfälle in einer Zeit, in der noch Kalter Krieg herrscht, für antisowjetische Propaganda mißbraucht würde." Der junge Regisseur fand, dieses Tagebuch müsse sofort veröffentlicht werden, doch Margret Boveri beschloß, es durchzusehen, Briefe und Karten erneut zu lesen, um sich besser in die damalige Lage zurückzuversetzen.

Sie versagte sich Streichungen, so gern sie der Versuchung auch manchmal nachgegeben hätte: „Wenn die Veröffentlichung eines derartigen Dokuments einen Sinn haben soll, Zeugnis nicht nur für eine Folge von Geschehnissen, sondern für den Geisteszustand, in dem eine eingeschlossene große Stadt sie aufnahm, verarbeitete, verdrängte und verwandelte, muß es bis in die letzte Nebensächlichkeit authentisch bleiben." Sie hat in den Briefen lediglich einige Namen variiert und „vier halbe Sätze, die noch lebende Menschen verletzen könnten, gestrichen."

Bamberg, den 9. September 1945
Jetzt kommt als Nachtrag zum Berliner Bericht noch der Bericht von der Reise hierher, die von allen meinen bisherigen Reisen die aufregendste war. Ich begann mit den Vorbereitungen Ende August, beschaffte mir erst einen Reiseauftrag von einem Verlag, da Privatreisen völlig gesperrt waren, und begann dann die Behördenlauferei. Ich bekam die Genehmigung vom Magistrat in drei Sprachen, und zum englischen Teil auch den amerikanischen Stempel. Als ich anfing, gab es noch die Praxis, daß der russische Stempel vom Dolmetsch des Magistrats Zehlendorf besorgt wurde, der zweimal die Woche zur russischen Kommandantur in der Schumannstraße fuhr. Dort hinzufahren war schon von jeher ein Wagnis; denn manchmal wurde man einige Stunden lang festgehalten und verhört; manchmal auch zum Arbeitseinsatz verhaftet. Je nach Laune des Kommandanten bekam der Dolmetsch an manchen Tagen alle Reisebewilligungen gestempelt, an anderen Tagen kam er nach 8-9 Stunden Warten unverrichteter Dinge zurück. Dies geschah auch an dem Tag, als mein Schriftstück dabei war. Denn in diesen Tagen wurde das Reiseverbot immer schärfer;

nun wurden auch Dienstreisen nicht mehr genehmigt. Wir wußten, daß neue Spannung war, aber nicht warum, und alle Leute, auch Amerikaner, rieten dringend ab und sagten, es werde in kurzem alles besser werden. Dies hatten wir uns aber schon seit Monaten erhofft, aber stattdessen war der Grenzübertritt nur immer schwieriger geworden. Ich wollte also schon deshalb nimmer warten, weil ich ans Besserwerden aufgrund von Verhandlungen mit den Russen nicht mehr glaubte.

Am 31. August bekam ich außerdem als erste und einzige Nachricht von der anderen Seite eine Karte aus Höfen von Frau Mehling mit einer Adresse für den Grenzübertritt bei Gompertshausen bei Heldburg, Kreis Hildburghausen. An diesem Tag war ich wie beschwipst vor Glück; denn der Grenzübertritt aufs Geratewohl mißlingt den meisten Menschen. Auf diese Adresse hin entschlossen sich Gerwins, die nach Hamburg wollten, die Reise mit mir zusammen zu machen; denn von Berlin nach Hamburg zu kommen war in den letzten Wochen allen Leuten mißlungen; als Erklärung dafür wird angegeben, daß die Engländer die Russen zwingen, die Bahnstrecke Berlin-Hamburg wieder zweigleisig zu machen, und daß die Russen als Rache dafür erstens die Deutschen in den Zügen in Richtung Hamburg ausplündern und zweitens die Grenze dort so hermetisch abgeschlossen haben, daß die bisherigen Grenzführer auch für 100 000 M niemand mehr hinüberbringen. Frau Gerwin war bei den Amerikanern angestellt und bekam einen Urlaubschein, und hatte sonst nichts; Gerwin bekam schon keine Reisegenehmigung mehr, obwohl er von der Volkshochschule Wilmersdorf den Auftrag hatte, sein Archiv in Meiningen und Hamburg zu holen (Meiningen vorsorglich für den Fall, daß der Umweg über Bayern gemacht werden müsse). Auf die Gompertshauser Adresse hin beschloß ich zu fahren, gleichgültig, ob ich den russischen Stempel bekommen würde oder nicht. Am Montag war ich zum letzten Mal beim Magistrat, und der Dolmetsch erklärte mir, er könne nun den Stempel überhaupt nicht mehr besorgen, der Vorgang sei nun, daß die Papiere von ihm zum Zehlendorfer Bürgermeister, von dem zum Oberbürgermeister, von dem zum Verbindungsoffizier zur russischen Kommandantur, von dem zur Kommandantur gegeben würden, und auf demselben Weg zurück; schätzungsweise Dauer dieses Vorgangs drei Wochen. Er riet mir aber, es noch einmal in der Schumannstraße zu versuchen, früh um halbacht dort zu sein, mit Zigaretten den russischen Wachsoldaten zu bestechen, auf daß ich in ein gewisses Vorzimmer komme, von wo es dann leichter zum Dolmetsch und zum stempelnden Major gehe. Ich fuhr also früh um 6 Uhr mit einigem Herzklopfen in die Schumannstraße, was sehr weit weg ist. Dort war nach 7 Uhr schon eine Schlange von einigen hundert Menschen im Hof; viele dieser Leute kamen schon fünf Tage hintereinander täglich umsonst. Ich begab mich ungehindert in das Vorzimmer, denn es war noch kein Wachsoldat da. Dort saßen schon ein paar Leute, die es ähnlich wie ich versuchen wollten. Um 8 Uhr kamen zwei russische Soldaten und wollten uns alle hinauswerfen, sie nahmen von den einen Zigaretten, von den anderen nicht, ließen uns aber vorläufig sitzen. Sie unterhielten sich freundlich mit drei Männern in einer Ecke, die wohl auch schon oft da waren, und die russisch sprachen. Der eine war ein Pole. Mit dem freundete ich mich an, um für später seine Hilfe zu genießen. Dann kam der blonde Russe wieder und warf etwa die Hälfte der Leute hinaus; sowas hängt ganz davon ab, ob ihm das Gesicht des einen gefällt oder nicht. Dann kam der Dunkle und wollte uns alle hinauswerfen, wurde dabei äußerst grob, ließ dann aber die drei, die russisch sprachen, im Zimmer. Ich hatte, während ich mit ihm zu verhandeln suchte, meine Mappe auf dem Stuhl liegenlassen und konnte sie nicht nehmen, als ich aus dem Zimmer geschoben und die Treppe hinunterdirigiert wurde; also kroch ich wieder die Treppe hinauf, der Dunkle kam mir mit geballten Fäusten entgegen, zum Glück kam aber der Pole und brachte mir die Mappe heraus. Später versuchte ich noch einmal die Treppe hinaufzukommen, woraufhin ich von dem Dunklen mit einem Fußtritt hinunter befördert wurde. Dann ging ich in den Hof vor das Fenster dieses Vorzimmers; der Blonde stand am Fenster, ich bat ihn, den

Polen zu rufen; der dolmetschte zwischen uns, und der Blonde sagte, ich solle die Treppe wieder heraufkommen und mich oben hinstellen. Als ich das tat, kam aber nicht der Blonde, sondern wieder der Dunkle heraus, und war nun so wütend, daß ich schleunigst entfloh, während die Umstehenden mir rieten, völlig zu verschwinden, da er mich sonst wohl verhaften würde. [...]

Trotzdem wollte ich nun nicht länger warten, und eine Beratung mit Gerwin führte dazu, daß wir es beim Abreisetag Donnerstag lassen und es riskieren wollten. Das Packen war sehr schwierig; der Rundbrief wurde zwischen zwei Pappdeckeln in die Rückwand des Rucksacks eingenäht und sollte wie eine Rückversteifung wirken. Er verursachte mir am meisten Angst, obwohl man sich sagte, daß die Russen, die plünderten, sich nicht für Geschriebenes interessieren und es nur gefährlich geworden wäre, wenn ich richtiggehend verhaftet worden wäre.

Es gab zur Auswahl zwei Züge in Richtung Wittenberg vom Anhalter Bahnhof, einen um 6.40 Uhr, den zweiten um 11.50 Uhr. Der zweite so überfüllt, daß man selbst auf den Dächern nicht mehr unterkam. Der erste leerer, weil es vielen Leuten wegen der Polizeistunde nicht möglich war, ihn zu erreichen. Manche übernachteten am Anhalter Bahnhof im Freien und bestiegen ihn in der Früh. Wir dachten daran, in der Bülowstraße zu übernachten, und dann hinzulaufen, kamen aber dann auf die gute Idee, ihn in Lichterfelde-Ost zu besteigen, weil dort in der Nähe die Hollerithfabrik ist, wo die Räder hinterlassen werden konnten. Die nächtlich-morgendliche Fahrt nach Lichterfelde-Ost hätte ich ohne Elsbeths Begleitung und Hilfe nicht bewältigt; denn dort ist ein kleines Notbrücklein über den Teltowkanal geschlagen, zu dem man auf in die Böschung geschlagene Treppchen hinunter klettern bzw. schlittern muß, das Rad tragend. Und dies in völliger Finsternis und mit schwerem Rucksack.

Der stark verspätete Zug war in Lichterfelde-Ost schon so voll, daß wir nur noch aufs Dach kamen, ich auf eines, die Gerwins aufs nächste, und ich muß sagen, das ist die angenehmste Art des Bahnfahrens, die ich bisher erlebte, fast so hübsch wie Auto, nur, daß der Rauch störend wirkt. Aber dazwischen kommen Heudüfte herauf, und man ist in der frischen Luft und hat Bewegungsfreiheit. Runde Dächer sind natürlich schlecht; aber mein Dach war eins, wo man die Beine tiefer stellen konnte. Sooft eine Überführung kam, pfiff die Lokomotive und man legte sich hin, da sonst die Köpfe abgeschlagen würden. Ich bin überhaupt öfter gelegen; die Beine hatte ich in dem roten Wäschesack, den ich mitführte und der mir bis fast an den Bauch geht, der wunderbar vor Kälte schützt. Unterwegs wurde uns erzählt, daß die Reisenden, die am Anhalter Bahnhof übernachtet hatten, mehrmals von den Russen geplündert worden waren, es kamen mehrere Wellen von Russen nacheinander.

Die Verspätung wurde immer größer; denn bis Jüterbog und ein Stück drüber hinaus ist die Strecke eingleisig und man muß lange auf entgegenkommende Züge warten, wo zwei Geleise sind. Um halbeins waren wir in Wittenberg, und um halbdrei sollte ein Zug nach Halle gehen. Wir setzten uns also vorn am Bahnsteig zum Essen hin, und waren damit noch nicht fertig, als ein Zug einfuhr, und jemand rief „nach Halle". Wir stürzten hin, ich fragte vorbeilaufend noch den Lokomotivführer, wohin er fahre; er sagte auch: Halle; und so gingen wir in einen der vordersten Wagen, einen hohen Viehwagen. Der war noch nicht ganz voll, als der Zug sich schon wieder in Bewegung setzte und so schnell fuhr, daß wir glaubten, in einen Schnellzug geraten zu sein. […]

Gegen drei Uhr waren wir in Bitterfeld und merkten nun erst, daß wir uns in einem ungeheuer langen Güterzug befanden, bestehend aus lauter leeren Wagen. Es begann nun ein großes Durcheinander von aufgeregten Aussteigenden und Einsteigenden; plötzlich hieß es, er fahre nicht nach Halle, sondern nach Erfurt, wo wir ja hin wollten. Aber die Lokomotive hatte einen Schaden, niemand wußte, wie bald eine andere kommen würde. Wir hatten uns fest vorgenommen, nie bei Nacht in einem Zug zu sein, da dann am meisten geplündert wird. Andrerseits ist der Bahnhof Halle zerstört und als

Übernachtungsort auch berüchtigt. Ein Eisenbahner erklärte mir, die Russen gingen vor allem auf Personenzüge, einen Güterzug, einen leeren, würden sie in Ruhe lassen, was mir sehr einleuchtete. Ich war also fürs Verbleiben im Güterzug, da er uns unserem Ziel soviel näherbringen würde, Gerwins fürs Umsteigen in den Personenzug nach Halle. Dann kam Bericht, daß unser Güterzug den Umweg über Leipzig nach Erfurt nehmen würde. Dies schien mir um so besser, denn es bestand Aussicht, daß wir für die Nacht gut untergebracht sein würden. Gerwins waren aber weiter für Halle, und ich gab nach; aber gerade als wir uns in Richtung Bahnsteig aufmachten, fuhr der Zug nach Halle aus, und so blieb uns nichts andres übrig als zurückzukehren. Dies war ein großes Glück, denn der Zug bekam etwa um 7 Uhr eine Lok und fuhr die Nacht durch über Leipzig-Gera bis Erfurt. Wir hatten uns einen sauberen Wagen mit relativ nett erscheinenden Leuten ausgesucht, und darauf geachtet, daß die Türen zuzuschieben waren. Ich hatte auch einen schönen festen Kupferdraht gefunden, um die Türen von innen zu befestigen. Zuerst fuhren wir noch mit offenen Türen durch die sonnige Landschaft, in recht schnellem Tempo, verglichen mit den Personenzügen. Dieses war wohl ein Zug, den die Russen zum Abtransport von Maschinen befohlen hatten; er kam aus Schwerin, und schien überall bevorzugt behandelt zu werden. Für die Nacht legten wir uns der Reihe nach nebeneinander auf den Boden; es war hart und kalt und zuweilen sehr schockerig, aber mit Schlafmitteln konnten wir doch alle etliche Stunden schlafen.

Am anderen Morgen taten alle Glieder so weh wie Knie, auf denen man lang gekniet hat. Wir waren etwa um 6 Uhr in Erfurt und stiegen dort in einen überfüllten Zug nach Meiningen. Ich wollte aufs Dach, aber das ist in Thüringen nicht üblich und daher verboten. In der Oberhofer Gegend, mit langem Tunnel, ist das Verbot verständlich, aber weiter südlich könnte durch Dachfahren allen Reisenden das Leben wesentlich erleichtert werden. Schon in diesem Zug war das Hauptgesprächsthema der Grenzübertritt, teils heimlich, teils ganz offen. Viele Landser, viele Evakuierte. Je mehr erzählt wurde, desto düsterer schien es zu sein. Viele trieben sich schon seit Wochen in der Grenzgegend herum, manche waren schon dreimal zurückgeschickt worden. Führer gab es nimmer, da sie auch exekutiert würden. Es bestätigte sich wieder, daß auch der russische Stempel nichts nützt. Ein Fall wurde erzählt von Rheinländern, die vom russischen Kommandanten eines sächsischen Städtchens ausgewiesen und in die Heimat geschickt worden waren und dazu alle nötigen russischen Papiere bekamen; sie lagerten nun schon seit drei Wochen hungernd an der russischen Grenze ohne hinüber zu dürfen. Ein intelligenter Landser, ein hübscher junger Kerl, der aus der russischen Gefangenschaft entlassen worden war, sagte: wenn der Posten den Befehl hat, niemand durchzulassen, dann läßt er Sie auch nicht durch, wenn Sie einen von Stalin unterschriebenen Schein mitbringen. So ist es.

In Grimmenthal stiegen wir aus und machten auf einer Wiese mittag. Nachmittags ging ein Zug nach Hildburghausen. Auf den Gleisen in der Sonne lagerten Hunderte, die mitwollten; wir schätzten, daß etwa 80% davon Grenzgänger seien. Der Sturm auf den Zug war fürchterlich. Wir kamen in ein verschlossenes Abteil durch die Fenster hinein, wobei Frau Gerwin mit kühnem Turnerschwung den Anfang machte. Ich wäre kaum hinaufgekommen, allein schon gar nicht, weil man keinen Anhaltspunkt zum Stützen der Füße hatte.

Frau Holsten hatte uns den Namen eines Vetters gesagt, der in Hildburghausen wohnt, den sie aber seit ihrem fünften Lebensjahr nicht mehr gesehen hat. Richard Linsell. Adresse und Beruf unbekannt. Eine etwas dünne Verbindung, aber wichtig, da man nachts von der Straße herunter muß, und womöglich den Bahnhof vermeiden soll. – Es gelang mir schon an der Bahn, einen Mann zu finden, der Herrn Linsell kannte. Wir gingen also zum Haus Linsell, fanden die sehr nette Frau Mist ausstreuend in ihrem Garten beschäftigt, während der Gatte abwesend war, setzten uns auf ein schattiges Plätzchen und kochten uns Tee. Dann kam der Mann und war voller Ängste, weil es verboten ist, Durchreisende ohne Genehmigung der Kommandantur aufzunehmen, und weil er als einstiger Pg sowieso Angst hat, daß ihm noch etwas zustößt. Wir zogen also in die Stadt, um Zimmer zu suchen, was überall ein aussichtsloses Unternehmen ist. Unter anderem gingen wir auch zur Polizei, wo ein reizender Polizist war, der uns gute Ratschläge für die Grenzüberschreitung gab und uns riet, in die Herberge zu gehen, der im übrigen aber sagte, Linsell könne uns ruhig aufnehmen, er wolle es verantworten, zumal abends nach 6 Uhr an der Kommandantur doch keine Meldungen mehr angenommen würden. Ich wollte trotzdem lieber in die Herberge, um dem armen Herrn Linsell nicht eine schlaflose Nacht zu bereiten; er kam uns aber selbst auf dem Platz entgegen offenbar, inzwischen von der Frau bearbeitet worden seiend, und forderte uns auf, bei ihm zu übernachten, was wir mit Freuden taten.

Am anderen Morgen fuhren wir mit dem Bimmelbähnchen nach Heldburg; von dort sollte es zu Fuß nach Gompertshausen gehen, – etwa 10 km. Da mein großer Zeh noch recht weh tat und der Rucksack ungeheuer schwer war, freute ich mich darauf nicht. Zu dieser Freude kam es aber fürs erste gar nicht, denn in Heldburg war Razzia und der Ort war gesperrt. Wir waren drin, und kamen nimmer heraus. Drei Versuche scheiterten, auch die Wiesenpfade waren mit Posten besetzt. Unsere Stimmung könnt Ihr Euch vorstellen. Da die Straße, die wir nach Gompertshausen einschlagen mußten, ein Stück weit dem Bähnchen entlang lief, kam ich auf die Idee, wieder mit der Bahn zurückzufahren, und nach der Kurve aus dem fahrenden Zug zu springen. Wir nahmen also wieder Billets und bestiegen den Zug, und in der Zeit des Wartens bis zur Abfahrt hatten wir Herzklopfen, sooft ein Russe sich näherte. Überhaupt hatten wir überall schon die Gewohnheit, uns schnell und still gegenseitig aufmerksam zu machen, wenn ein Russe nahte, um ihm womöglich aus dem Weg oder aus den Augen zu gehen. Der Zug fuhr aber undurchsucht ab, am Schlagbaum und Posten vorbei, und wir sprangen wie geplant heraus; durch den schweren Rucksack verlor ich noch das Gleichgewicht und fiel nachträglich hin; nun hatte ich zum Knöchel und großen Zeh auch noch eine stark schmerzende Ferse. Seitdem hinke ich. – In Gellertshausen gelang es aber, einen Mistwagen in Richtung

Gompertshausen zu finden; und nachdem der uns abgesetzt hatte, fanden wir einen weiteren leeren nach Gompertshausen heimfahrenden Mistwagen, der uns mitnahm. Das war sehr günstig, denn Gerwins und die Rucksäcke konnten gleich im Stall des Mistwagenfreundes bleiben, während ich unbelastet und dadurch auch unauffällig das Haus Wienzeck suchte. Herr Wienzeck war außer Haus, Frau Wienzeck, eine Holländerin, nahm mich auf, und wir besprachen schon die Möglichkeiten. Langsam versuchte ich auch heraus zu bekommen, was für Leute die Wienzecks seien; er ist Pole; sie sind Evakuierte aus dem Rheinland und werden offenbar nun an der Grenze vermögend. Sie erklärte, er sei gerade auf der Heldburg, bei der Herzogin; denn er müsse morgen der Erbprinzessin ein Paket bringen; die sei in der Nähe von Bamberg. Ich fragte also: wo; und dann hieß es, in einem Schloß bei Bamberg, in der Nähe einer Mühle. Mit der Zeit wurde mir klar, daß dies Höfen ist, und daß wir [obwohl kein Schloß] also dort erlauchte Einquartierung haben.

Herr Wienzeck kam spät, war nervös und fahrig, meinte zuerst, er könne an einem Tag nur einen Menschen hinüber bringen, war nicht sicher wie es mit den Rucksäcken werde, holte dann die Gerwins samt Rucksäcken aus dem Stall, ging wieder fort, kam zurück, sagte, vielleicht gingen die Rucksäcke im Wagen. Inzwischen waren die Kinder ausgesandt worden, um zu erfragen, ob ein bestimmter Bauer auf einem Feld auf der anderen Seite heute seinen Klee einhole, und Frau Wienzeck sagte: aber diese Ecke liebe ich nicht, da geht immer etwas schlecht. Denn etwas oberhalb liegen die Russen in einem Zelt mit Fernrohr und haben eine Übersicht über alle Felder. – Und dann holte sie Schürzen heraus für Frau Gerwin und mich, und wir machten uns auf Bauernmädchen und Bauernfrau auf, und plötzlich kam Herr Wienzeck und sagte: nun, schnell, schnell, und wir bekamen Rechen über die Schulter, und Gerwin eine bäuerliche Leinenjacke um, und vor einem Bauernhof kamen die Rucksäcke in einen Leiterwagen, mit leeren Säcken bedeckt, und wir stiegen hinten ein; Herr Wienzeck lief nebenher, der Bauer und die Bäuerin saßen auf dem Bock, der

Wienzeckbub saß noch mit im Wagen, und wir fuhren quer-
feldein. Die Brillen hatten wir abtun müssen, um echter auszusehen; Herr Wienzeck hatte Angst, das merkte man. Dann
hielt der Wagen und mußte noch drehen, so daß wir außer dem
Gesichtsfeld der Russen ausstiegen, und bevor wir noch zahlen
konnten, hieß es plötzlich: nun aber eilig, den Berg hinunter
bis zu der Straße. In der Eile bekamen wir kaum die Rucksäcke
richtig auf, und dann ging es über Stoppelfelder bergab, und
über kleine Gräben, ich immer hinkend, aber das Tempo hal-
tend. Endlich waren wir unten auf der Straße; der Hügel, auf
dem der Wagen gehalten hatte, war nicht mehr sichtbar, und
nun wurden wir auf einmal furchtbar lustig und zogen, Falläp-
fel auflesend und Witze machend unseres Wegs. [...]
Der erste Ort war Alsleben, und da begann nun die Mühsal
des Lebens: kein Fortbewegungsmittel, und keine Möglichkeit
unterzukommen. Da die Gerwins mit ihrer norddeutschen
Sprache überall unangenehm auffielen, mußte ich alle Wege
machen und Verhandlungen führen und Übernachtemöglich-
keiten erfragen. Schließlich kamen wir zu einer netten Frau
Müssig in einem winzigen Häuschen, bei der blieb Frau Gerwin und kochte uns eine Grießsuppe mit schon in Berlin ge-
kochten Pellkartoffeln drin, während Gerwin und ich zu einem gewissen Herrn Vorndran zogen, um ihn mit Tabak und
Zigaretten dazu zu bringen, uns am nächsten Morgen nach
Maroldsweisach zu fahren. Das war die zäheste Verhandlung,
die ich je geführt habe, es dauerte über eine Stunde, der Vater
und zwei Söhne nahmen daran teil, und als die fast gewonnen
war, kam die Mutter über den Hof und war dagegen. Also
mußte ich mit ihr noch ein fränkisches Privatgespräch führen,
und schließlich wurde abgemacht, daß wir nicht, wie erhofft,
am frühen Morgen fahren sollten, sondern erst mittags um
zwölf, denn um halbzehn sollte eine Kirchfeier sein, zur Rückkehr des Alslebener Pfarrers nach vier Jahren in Dachau – wozu Frau Müssig bemerkte: „Hätt er halt sei Maul ghalten, mir
ham die ganzen Jahre auch schweigen müssen. Ich seh net ei,
worum jetzt die ganze Gemeinde drunter leiden muß, weil sie
den amal verhaft ham. Und ich bin gwieß gut katholisch."

Die Suppe war gut, die Nacht im winzigen Zimmer auf zu weichem Pfuhl schlechter als die im Güterzug. Frau Gerwin empfand ihn (Gerwin) als Grenze, die sie übersteigen wollte; sie redete überhaupt viel im Schlaf, – immer nur von Grenzübertritt. In der Dämmerung wachliegend, hörte ich draußen ein Motorengeräusch, sauste im Pyjama hinaus, fand einen Lkw, der Milchkannen auflud, fragte, wohin sie fahren. Sie sagten: nach Königshofen. Da es von dort eine Bahnverbindung gab, beschwor ich die Fahrer, eine Viertelstunde auf uns zu warten, sie sagten aber, sie führen in fünf Minuten. In diesen fünf Minuten rafften wir unsere Sachen zusammen und stürzten uns halb angezogen auf das Auto, dortselbst im kalten Wind unser Packen und unsre Toilette beendigend. Wir fuhren durch die friedliche hügelige Landschaft von Dorf zu Dorf, sammelten nicht nur Milchkannen, sondern auch Körbe und Menschen und schwere Kabel auf. Es war außer Einheimischen noch ein Grenzgänger da, dessen Familie aber noch drüben ist.

In Königshofen erfuhren wir, daß am Sonntag nie Züge gehen, und daß ab Montag wegen Kohlenmangel wahrscheinlich der Verkehr überhaupt eingestellt wird. Da Gerwins nun schon näher in Richtung Fulda-Kassel waren, blieben sie, auf ein Auto hoffend, an einer Straßenecke, während ich wieder den Milchwagen bestieg und nach Alsleben zurückfuhr. Dort ging ich in die reich geschmückte Kirche, eine hübsche Barockkirche mit vielen Fahnen, Blumen, Kerzen, und drei Priestern im Ornat. Ich erlebte noch etwa die Hälfte der Feier, die von halbzehn bis halbeins dauerte, weshalb die Ortseinwohner zu keinem rechten Mittagessen kamen, weil sie um 2 Uhr schon wieder in der Kirche sein mußten. So sehr die Zeremonie als solche auf mich Eindruck machte, so unangenehm war mir der Ton der Rede des Dachauers (die Vorredner, darunter der Bürgermeister, hörte ich nicht); der Unterton war: jetzt haben wir wieder die Macht, und Ihr müßt parieren; ich will Euch verzeihen, aber nur, wenn Ihr einen kirchlichen Lebenswandel führt, regelmäßig die Sakramente nehmt, beichtet usw. Das scheint mir doch auch nicht der richtige Weg der Menschenführung zu sein.

Herr Vorndran junior fuhr mich dann nach 2 Uhr im Chaislein nach Maroldsweisach, und erzählte unterwegs interessante Stücke aus der Lokalchronik, auch warum der Pfarrer 1941 verhaftet worden war. Er hatte gesagt: „Die größten Kälber wählen sich ihre Henker selbst." Der Bürgermeister wollte ihn nicht verhaften lassen, aber ein anderer Mann, der gegen den Bürgermeister intrigierte, weil er selbst Bürgermeister werden wollte, sagte: entweder der Pfarrer wird verhaftet, oder Sie sind die längste Zeit Bürgermeister gewesen.

In Maroldsweisach saß ich an einer Straßenecke mit zwei Landsern, die auf Autos in der anderen Richtung warteten. Am Sonntag ist nur ganz wenig Autoverkehr. Schließlich kam aber doch ein Wagen nach Ebern, dessen Fahrer mich für meine letzten zwei Zigarren und 20 RM noch bis Hallstadt fuhr. Von dort ging ich zu Fuß, vor mir die Türme der Michelskirche und des Doms.

11. September 1945. Das Kunkelhaus fand ich unversehrt, und überhaupt im Materiellen alles für unsere Begriffe friedensmäßig. Butterbrote, Milch, Käse, eine Fleischbrühsuppe. Andrerseits scheint mir hier der Druck der Amerikaner noch fühlbarer zu sein als in Berlin; überall bewaffnete Posten, Scharen und Scharen von Amerikanern; sehr wenig Aufräumungsarbeiten, die ganzen Brücken noch kaputt und nur schmale hölzerne Notbrücken. – Gestern Nachmittag machte ich eine erste Erkundungsfahrt nach Höfen; das Haus ist da, und ungeplündert; Bewohner außer Frau Mehling die Prinzip von Sachsen-Meiningen, die Sekretärin von Gertrud Bäumer und der Adoptivsohn von Gertrud Bäumer. Letztere wohnt im Aufsessianum und hat morgen ihren 72. Geburtstag. Nach allem, was wir durchgemacht hatten, ist es fast schmerzhaft und unerträglich, alles in Höfen so unverändert zu finden; ich weiß nicht warum. Ich habe noch das Gefühl, ein aufgedrehtes Rad zu sein, das sich weiter drehen muß, während hier Stillstand geboten wäre. Aber das wird sich alles sicher geben. Heute will ich für ganz hinausziehen. Da meine Anna in Baunach ist, muß ich mich selbst versorgen und auch sehen, wie ich zu Lebensmitteln komme.

17. September 1945

Ursula von Kardoff

Keine trostloseren Orte als diese überfüllten Wartesäle

Ursula von Kardoff, 1911 in Berlin geboren, hat zunächst die politische Entwicklung in Deutschland eher von der komischen Seite her betrachtet: der neue Reichskanzler Hitler reizte sie zu Spott. Bei der Volksabstimmung vom 19. August 1934, mit der Hitler seine Alleinherrschaft besiegelte, machte auch sie ihr Kreuz hinter das Ja. Erst allmählich taten sich ihr die Abgründe der Hitlerschen Politik auf, und ihre tägliche Zeitungsarbeit als Mitarbeiterin der Deutschen Allgemeinen Zeitung, die längst nicht mehr unabhängig war und für die sie muntere Glossen und Reportagen über Flakhelferinnen und dienstverpflichtete Rüstungsarbeiterinnen schreiben mußte, wirkte lähmend auf sie. Ihre Kontakte zu den Kreisen der jungen Intelligenz in Berlin brachte sie in das Umfeld der Verschwörung des 20. Juli, deren Ausmaß in ihrem ganzen Umfang sich ihr jedoch erst enthüllte, als Stauffenbergs Bombe im Führerhauptquartier detoniert war. Ursula von Kardorff arbeitete später von 1948 bis zu ihrem Tod 1988 für die Süddeutsche Zeitung.

17. Sept. 1945, Halle, Bahnsteig

Schaurige Bilder, Trümmer, zwischen denen Wesen herumwandern, die nicht mehr von dieser Welt zu sein scheinen. Heimkehrer in zerfetzten, wattierten Uniformen, mit Schwären bedeckt, in selbstgemachten Krücken schleichend. Lebende Leichname. Wir gaben ihnen unser letztes Brot. Mit Mann und Roß und Wagen – hat sie der Herr geschlagen.

Auf der Bahnfahrt hierher saß ich auf einem Puffer. Gar kein unbequemer Sitz, störend nur die Funken von der Lokomotive, die mir Löcher in den Regenmantel brannten.

Wittenberge, zehn Uhr abends
Zuflucht in einem alten Bunker. Ich stehe vor dem Wasch-
raum, an die Wand gelehnt, in der Nähe der einzigen Birne, die
hier brennt, und mache meine Notizen. Im Klo, das keine Tür
hat, rasiert sich vor einem Spiegelscherben unser Doktor, die
Rot-Kreuz-Binde am Ärmel. Meine Beine sind geschwollen,
das Gesicht brennt, die Haare verstecke ich unter dem Turban.
Wie ich diese Turbane hasse. In meinem Rucksack ist die mühsam ergatterte Butter ausgelaufen, auf mein Kostüm.

Wie unwahrscheinlich schnell haben sich die Rollen ver-
tauscht. Die Russen, in sauberen (wenn auch unkleidsamen)
Uniformen, fahren in halbleeren Zugabteilen, und auf den Wa-
gendächern hocken die zerlumpten Deutschen und ziehen die
Köpfe ein, wenn es durch einen Tunnel geht. Alle Schilder
hier, mitten in Deutschland, sind kyrillisch beschrieben, die
Bahnbeamten tragen Armbinden mit russischen Aufschriften,
die Schupos haben den roten Stern an der Mütze. Morgen früh
um vier Uhr soll angeblich ein Güterzug nach Berlin gehen.
Wir haben Kartoffeln auf einem Acker in der Nähe geklaut
und sie draußen auf einem Feuerchen aus Zweigen in der Scha-
le gebraten. Der Kumpel, der Maschinenschlosser ist, organisiert so etwas vorzüglich.

18. September, Jüterbog
Halt auf freier Strecke. Ich hocke in einem Güterwagen, habe
einen Platz an der Wand ergattert. Dank Pervitin vor dem Ein-
schlafen bewahrt, denn in der Nacht wurden wir von unserem
Lager auf dem Steinfußboden im Bunker alle zwei Stunden
durch grelle Taschenlampen hochgeschreckt, weil russische
Soldaten jemanden suchten. Bärchen durchlief jedesmal ein
konvulsivisches Zucken. „Zitteraal", flüsterte ich ihr zu, was
sie wenigstens etwas erheiterte.

Unser Wagen ist brechend voll. Hauptsächlich Arbeiter.
Auch ein KZler ist dabei, der seinen Ausweis herumzeigt, er ist
Mitglied der KPD. Unser Kumpel hat hinten an der Wagen-
wand eine unrasierten Genossen entdeckt und ruft: „Mensch,
dir kann man ja als Drahtverhau an die Front einbauen!" Er ist

ein echter Berliner, witzig und stets gutgelaunt. Große Debatten brechen aus. Ein Arbeiter mit Schirmmütze greift die Russen an, sagt dann allerdings: „Wenn wa den Krieg gewonnen hätten, dann liefen wa nur noch uff de Augenbrauen." Ein anderer: „Die Engländer und Russen halten uns für doof, aber was der Hitler an Bescheißen gekonnt hat, det könn' wir noch lange." Es ist eng wie in einer Sardinenbüchse. „Is bei Ihnen noch'n Stehplatz?" wird mein Nachbar gefragt. „Ja, wenn Se uff meene Beene stehn wolln", ist die Antwort, „det kost aba Umsteiger." Jetzt berichtet der KZler, der Botschafter Schulenburg sei noch am Leben.

Die Männer titulieren sich mit „Sportsfreund". Ich komme aus dem Lachen nicht heraus. „Die dunkelweiße Farbe von meen Jesicht jefällt ma", sagt ein ganz Bleicher neben Bärchen, „det ist direkt Täng." „Bei deinem Wasserkopp geht ja nich mal ne Zigarette an", sagt der Kumpel. O Heimat Berlin – wie ich dich liebe. Wir durchfahren einen völlig zertrümmerten Bahnhof. „Det merk ick mir", sagt einer, „wo son mieser Bahnhof is, koof ich keene Fahrkarte mehr, an den andern dafür zwei." „Na, Sportsfreund", sagt er dann, als er an den Füßen eines schäbigen Elegants modisch gestreifte Socken entdeckt: „Wenn du mit deene Strimpe üban Kurfürstendamm jehst, bleibt keena nüchtern."

Wir stehen nun schon fünf Stunden auf einem Abstellgleis. Der Kumpel organisiert wahrhaftig einen heißen Kräutertee. Der Doktor untersucht die Karbunkel an den Händen des KZlers und macht ihm einen neuen Verband. Jetzt kommt die Sonne heraus. Da ich dauernd in mein Büchlein kritzle, soll ich auf allgemeinen Wunsch vorlesen: „Entweder wir rauben Ihnen det Schriftstück oder Ihre Tugend." Aber schon fährt unser Zug an. Allgemeines Freudengeschrei. Ich komme in ein Gespräch mit einem ausgemergelten Mann. Auch er hat als Kommunist im KZ gesessen, sechs Jahre lang, und als er schließlich nach Hause kam, nach Dresden, fand er seine mehrfach vergewaltigte Frau in einem solchen Zustand vor, daß er sie in ein Krankenhaus bringen mußte. „Da waren Sie wohl sehr entsetzt", sagte ich. „Ja", sagte er und wird noch grauer. Nun hält ein Mitzuhörer Propagandareden über die Freundlichkeit der Russen, erzählt, die Amis dagegen, die hätten am Anhalter Bahnhof, einfach weil sie Platz haben wollten, in die Menge geschossen und drei Menschen verletzt. Als der KZler begeistert von der englischen Besatzung spricht, bricht wieder ein Streit aus. Eine junge Eisenbahnerin mit offenem Haar, die stehend strickt, ruft in den Tumult: „Kinder, zankt euch nicht, strickt lieber!" Mein Nachbar sagt: „Laß mal, wenn die Soldaten gesund zurückgekommen wären, hätten sie die Partei noch schön verkloppt." Wir stehen schon wieder. Neben uns rangiert eine Lokomotive, da entdeckt eine Frau auf dem Dach des Tenders ihren Mann. Mit einem regendurchnäßten Hütchen über dem gelben Gesicht, tiefe Kerben um den Mund, steigt er, eine Rübe kauend, zu uns über. Sieht todkrank aus, feuert aber mit ernstem Gesicht ganze Salven von Witzen auf uns ab. Holt ein Stück Brot heraus: „Ik eß jetzt imma Stulle mit Brot, man kanns ooch kalte Brotsuppe nennen." Wir rollen wieder. Bald werden wir in Berlin sein. Ich habe Angst. Wie werde ich die geliebte Stadt nach sechs Monaten wiederfinden? Wird Mama schon dort sein? Wird Bärchens Vater noch leben? Wir sind jetzt tatsächlich in Lichterfelde-Süd.

Heiß, häßlich ist es hier und stinkt (wie wir selbst). Wir fahren nur an Ruinen vorüber.

20. September 1945, Berlin
Das ist nun Berlin. Faszinierend und deprimierend zugleich. Ringsum Hungersnot. Alle Menschen hier haben einen halbirren Blick, der Kampf ums Leben füllt sie völlig aus; trotzdem sind sie herzlich, rührend gastfrei und witzig. Aber das Ganze ist grauenhaft.

Wir schlafen in Bärchens alter Wohnung am Savignyplatz, in einem Zimmer, dessen Außenwand fehlt. Mutter Bähr ist zu einem Strich abgemagert. Der Vater wird, glaube ich, nicht mehr lange leben. Er hat schon das gleiche, hagere, jenseitige Gesicht wie Papa in seinen letzten Tagen. Gott gebe ihm bald einen sanften Tod.

Sie haben hier die Hölle durchgemacht, während wir im Schwabenland Fettlebe hatten. Es ist beschämend, aber keiner der Freunde wirft's uns vor. „Wir waren froh, daß ihr dort wart und wir nicht auch noch um euch zittern mußten wegen der Russen", sagten sie.

War abends noch am Kurfürstendamm. Hübsche Mädchen mit Schleifen im Haar und Umhängetaschen schlendern zwischen englischen, amerikanischen und französischen Soldaten einher. Bei den deutschen jungen Männern fällt der betont zivile Haarschnitt auf. Hot Jazz klingt aus Lokalen, in denen es nur Heißgetränke und nichts zu essen gibt. Zeitungen mit neuen Namen werden ausgerufen. Dabei ist der Kurfürstendamm nur eine Kulisse. Ausgebrannte Fassaden, darin zu ebener Erde provisorische Räume. Wer hochschaut, sieht den Himmel durch die Fensterhöhlen.

21. September 1945

War bei Jutta Sorge, wo mir zu meiner großen Freude mitgeteilt wurde, daß Mama hierher unterwegs sei. Sorges haben es – nach allen Schrecken der Vergangenheit – nun endlich wieder gut. Nachdem herausgekommen war, daß sie einen Offizier aus dem Kreis vom 20. Juli beherbergt hatten, mußte Jutta noch scharfe Vernehmungen in der Prinz-Albrecht-Straße über sich ergehen lassen. Als sie entlassen wurde, war ihre Mutter wunderbarerweise schon zu Hause. Was sie vor dem Transport von Ravensbrück nach Auschwitz bewahrt hat, weiß man nicht – vielleicht die Tatsache, daß sie die Schwester von Frau Stresemann ist.

Bald nach Helmuths und ihres Vaters Entlassung – beide kamen am gleichen Tag – sind Jutta und Helmuth in der Dahlemer Dorfkirche getraut worden. Thilenius und Schwab waren Trauzeugen. Nun leben sie alle wieder fast normal, beinahe luxuriös. Jutta sieht man die schwere Zeit kaum an, sie ist hübsch und gepflegt wie immer, aber hinter dieser Fassade verbirgt sich zuckende Nervosität. Die ganze Familie betreibt die Auswanderung nach Amerika mit aller Intensität.

Fuhr auf Schwabs Rad durch die Stadt. Von der Wilhelm-straße steht nichts mehr, das Auswärtige Amt eine Ruine. Nur das Promi, Stätte unserer Angst, ist unversehrt. Auch am Pariser Platz nur Ruinen. Das Adlon völlig ausgebrannt. Mein Haus vorn eingestürzt, in das Hinterhaus traute ich mich nicht hinein; hatte Angst, Schwabs Rad einzubüßen, wenn ich es draußen stehenließ. Auf dem Platz ein Riesenbild von Stalin – die Wachgebäude am Brandenburger Tor zertrümmert. Soldaten aller vier Besatzungsmächte laufen hier herum, wodurch diese Trümmerlandschaft einen verblüffend lebendigen Aspekt bekommt. Hinter dem Brandenburger Tor, vor den Resten des Reichstags, Gruppen eifrig schwarzhandelnder Menschen, obwohl das streng verboten ist.

Auf dem Rankeplatz Gräber russischer Soldaten. Warnschilder: „Achtung Minen". Zerstörte Panzer liegen wie gestrandete Schiffe auf dem Trottoir. Sie sind beklebt mit Plakaten, auf denen sich Tanzschulen, neue Theater und Zeitungen anpreisen. Auf den drehbaren Sitzen in der Kanzel spielen graue Zille-Kinder. Radelte auch am Franziskus-Krankenhaus vorüber, das sich einsam aus einer Wüste erhebt. Wenn die Nonnen dort in ihren zeitlosen Gewändern auf den von rötlichem Staub bedeckten Trümmerpfaden entlangwandeln, glaubt man, irgendwo auf der kastilischen Hochebene zu sein. Der Tiergarten, verbrannt und chaotisch, sieht aus wie ein Schlachtfeld.

Auf dem Kulturamt traf ich Fiedler. Er hat alles auf echt fiedlerische Weise überstanden, indem er mit dem russischen Offizier, der ihn eigentlich erschießen sollte, aus dem geplünderten Lokal „Gruban und Souchay" mitten im Granatenhagel noch einige Flaschen Schnaps herausholte. „Gräßlich süßen", wie er schaudernd erzählte. Dann haben beide heftig gesoffen, zwischendurch küßte ihn der Russe überströmend vor Herzlichkeit, dann wieder wollte er ihn erschießen, war aber schließlich so blau, daß er alles vergaß.

Sollten wir in Bärchens einst feudalem Zimmer im Dunkeln zwei Schritte zu weit nach vorn gehen, könnten wir vier Stockwerke hinunterstürzen. „Sperlings-Lust" heißen solche dreiviertel verbombten Wohnungen in Berlin.

Wie wird der Winter hier aussehen? Mir graut, wenn ich daran denke. Wo sollen Kohlen, Kartoffeln, Mehl herkommen? Ein Pfund Mehl kostet 150 Mark.

Bärchens Mutter erzählt trocken, in leicht schlesischem Dialekt, von den letzten Kriegswochen, in denen der Tod so viel näher als das Leben war. Wie sie Trinkwasser in Einmachgläsern abgekocht, wie sie verwundete Soldaten, die im Keller lagen, gepflegt hat, wie sie ein erschossenes Pferd auf der Straße ausweidete und Eimer von Fleisch durch den Granatenhagel in den Keller schleppte. Wie sie die Russen beschwor, das Haus nicht anzustecken, als man die Soldaten fand. (Sie hat etwas von einer russischen Frau, wohl deshalb drang sie mit ihrem Flehen durch.) Und wie sie schließlich die Nerven beinahe verlor, als man ihrem schwerverwundeten Mann auf der Suche nach Gold und Uhren immer wieder den Verband abriß. Sie durchstreifte die Umgebung von Berlin, nächtigte unter Brücken, um im Dunkeln irgendwo Kartoffeln zu stehlen, damit sie nicht verhungern mußten.

Nie war sie früher an Ostarbeitern oder Juden vorübergegangen, ohne ihnen ein Stückchen Brot zuzustecken oder eine Zigarette. Darum vielleicht wird auch heute der Suppentopf bei ihr, wie im Märchen, niemals wirklich leer. „Wer gibt, wird bekommen", ist ihr ständiger Spruch. Auch jetzt finden sich unentwegt Hungrige bei ihr ein. Ach, gäbe es mehr Menschen ihres Schlages – die Welt bekäme ein christliches Antlitz.

23. September 1945

Wir haben uns polizeilich angemeldet. Wollen den Anspruch auf eine Rückkehr nach Berlin keinesfalls verlieren. Aber ob ich es hier auf die Dauer aushalte? „Euch fehlt eben ein Glied in der Kette", sagte Schwab. Er hat recht. Diejenigen, die nicht geflohen sind, sondern der Gorgo ins Antlitz schauten, hängen geradezu fanatisch an Berlin. Sie wollen es nie mehr verlassen. Wir saßen im Dämmern mit Schwab auf Bärchens Restbalkon. Er aß alle Brote und drei Teller Suppe mit der Hast eines Menschen, der immer hungrig ist. Sein Jungengesicht ist kantig geworden. Ab und zu peitschen Schüsse durch die Straßen. Ein

Geräusch, das jedem hier so gewohnt ist, daß man gar nicht mehr fragt, woher es kommt.

Berlin ist eine Stadt ohne Eros geworden. Frauen über dreißig sehen hier alt aus, gierig und traurig. Schminke übertüncht so wenig. „Frau, kommt", der Ruf, der durch die Stadt hallte, als der Sieger sich das Recht nahm, zu vergewaltigen, zu plündern, zu erschießen, klingt noch jedem in den Ohren. Hitler hat mit seinem Krieg die Dämme angestochen. Die rote Flut, in der halb Deutschland zu ertrinken droht, ist sein Werk.

Im Viktoria-Studienhaus haben sich acht Mädchen und die Leiterin aufgehängt. Hörte von einem Mädchen, das von fünf Russen vergewaltigt wurde – nun hat ihr adliger Bräutigam die Verlobung aufgelöst. Hörte auch die folgende Geschichte: Ein deutsches Mädchen freundete sich mit einem Engländer an. Eines Tages auf dem Spaziergang sahen sie einen zerlumpten deutschen Soldaten. „Das ist auch so ein Kriegsverlängerer", sagte das Mädchen, darauf ohrfeigte sie der Soldat. Der Engländer schenkte ihm Zigaretten – und ließ das Mädchen stehen.

Ich besuchte eine Freundin in Zehlendorf. Sie ist üppig und hübsch, hatte sich, als Russen in ihre Straßen kamen, hinter einem Kohlenverschlag versteckt, wurde aber von einer Frau verpfiffen, die auf diese Weise ihre Töchter retten wollte. „Dreiundzwanzig Soldaten hintereinander. Ich mußte im Krankenhaus genäht werden. Nie wieder will ich etwas mit einem Mann zu tun haben." Sie will so bald wie möglich auswandern.

Ähnliche Geschichten höre ich ununterbrochen. Es ist, als glaubten die Menschen zu ersticken, wenn sie sich nicht aussprechen. Alles an ihnen rührt mich: ihre mageren Hälse, ihre Falten, ihr unsteter, aber gutmütiger Blick, ihre Zähigkeit, ihre Verzweiflung und ihre Schnoddrigkeit.

25. September 1945

Mama ist da! Als ich von einer Radfahrt durch die Stadt zurückkam, öffnete mir Bärchen mit verheißungsvoller Miene die Tür. Ich wußte es sofort. Stürmte hinein – und da war sie. Abgemagert bis auf die Knochen, aber rotbackig vor Aufregung, wie ein junges Mädchen. Wir fielen uns weinend in die Arme.

Mama erzählte stundenlang. Trotz meiner Anrufe, Briefe und Telegrammme ist sie in Böhlendorf geblieben, weil die Verwandten in Mecklenburg einfach nicht glauben wollten, daß etwas so Unfaßbares wie eine endgültige Niederlage oder gar Russenbesatzung wirklich eintreten könne. Im Gegenteil, man lebte bescheiden und korrekt, verzichtete auf Schwarzschlachtungen, sparte den Wein, der in den Kellern lagerte, verachtete alle, die flohen. Selbst als Stettin schon in russischer Hand war und die Front täglich näher rückte, war man in einer eigentümlichen Mischung von Stolz und Müdigkeit außerstande, etwas zu planen. Die Gerüchte wechselten stündlich: Wenn überhaupt fremde Soldaten kämen, dann könnten es selbstverständlich nur die Engländer sein, ritterliche Menschen, halbe Vettern. Es gab keine Rundfunksendungen mehr, auch keine Telefonverbindungen. Ununterbrochen rollten die Trecks mit den Flüchtlingen aus Ostpreußen und Pommern durch. Sie mußten verpflegt und beherbergt werden. Als den Verwandten schließlich dämmerte, daß es nun wohl auch für sie an der Zeit sei, fortzugehen, wollten sie nicht mehr. Mama harrte mit ihnen aus. Nur meine Kusine ist mit ihren beiden Söhnen wenigstens noch im letzten Augenblick getreckt.

Dann waren eines Tages, an einem Maimorgen, die Russen da. Kosakenschwärme tauchten am Horizont auf. Sie kamen in Massen, mit Panzern, auf Motorrädern, zu Fuß, zu Pferde, sogar auf winzigen Schlitten, vierspännig von Hunden gezogen. Ein Teil der Vorhut fiel in den Weinkeller ein und betrank sich gründlich. Dann wurde geplündert und demoliert, die Möbel, die Ahnenbilder, das Haus. Papas Bilder, die Mama doch hatte retten wollen, natürlich auch. Während Onkel Egon und Mama im Wald einige Koffer hüteten, nahmen Tante May und Onkel Willi Zyankali. Schon lange hatten sie davon gesprochen, wie von einer Selbstverständlichkeit. „Die Kardorffs haben seit fünfhundert Jahren hier gesessen, was sollen wir in der Fremde, ich denke, Gott wird uns in Gnaden annehmen", hat Tante May gesagt.

Als Onkel Egon, einst als Kavalleriekommandeur von Eberhards Regiment der „Schimmelprinz" genannt, zum Gutshaus zurückging, sah er die Leichen. Kam wieder zu Mama, küßte ihr die Hand und sagte: „Ich muß dich jetzt allein lassen. Ich kann ein solches Leben nicht ertragen und ich habe keine Furcht vor dem Tod." Dann ging er auf die kleine Grabstätte im Wald, wo seine Eltern und auch Papa begraben liegen, und nahm ebenfalls Gift.

So war Mama ganz allein. Mit einem Rucksack, in dem die letzten Wertsachen waren, machte sie sich zu Fuß auf den Weg. In der näheren Umgebung ähnlich fürchterliche Szenen wie in Böhlendorf. Betrunkene Soldaten, tote Gutsbesitzer. Eine Frau hatte fünfzehn Angehörige eigenhändig erschossen und sich ertränkt. Schrei im breiten Mecklenburgisch: „Kommandant, Kommandant!" Dazwischen wieder hochgewachsene Kosakenoffiziere, die ihre eigenen Leute verprügelten und gestohlenes Gut zurückgaben.

Mama wanderte weiter. Soldaten nahmen ihr die Armbanduhr, die Wertsachen im Rucksack weg. Handwerker und später eine Pastorenfrau in einer kleinen Stadt gaben ihr Quartier – was mutig war, denn Angehörige von Gutsbesitzern waren verfemt –, bis der Ausweisbefehl kam: „Alle Flüchtlinge haben den Ort sofort zu verlassen."

Weiter ging die Odyssee. Sie kam nach Güstrow. Fand bei einer Bäckersfrau Aufnahme in einer Dachkammer. Ab und zu malte sie Bilder, gab Unterricht im Zeichnen, Nähen und Stikken, half sogar einmal einem Maler bei einem Porträt von Stalin. Dafür bekam sie zu essen. „Aber es war wie in einem Schattenreich", sagt sie, „um mich herum Kranke und Sterbende, Ruhr, Typhus, vom Tode gezeichnete Kinder. Nachts Haussuchungen, Frauengeschrei, Schüsse. Jeden Sonntag verkündeten die Pfarrer in der Kirche neue, unzählbare Todesfälle." Aber sie erzählt auch von russischen Soldaten, die gütig und großzügig waren, die Bevölkerung beschenkten und sogar in die Kirche gingen.

Auf ihren Rundbrief aus Güstrow antwortete als erster (und einziger) Thilenius. Er schrieb, sie solle nach Berlin kommen.

Nach drei strapaziösen Reisetagen kam sie nun an. Ich kann es noch gar nicht recht begreifen. Wir wollen versuchen, in einer Woche nach Hannover zu starten und Klaus und Uta zu finden.

28. September 1945

Berlin frißt mich auf. Man ist ununterbrochen in Anspannung. Fällt Menschen, die man kaum kennt, um den Hals, nur weil sie noch leben. Duzt alle, ist hektisch fröhlich, dann wieder abgrundtief traurig. Hörte Geschichten, die das Blut erstarren lassen. Starke, unser Verbindungsmann zum SD, der uns unschätzbare Dienste leistete, wurde denunziert und gleich von den Russen geholt. Er mußte niederknien zum Genickschuß, dann aufstehen, ein paar Schritte laufen, dann wieder knien – Katz- und Mausspiel. Doch plötzlich stand er vor einer Tür, die ins Freie führte, und konnte türmen. Der Bruder einer Sekretärin aus der DAZ wartete vier Tage lang mit einem gegen Schnaps eingetauschten Sarg neben einem Massengrab – bis die Leiche seiner Braut, die beim Anstehen nach Fleisch von einer Granate getroffen worden war, herausgeholt wurde. Über Nacht stellte er den Sarg bei Bekannten ab. Lächelnd wird dies vorgebracht, nicht ohne auf die Verse von Ringelnatz und seine Seemannsbraut anzuspielen. Man ist auch zynisch in Berlin.

Vorhin klingelte es: Graf Hardenberg. Er hat das KZ tatsächlich überstanden. Sah elend aus, war aber voller Initiative. Wir saßen in Bährs Küche. Mutter Bähr hatte wieder einmal Suppe gezaubert und schenkte mit vollen Löffeln aus.

Hardenberg erzählte in Stichworten: Marsch aus Oranienburg – Flucht in den Wald – schließlich Berlin. Alle Kinder und seine Frau sind am Leben. Fritz, der einzige Sohn, wurde als Sohn eines „Verräters" noch an die Kurlandfront geschickt, konnte aber mit einem Floß vor den Russen fliehen.

Ob Fritzi Schulenburg wirklich im August hingerichtet worden ist oder erst später, weiß niemand. Charlotte ging gleich nach Kriegsende zum englischen Oberkommandierenden in Lübeck und bat um Auskunft. Immer wieder habe sie doch im

Soldatensender gehört, daß er noch am Leben sei. „Das war nur Propaganda", hat der Engländer verlegen geantwortet.

1. Oktober 1945
Gerade, als ich bei Bährs in der Küche, dem gemütlichsten Ort der chaotischen Wohnung, an einem Artikel schrieb – ich will ihn an eine der neuen Zeitschriften schicken, die wie Pilze aus dem Boden sprießen – Invasion: eine Kusine von Bärchen mit vier kleinen Mädchen. Sie wurden aus Polen ausgewiesen. Ein scharfes, verhungertes Gesicht, der Kopf ganz kahl geschoren, die dünnen Beine nach hinten durchgedrückt. Sie sah aus wie ein düsterer Vogel. Erzählte mit monotoner Stimme von ihrem Kampf, die Kinder vor dem Verhungern zu retten. Das Jüngste, ein Baby, starb kurz vor der Abfahrt. „Wie ein kleiner Engel sah er aus, wie ein kleiner Engel", wiederholte sie mechanisch. Die vier Mädchen mit alten Gesichtern, vereiterten Fingern, Läusen, Wunden sitzen still um die zerfledderte Glucke herum. Bärchen wäscht, bürstet, entlaust und verbindet.

Abends kamen Beers (seine Frau und Töchter sind nach Schreckenswochen wohlbehalten aus Schlesien zurückgekehrt), Paul Bourdin mit seiner Frau, dazu Schwab. Ach, die Freunde! Und doch ist mir Berlin, diese aufregende, abgründige und begeisternde Stadt, meine Heimat, im Moment so fremd. Vielleicht weil das Glied in der Kette fehlt, die schlimmste Zeit.

Alle Eindrücke verschwimmen wie in einem zerbrochenen Kaleidoskop. Schicksale, die Bände füllen könnten. Was man so hört: „Die hat sich umgebracht – oder nein, ich glaube, sie wurde verhaftet, von der Gestapo oder der GPU, ich weiß nicht mehr genau – oder ist sie nur in die englische Zone gegangen?" Der wurde von der SS erschossen, weil er die weiße Fahne zehn Minuten zu früh gehißt hat; jener wurde von einem betrunkenen Russen erschossen, weil er keinen Alkohol mehr hatte; die war drei Tage bei der GPU, wurde gut behandelt und dann wieder entlassen.

Ein Freund von Bärchen, auf der Straße aufgegriffen und einem Gefangenentrupp eingegliedert, wurde wieder entlassen, nur weil ein Offizier ihn gefragt hatte: „Du bist verlobt? Ist Braut schön? Nun, dann geh wieder." Die anderen aus dem Trupp sind jetzt vielleicht schon hinter dem Ural.

War mit Bärchen in der Dreigroschenoper. Doch das Aggressive wirkt nicht mehr, wenn man vorher einen Fußmarsch durch das Gespensterviertel am Anhalter Bahnhof machen muß. „Erst kommt das Fressen, dann kommt die Moral." Welche Aktualität.

„Willkommen in Shanghai", sagte Guenther, Etzdorfs Freund. Doch wir kamen nur, um Abschied zu nehmen. Ich könnte das Fiebrig-Hektische hier jetzt nicht mehr lange ertragen, die Blicke, die nie auf einem Punkt ruhen können, die Hände, die nervös nach Zigaretten greifen, die Unsicherheit; die Geschichten von Verschleppungen in die russische Zone; die Schüsse nachts, die zermürbende Jagd nach Lebensmitteln, nach ein paar Kartoffeln, die überfüllten S- und U-Bahnen. Und Mama muß unbedingt hier heraus.

2. Oktober 1945

Wir hocken am Bahnhof Grunewald. Der Kumpel, der zu seiner Frau nach Hamburg möchte, Bärchen, die in Jettingen Lebensmittel für den kranken Vater organisieren will, und ich, Mama und die Mutter der Wirtsleute in Eschwege haben wir nebenan im Bahnwärterhäuschen untergebracht.

Heute nacht um drei Uhr soll es einen Zug geben, der kurz hier hält, so daß man aufspringen kann. Sieht aber unwahrscheinlich aus. Alle zehn Minuten schauen wir hinaus. Doch kein Zug kommt.

3. Oktober 1945

Nachmittags. Sind in Spandau-West in einem Güterwagen untergekommen. Englische Soldaten gaben uns sogar Stroh. Heute früh hierherzukommen war nicht einfach. Die alte Dame, die wir nach Eschwege mitnehmen, konnte nicht mehr gehen. Fanden einen Mann, der sie in einem Handwagen herzog – für fünfzig Mark. Nun warteten wir alle auf die Abfahrt.

Abends elf Uhr. Man soll den Tag nicht vor dem Abend loben. Noch in letzter Minute entdeckte uns eine Offiziersstreife und setzte uns an die Luft. Wir blickten dem davonrollenden Zug nach, aus dem die Soldaten uns freundlich und bedauernd zuwinkten. Dann suchten wir, beladen mit unseren abscheulichen Bündeln, eine neue Möglichkeit. Von ferne tauchte ein Offizier auf. „Der wird uns helfen", dachte ich, weil er mich irgendwie an Klaus erinnerte, eilte auf ihn zu und brachte stotternd unseren Wunsch vor. „Get out here immediately", war alles, was ich zur Antwort bekam. Gleichzeitig griff er nach einer Reitpeitsche. Ich verlor die Beherrschung, weil ich so enttäuscht war. Schrie ihn wütend an, worauf er entgegnete: „I will put you in prison" und einen Sergeant herbeiwinkte, der uns alle aus dem Bahnhof vertreiben mußte. Während mir die Tränen der Wut hinunterliefen, bändelte Bärchen mit dem Sergeant an. Nach Mitternacht will er uns wieder auf die Gleise führen.

4. Oktober 1945

Sind in der Nähe von Magdeburg. Unser Zug steht. Schafften es gestern dank Bärchens Diplomatie tatsächlich mit Hilfe des freundlichen Sergeant, zweier rührender deutscher Polizisten und eines Eisenbahners. Die Waggontüren sind plombiert. Aber das Schlimmste liegt noch vor uns, wenn wir die Grenze von der russischen in die britische Zone passieren. Unser Wagen steht gerade unter einer Brücke, über die ein Trupp russischer Soldaten zu marschieren scheint: melodischer, aber wilder Gesang erschallt.

Vier Uhr früh. Endlich drüben! Kurz vor der Grenze schmuggelte ein Eisenbahner noch seine Frau zu uns herein, die uns erzählte, wie oft schon Waggons aufgebrochen und die Leute herausgeholt worden seien. Verängstigt von diesen Geschichten, lagen wir im Dunkeln, aneinandergepreßt, wagten kaum zu atmen. Dann hielt der Zug, zweimal. Geschrei, Stimmen, die verebbten, schließlich wieder Halt. Der Kumpel schlich durch den Vorderwaggon nach draußen, dachte, wir wären schon jenseits der Grenze. Als wir zum vierten Male hielten, kam der Eisenbahner: „Jetzt haben wir's geschafft! Aber warum", fragte er den Kumpel, „mußten Sie ausgerechnet austreten, als der russische Kontrollposten kam?"

Braunschweig, Wartesaal

Es gibt keine trostloseren Orte in dieser Zeit als die überfüllten Wartesäle. Sie gleichen sich alle. Derselbe Gestank nach Muckefuck und ungewaschenen Körpern, dieselben stumpfen, von der Not gezeichneten Gesichter, dieselben Gespräche zwischen den Leuten, die sich fremd sind und trotzdem ungehemmt ihre Schicksale erzählen, wobei keiner dem anderen zuhört. „Hätte ich bloß meine Herbstschlüpfer noch mitgenommen", hörte ich eine Frau sagen, nachdem ihre Nachbarin gerade geschildert hatte, wie ihr Mann erschlagen worden war.

12. Oktober 1945

Luise Rinser

Laß uns Schluß machen mit Haß, Blut und Tod

Vom 22. Oktober bis zum 21. Dezember 1944 reichen die Tagebuchnotizen, die Luise Rinser, eine passionierte Tagebuchschreiberin, die bis heute ihre Chronik weiterführt, heimlich in der Zelle eines nationalsozialistischen Frauengefängnisses gemacht hat, während in Berlin ein Prozeß wegen Hochverrats gegen sie lief.

Luise Rinser, 1911 in Pitzling in Oberbayern geboren, lebt heute in Italien. Sie studierte Psychologie und Pädagogik und war von 1935 bis 1939 als Lehrerin tätig. 1940 erschien ihr erster Roman „Die gläsernen Ringe"; in den folgenden Jahren durfte sie ihren Beruf nicht mehr ausüben und 1944 wurde sie wegen Wehrkraftzersetzung verhaftet; ihre Erlebnisse schildert sie in diesem „Gefängnistagebuch". Ein standhaftes und wagemutiges Buch, das mit dem Appell zur Versöhnung endet. Es erschien 1946 und war als eines der ersten Bücher nach Beendigung des Zweiten Weltkriegs rasch vergriffen. Nach der zweiten Auflage wollte Luise Rinser keine weitere mehr: „Ich hatte mittlerweile soviel gehört und gelesen von den Leiden anderer, die in den Konzentrationslagern gewesen waren, daß mir daneben meine eigenen Erfahrungen nicht erwähnenswert erschienen." 1947, nach einem Vortrag vor mehr als hundert SS-Leuten, einer Veranstaltung des Sonder-Ministeriums für Entnazifizierung, änderte sie ihre Meinung: „Ich sah und fühlte, daß viele dieser Leute bereit waren, Irrtum und Schuld einzusehen."

8. Dezember 1944

Die kleine Versaillerin Odette hat einen Geliebten. Die anderen meinen jedenfalls, er sei ihr Geliebter. Aber ich glaube, es ist etwas ganz anderes. Schon seit einer Woche steht abends, wenn wir aus der Fabrik kommen, an einer dunklen Ecke ein Mann. Er geht eine Weile neben uns her, ganz dicht bei Odette wie ein harmloser Fußgänger. Die Aufseherin merkte einige Tage gar nichts. Er und Odette führen in ihrem raschen Versailler Französisch eine lange geflüsterte Unterhaltung. Er steckte ihr auch unauffällig etwas zu, das sie rasch in ihren Halsausschnitt gleiten läßt. Wenn sie ins Gefängnis kommt, hat sie manchmal eine ganze Menge da vorne drinstecken. Niemand merkt etwas. Gestern sah ich den Mann mittags. Er ist etwa vierzig Jahre alt oder älter, klein, dick, flink, schlecht angezogen, um den Hals ein knallrotes Tuch. Ein gefährlicher, widerwärtiger Bursche. Es gelang mir kaum ein Wort von der zwischen den Zähnen geflüsterten Unterhaltung aufzuschnappen. Heute endlich merkte Frl. H. etwas davon. Sie schimpfte und verbot dem Mann, neben uns herzugehen. Er lachte. Odette sagte laut, rasch und mit höflicher Miete etwas zu Frl. H. Es sollte wie eine Erklärung wirken, es waren aber mehr als ein Dutzend gemeiner Schimpfwörter. Frl. H. versteht natürlich kein Französisch. Frau R. und ich lachten uns halb tot. Frl. H. war wütend. Sie ging auf den Mann los, als wollte sie ihn ohrfeigen, aber er lachte sie freundlich an. Sie schrie und schimpfte den ganzen Weg. Der Mann sagte: „Ich nix verstehen", und ging ruhig mit. Schließlich aber sagte Frau H., sie würde Odette Arrest geben, wenn er nicht aufhörte. Da zog sich der Mann zurück mit einem drohenden, heimtückischen Blick auf die Aufseherin. Odette ist von einer solch impertinenten Frechheit, daß ich sie nur bewundern kann. Wie aber soll uns Deutsche je eine Verständigung mit Frankreich gelingen, oder mit Polen und den anderen Völkern, wenn wir sie jetzt so behandeln? Diese Fälle hier im Gefängnis sind nur ein paar von den Tausenden im ganzen Reich. Wir säen einen bösen Samen.

9. Dezember 1944

Heute war großer Krach. B., die dicke Wirtin, war beim Weißbrotklauen in der Fabrik erwischt worden. Der Dragoner hatte sie gesehen, wie sie ein Stück Brot in den Mund schob. Sie stürzt auf B. zu und faucht sie an. „Geben Sie sofort das Brot her!" B. macht den Mund auf und zeigt ihr das gekaute Brot zwischen den Zähnen. Der Dragoner läuft zu Frl. H. „Die Gefangenen stehlen schon wieder Brot." Frl. H., die immer in Revoltestimmung gegen den Dragoner ist, sagt: „Ach Gott, ja ich hab's schon oft verboten, aber sie haben halt Hunger." Ich bat ihr im stillen für dieses Wort viel Böses ab, das ich über sie gedacht habe. Aber ich weiß ja: Sie spricht nicht aus Mitgefühl mit uns, sondern aus Haß, Neid und Schadenfreude gegen die reichen L.'s und besonders gegen den Dragoner. Sie weiß genau, daß sie beide einmal auf gleicher Stufe standen, beide waren Dienstmädchen, und sie kann es dem Dragoner nicht verzeihen, daß sie reich wurde, während sie selbst es nur zur Hilfsaufseherin im Gefängnis gebracht hatte. Nun: Nach fünf Minuten sah der Dragoner Mariechen, die mit vollen Backen kaute. Ich bemerkte, daß sie uns durch die Büroglasfenster beobachtete, und ich brach mir provozierend vor ihren Augen ein großes Stück von einem frischen Wecken ab. Da stürzte sie wild heraus. „Frl. H., Frl. H., schon wieder zwei Diebstähle."

Ich lachte laut. „Jawohl", schrie sie, „und jetzt rufe ich den Oberstaatsanwalt an, daß ihr wegen Diebstahls angezeigt werdet." „Ja", sagte ich laut, „tun Sie das. Aber merken Sie sich: Eines Tages rächt es sich, wie Sie hier uns behandelt haben." Sie sieht mich flüchtig an, erwidert aber nichts. Frl. H. natürlich sacht: „Haltens Ihr Maul, R.!" Nun, wir sind also gewarnt. Aber wir sind hartgesottene Sünder, und es ist Samstag. Es kommt der lange Nachmittag und der lange Sonntag, und Montag vormittag gibt's kein frisches Weißbrot. Wir werden zwei Tage hungern. Nein, wir werden nicht hungern, wir nehmen uns Weißbrot mit, aber nicht etwa in der Tasche, so dumm sind wir nicht. Wir wissen, daß wir ausgesucht werden (‚gefilzt' ist der terminus technicus). Ehe wir die Fabrik verlassen, müssen wir uns in einer Reihe aufstellen. Der Dragoner und Fräulein H. filzen uns, das heißt, sie tasten uns nach Brotstücken ab. Sie finden nichts. Der Dragoner filzt mich, vielmehr er will es tun. Ich zeige ihr grinsend meine leeren Taschen und öffne meine Jacke. Sie zieht schweigend ab. Frl. H. ist erfahrener. Sie tastet meinen Rücken ab. Sie sagt: „Na, Sie sind ja nicht so." „Nein", sagte ich, „ich bin nicht so." Die Durchsuchung verläuft ergebnislos. Wir haben nichts. Als wir im Gefängnis ankamen, mußten wir ins Büro, der Dragoner hatte die Polizei angerufen. Wir stehen vor dem Oberverwalter. Er sagt: „Ihr habt schon wieder Weißbrot gegessen, hm?" Wir senken scheinheilig schuldbewußt die Köpfe. Ich sagte: „Wir haben so Hunger. Die anderen Außenarbeiter kriegen Brot, Wurst und Milch und wir? Wenn's uns hungert, essen wir ein paar Bissen, das ist alles." Er sagte: „Ich habe schon oft gesagt, man soll euch drüben ein Stück Brot geben, aber –. Jedenfalls: Wenn ihr stehlt, dann nicht mehr als was ihr in den Mund schieben könnt und nicht grad, wenn man euch sieht. Marsch ab." In der Zelle packen wir aus: B. hat in jedem Hosenbein innen mit Schnüren ein langes Stück Brot, Käthe im gefalteten umgebundenen Halstuch, ich unter meinem Kopftuch auf den Kopf gebunden („ich bin ja nicht so"), Mariechen in den Achselhöhlen, Resi in den Strümpfen.

12. Dezember 1944

Sonntag. Alarm, Entwarnung, Alarm – den ganzen Tag. Es schneit. Es ist weihnachtlich. Wir sind traurig, müde, hungrig, denn das Weißbrot reicht nicht aus, und das Mittagessen war versalzen, und wir hatten es zu eilig verschlungen, zwischen Bomben und Bordwaffenbeschuß. Ich bin so müde, daß es mir ganz gleich ist, wenn mich eine Bombe treffen wird. Wir haben Bücher bekommen. Ich habe diesmal die Mörikegedichte, aber sie gefallen mir nicht mehr. Ich weiß noch von früher: „O flaumenleichte Zeit der ersten Frühe", ich liebte das; oder „Früh wenn die Hähne krähn". Das alles ist jetzt stumm für mich, ohne Musik. Wir liegen auf den Pritschen, die meisten schlafen. Frau H. hat einen Herzanfall gehabt, sie stöhnt noch immer gewohnheitsmäßig weiter. Ich schaue mir die Gesichter an, diese Gesichter mit den offenen Mündern, grau, schlaff, häßlich geworden; diese mageren Figuren in den schmutzigen Lumpen. Auf Käthes Haar, hinterm Ohr, kriecht eine Laus ganz langsam. Käthe kratzt sich im Schlaf. Resi sitzt auf dem Eimer, schon lange. Es stinkt. Ich bin auf das Bett gestiegen und habe das Klappfenster einen Spalt weit aufgemacht. Die Luft ist frisch und kalt. Es schneit. Ich hasse diese Geschöpfe hier. Ich kann sie nicht mehr ertragen. Und noch kein Kriegsende. Schon wieder Alarm.

13. Dezember 1944

Eine kleine Abwechslung in dem ewigen Trott. Heute kam der Besitzer selber in die Fabrik, ein kleiner, dicker, ganz gut aussehender Mann. Er ließ seine Augen über uns Gefangene wandern. Ich gab mir unwillkürlich für einen Augenblick Mühe, hübscher auszusehen, und in einem Anflug von Koketterie lächelte ich ihn an. Er grüßte. Er brauchte vier Gefangene, die ihm beim Umräumen im Lager helfen sollten. Frl. H. wählte Odette, Resi I (das Bauernmädel) und Resi II (die Braut des Deserteurs) und mich. Wir warfen unsere Jacken über und gingen. Wir gingen durch die halbe Stadt. Ich habe diese Stadt seit meiner Kindheit nicht mehr gesehen. Es ist eine Kleinstadt, noch nicht bombardiert, aber trotzdem trist. Die Schaufenster sind leer, das Straßenpflaster schadhaft, die Häuser dunkel von Alter und Regen, überall reparaturbedürftig. Die Leute, denen wir begegnen, sind ebenfalls trist, gehetzt, mißlaunig. Sie schieben uns grob und hastig beiseite und gaffen uns neugierig und verächtlich an. Jemand fragt: „Sind das Polen oder Ukrainer oder was?" Eine mürrische Frau antwortet: „Ach was. Zuchthäusler sind's, Diebinnen halt oder so was." Wir tragen den Stempel L. G. T. auf unseren Jacken und Röcken (Landgerichts-Gefängnis Traunstein). Wir gingen in einen weitläufigen Speicher, wo wir eine Unmenge von großen Stößen gefalteter Kartons umschichten mußten. Es war eine ziemlich schwere Arbeit, und der Speicher war eiskalt und zugig. Herr L., hemdärmelig mit Hosenträgern, die dicke Uhrkette über dem vollgefressenen Bauch, arbeitete schnaufend mit. Die Arbeit war offenbar sehr eilig. Wir unterhielten uns. Es war mir angenehm, einmal mit einem Mann zu reden. L. ist einer von jenen Bourgeois, die unter einem weltmännischen Anstrich ihre Geldgier, ihre bebende Angst vor dem Verlust dieses Geldes und ihrer anderen Güter, ihre Gefräßigkeit und Lüsternheit mühsam verbergen. Ich bemerkte, daß er der hübschen Odette schöne Augen machte. Er spricht französisch. Und Odettes Antwort drauf ließ nichts zu wünschen übrig. Jede ihrer Bewegungen ist von einer so natürlichen Koketterie, daß ein Mann wie L. darauf hereinfallen muß. In Wirklichkeit machte sie sich über ihn lustig, deutete hinter seinem Rücken auf seinen dicken Hintern und äffte ihn nach. Er fragte mich, weshalb ich sitze. Ich erzählte es ihm. Er riß einige Witze über Hitler und die Nazis und erzählte mir, daß er Eva Braun, Hitlers Liebste, kenne. Er gab sich als Anti-Nazi, und ich hätte gern mit ihm ‚gegreuelt', hätte mich nicht der Instinkt vor ihm gewarnt. Um zehn Uhr ging er fort, um Wurst und Brot für uns zu holen. Er sperrte uns ein. Wir waren für eine Viertelstunde allein. Es war eine wundervolle, aufschlußreiche Viertelstunde. Wir arbeiteten natürlich nicht weiter, sondern untersuchten das Lager. Wir fanden einen Stoß von Paketen, die sich weich anfühlten. Der Stoß war etwa eineinhalb Meter hoch und ebenso lang und breit. Wir rissen eine Ecke auf und fanden Tuchballen, Anzugstoffe, Mantelstoffe, wundervolle Wollstoffe. Weiter: In einem dunklen Teil des Lagers etwa sechzig Säcke Zucker oder mehr, Hunderte von Mehlsäcken, ganz weißes Mehl, Kisten voll von Mandeln, Nüssen, Rosinen. Wir hörten die Nüsse leider nur klappern und die Rosinen rochen wir nur. – Die Kisten waren fest vernagelt. Weiter: etwa 50 oder 60 Kartons, die nach Vanille dufteten. Die Kartons waren mit Draht gebunden und nicht aufzukriegen. Odette, kurz entschlossen, riß eine Ecke auf. Da rieselte Vanille-Zucker heraus. Wir leckten eilig und voller Gier, aber da erwischten wir zu wenig. Odette hatte eine gute Idee: Wir haben alle immer unsere Löffel in der Tasche. Mit Löffeln aßen wir nun Zucker. Er brannte uns im Halse, aber er war süß. Zuletzt brachte Odette kleine Tüten, in die wir den Zucker füllten. Damit stopften wir uns die Schlüpfer und Blusen voll. Aber plötzlich bemerkten wir, daß der ganze Speicher nach Vanille duftete. Was tun? Wir hörten die Schlüssel klirren. L. kam zurück. Große Aufregung. L. brachte uns nicht etwa Semmeln, sondern Schwarzbrot und eine ganz schlechte, billige Wurst. Aber immerhin, Wurst ist Wurst, und wir waren trotz Vanille-Zucker hungrig. Schließlich schnupperte L. in die Luft. Ich kam ihm zuvor. Ich sagte: „Herr L., denken Sie, da ist ein Karton Vanille-Zucker offen. Wir wollten ihn herunterheben, da sahen wir, daß eine Ecke weg ist. Das müssen Mäuse sein.“ Er sagte: „Ach, diese verdammten Mäuse. Die fressen doch alles an. Ich muß Fallen stellen.“ Er stieg sofort zu den Kartons hinter und – der Gott der Diebe war uns gnädig: da lagen wahrhaftig Mausböllchen. Wir waren gerettet. Der Rest von Vanille-Zucker lag auf dem Boden verstreut. Er sagte: „Kehrt ihn zusammen und schmeißt ihn raus.“ Ich starrte ihn an. Kam er denn wirklich nicht auf die Idee zu sagen: „Nehmt ihr ihn“? Weiß er denn wirklich nicht, was für eine Köstlichkeit Zucker für uns ist? Nein, weiß Gott, er ahnt es nicht. Er hat alles, was er braucht. Er weiß nicht, daß es Menschen gibt, die hungern. – Mir wurde übrigens klar, was diese Umräumerei bezweckt. Als wir am Nachmittag wiederkamen, waren die Stoffballen und die Zuckersäcke fortgeschafft. Ich sagte unschuldig: „Wo sind denn die Ballen hingekommen, die da waren?" Er sagte: „Oh, das ist bloß Sackleinen für die Mehlsäcke. Die haben wir vor den Bomben gerettet. Man weiß ja nie." „Ja", sagte ich, „da haben Sie recht, Herr L., man weiß nie, was kommt. Ist ganz gut, wenn man sein Schäfchen im trocknen hat, nicht wahr? Man soll so lange essen, wie man kann." Er schaute mich mißtrauisch an. Ich lachte: „Herr L., vor den Bomben würde ich mich an Ihrer Stelle weniger fürchten als davor, daß einmal eine Zeit kommt, in der man nicht mehr so viel haben kann, wie man will, während die anderen nichts haben." Ich lächelte ihn freundlich an. Er räusperte sich und ging. Der wird mich nicht mehr mitnehmen. Ist auch nicht nötig. Ich sah genug. Am Abend sagte mir Frau R., daß L. schon drei Gefangene, denen er Äußerungen gegen Hitler entlockt hatte, angezeigt habe.

14. Dezember 1944

Noch ein Kapitel L.: Heute wurden den ganzen Tag Weihnachtsplätzchen für die Familie L. in der Bäckerei unserer Fabrik gebacken. Der Duft zog stundenlang um unsere Nasen. Die vier Hochblonden liefen geschäftig hin und her und trugen Platten voll fertiggebackener Plätzchen dicht an uns vorbei ins Büro. Es waren alle Arten von Bäckereien, die ich seit Jahren nicht mehr gesehen oder gegessen hatte, Friedensbäckereien, gelb von Eiern und duftend nach Butterteig, mit buntem Zucker bestreut, mit Haselnüssen und Mandeln belegt, mit dickem Schokoladenguß, mit Rum- und Arrakduft. Am Nachmittag rochen wir, wie üblich, dazu noch Bohnenkaffee und Zigaretten. L. selbst kam, sein Sohn mit ihm, und es wurde stundenlang gegessen und getrunken. Als es einen kleinen Maschinendefekt bei uns gab, mußte Mariechen den Dragoner aus dem Büro rufen. Mariechen erzählte, auf dem Tisch stünden zwei große Likörflaschen und auf dem Boden lägen eine Menge Plätzchen vor dem Hundekorb. Der Hund habe sich wohl überfressen. Sie hätte rasch ein paar Zigarettenstummel geklaut, die ebenfalls auf dem Boden gelegen waren. Als die Aufseherin für kurze Zeit draußen war, stellten wir uns auf die Stühle und starrten durch die Glasfenster ins Büro. Es fehlte wenig, und wir hätten eine Revolte gemacht, aber die Aufseherin kam zurück, und wir huschten auf unsere Plätze. Von diesem Augenblick an waren wir eine geschlossene Front des Hasses. Wir sprachen kein Wort, aber nach fünf Minuten riß an Odettes Maschine der dicke Lederriemen. Der Dragoner mußte ihn abnehmen und zur Reparatur geben. Maschine I saß beschäftigungslos und schlug sich ungeniert mit Weißbrot voll. Die Aufseherin sah beiseite. Weiter fünf Minuten später sprang bei meiner Maschine eine Feder und wurde nicht mehr gefunden. Bis der Dragoner eine neue aufmontiert hatte, vergingen zehn Minuten. Plötzlich war der Trichter der Abfüllmaschine unheilbar verstopft. Dann riß mein Riemen (ich hatte die Naht aufgetrennt), Maschine II stand ebenfalls still. Der Dragoner reparierte schweigend. Kaum waren die beiden Riemen in Ordnung, gab es Kurzschluß. Wir hatten die Maschinen zu rasch laufen lassen. Dazwischen füllten wir statt Semmelbrösel alte Lumpen und Papierfetzen in die Beutel, klebten sie ordnungsgemäß zu und packten sie in die Kartons. Sie wurden am Abend noch verladen und werden morgen verschickt. Käthe fing einige Schaben, diese eckligen braunen Käfer, wie sie zu Hunderten in der Bäckerei herumkriechen, und packte sie ein. Dann ging plötzlich die Heizung aus. Es war verzweiflungsvoll. Als schließlich noch an der Kartonmaschine der Draht riß, begann der Dragoner zu fluchen. „Ach", sagte ich halblaut, „wozu die Aufregung? Es gehen ja doch bald keine Transporte mehr, die Bahnen sind fast alle bombardiert." Frau R. sagte: „Na wissen Sie, für so eine kriegswichtige Ware wie die Semmelbrösel wird der Führer doch noch zu sorgen wissen." Der Dragoner würdigte uns keines Blickes. Wir schoben soviel Weißbrot in den Mund, wie wir nur konnten. Es knusperte laut, dicht neben dem Dragoner, aber er sagte kein Wort. Er hatte vielleicht begriffen. Am Abend waren statt 360 Kartons nur 220 fertig geworden.

16. Dezember 1944

Der Anwalt war da. Er hat ein Gesuch eingereicht, daß ich zu Weihnachten auf zwölf Tage Haftunterbrechung nach Hause darf. Er meint, es könnte durchgehen, aber ich sollte mir keine Hoffnung machen. Ich mache mir keine mehr. Gar keine. Ich sagte ihm, die ‚Hebamme‘ mit ihren acht Abtreibungen sei freigelassen worden. Er zuckte die Achseln. „Sie wissen“, sagte er in seiner rhetorischen Art, „ich bin ein Mann, der im Traum schreien will und nicht kann. Ich bin unglücklicher als Sie.“ Ich schwieg darauf.

17. Dezember 1944

Die große politische Neuigkeit: Rundstedt hat am Rhein eine Gegenoffensive gemacht. Die Amerikaner gehen zurück. Deutschland triumphiert. Viele Gefangene ebenfalls. „Nun gewinnen wir den Krieg.“ Ich sage: „Blöde Gesellschaft, Idioten. Das ist bestenfalls der letzte Schrei vor dem Zusammenbruch.“ Außer Frau R. und der Bremerin glaubt mir niemand. Frau H., die ehemalige österreichische ‚Illegitime‘, strahlt: „Unser Führer! Hab ich’s nicht immer gesagt: Er läßt die Feinde bis an die Grenzen kommen, da hat er sie in der Falle, und nun schlägt er sie.“ Frau Sch. sagt: „Rindvieh.“ Was soll werden aus Deutschland, wenn die Nazis gewinnen? Ach, sie gewinnen nicht, ich weiß es. Aber ich bin verzweifelt.

20. Dezember 1944

Noch immer gehen die Deutschen vor. Was ist denn mit den Amerikanern los? Haben sie Nachschubschwierigkeiten? Warum zögern sie? Ich begreife nichts mehr. Das Essen hier ist so schlecht, daß wir fast nichts mehr essen können. Nur Z. frißt vier oder fünf Portionen. Sie kratzt alle Reste aus. „Nur dem Gefängnis nix schenken“, sagt sie grinsend. Heute waren von meinen vier Kartoffeln alle vier schlecht. Ich beschwerte mich. Die Aufseherin ging in die Küche, um bessere zu holen. Sie kam ohne Teller wieder. Es sind keine mehr da. Ich schrie: „Was soll ich denn fressen?“ Und ich warf ein paar schlechte Kartoffeln an die Wand, daß sie dort kleben blieben. Die anderen erstarrten. Die Aufseherin warnte mich, aber dann ging sie. Was soll sie machen? Sie ist nicht schuld daran.

Heute nachmittag ist meine Eiterbeule plötzlich aufgebrochen. Der Eiter lief gelb und dick über die Semmelbrösel und über die Maschine. Ich wurde rasch verbunden, dann mußte ich weiterarbeiten. Der Verband war augenblicklich durchblutet, die Päckchen, die ich heute machte, haben alle Blut- und Eiterspuren. Aber was tut das? Es ist ja alles gleichgültig.

Heute abend machte meine Zelle ein altes Gefangenenspiel, um mich zu unterhalten. (Zum erstenmal war ich trostbedürftig, aber niemand wollte daran glauben.) Sie warfen einen Schuh. Von der Stelle aus, wo er liegenblieb, legten sie von jeder von uns einen Schuh an den anderen, so, daß von dem zurückgeworfenen Schuh bis zur Zellentür eine Reihe aneinanderstoßender Schuhe lag. Sie sagen, der, dessen Schuh auf diese Weise der Tür am nächsten ist, wird am ehesten entlassen. Mein Schuh war an der Tür. Sie haben es wohl so eingerichtet, um mich zu trösten. Ich warf die Schuhe in eine Ecke und heulte. Sie saßen ratlos um mich und wußten nicht, was sie tun sollten. Ich schrie: „Das habt ihr eurem Führer zu verdanken, das alles, den Dreck, den Hunger, euren Jammer. Diesem Wahnsinnigen, diesem Schwindler." Sie legten mir die Hand auf den Mund. Aber mir ist alles gleich. Jetzt bin ich wieder ruhig. Vor meinem Kopf liegt ein Brett. Einen gnädigen Knüppel hat man mir auf meinen Kopf gehauen. Jetzt bin ich betäubt.

Heute sind plötzlich Gefangene entlassen worden, darunter alle, die mit Ausländern Liebschaften hatten. Wieso? Ist unsere Gegenoffensive zurückgeschlagen? Große Aufregung im Gefängnis. Jede wartet auf ihre Entlassung. Ich auch. Spät am Abend kam mein Anwalt und ließ mich rufen. Ich stürmte zu ihm. Nichts. Er meinte, das Gesuch sei abgelehnt worden, sonst wäre es heute mit den anderen Freilassungen gekommen.

Gut – feiern wir Weihnachten im Gefängnis. Das Weihnachtspaket ist auch schon da. Von K. ein Buch, von Ma ein Kuchen, dazu Plätzchen, Äpfel, Nüsse, ein Tannenzweig mit Kerze. Ich hatte es mittags geöffnet, am Abend war die Hälfte der Plätzchen und Äpfel bereits gestohlen. Ach, mir ist alles gleichgültig. Alles.

Etwa zehn Minuten später. Wir haben heute sehr lange Licht. In den Minuten, die hinter mir liegen, bin ich einen weiten Weg gegangen von wilder Verzweiflung und heftiger Todesangst bis zur Gefaßtheit. Warum eigentlich bin ich so verzweifelt gewesen? Vor allem, weil ich mich vor dem Weihnachtsabend fürchtete. Ich dachte an die Kinder. Aber das ist eine Sentimentalität. Die Kinder werden Weihnachten ohne mich feiern. Viele Kinder müssen ohne Vater und Mutter feiern. Und warum hatte ich Angst vor dem Tod? Ich bin noch nicht verurteilt. Und wenn auch. Einen Augenblick lang empfand ich eine tiefe Erleichterung bei dem Gedanken an den Tod. Ich glaube, ich werde nur das ertragen können, was mir bestimmt ist.

Ein Jahr später

Am 12. Oktober 1945, gerade am Jahrestag meiner Verhaftung, bekam ich einen Brief der Frau, auf deren Veranlassung hin die Anzeige erfolgt war. Dieser Brief ist wirklich geschrieben worden.

A., Oktober 1945

Luise,
Du rächst Dich bitterlich. Sepp ist seit neun Wochen verhaftet. Er wird wohl nicht wiederkommen. Ich selbst bin nach anfänglicher Einstellung in den Volksschuldienst wieder entlassen, mit drei Kindern heimatlos.

Ich komme, Dir abzubitten. Mehr nicht. Ich trage die Folgen. Ich habe schmerzlich genug erfahren gelernt, daß Du recht hattest. Damals konnte ich das Ungeheuerliche nicht glauben, es war zu viel. In einer Stunde zerbrachst Du mir ein Weltbild, das ich seit über zehn Jahren für gut und richtig gehalten hatte. In meiner inneren Not mußte ich mein Versprechen, zu schweigen, brechen. Ich schrieb. Sepp zeigte an. Ich mußte aussagen. Es war mir hart genug und ich habe oft bereut.

Nun tust Du, was Du für richtig hältst. Bedenke, daß auch wir taten, was wir für richtig hielten, weil wir nicht hinter die Kulissen schauen konnten. Nun Schluß. Ich wünsche Dir nur Gutes.

Lisl

Meine Antwort darauf:

K., 12. Oktober 1945

Lisl,
Du irrst, wenn Du glaubst, ich sei schuld an Deinem Unglück. Ich habe euch nicht angezeigt. Kennst du mich so schlecht, daß Du glauben kannst, ich wollte mich rächen? Ich habe eure Begeisterung für Krieg und NS bekämpft. Ich habe es getan, weil ich beides verabscheute, wie ich alles verabscheue, was aus Gewalt und Haß geboren ist. Wie könnte ich jetzt das selbst tun, was ich an euch bekämpfte? Das, was ihr mir angetan habt, und das, was ihr beigetragen habt zur großen Schuld an der Menschheit, das rächt sich nach einem unbarmherzigen Gesetz aus sich selbst. Mögen andere die Gelegenheit benutzen, um sich zu rächen. Ich tue es nicht, denn ich glaube nicht daran, daß Blut durch Blut gelöscht werden kann. Du entschuldigst Dich bei mir. Das ist unnötig und sinnlos. Unnötig, denn für mich persönlich sind die Leiden des Gefängnisses längst unwesentlich geworden und weit überwogen von dem geistigen Gewinn aus jener Zeit. Deine Entschuldigung ist sinnlos, denn sie kommt zu spät und sie kommt aus einer unsauberen Quelle. Dein Glaube an Hitler ist zusammengebrochen genau in dem Augenblick, in dem die NS zusammenbrach. Deiner Wandlung liegt nicht die Erkenntnis der Unwahrhaftigkeit, der Bosheit, Dummheit und Unmenschlichkeit jenes Regimes zugrunde, sondern lediglich die bittere Erfahrung seiner Unhaltbarkeit. Es gehört nicht viel dazu, nach einem solchen Zusammenbruch zu erkennen, daß da etwas falsch gewesen ist.

Du sagst, es sei Dir hart genug gewesen, meine Anzeige veranlaßt zu haben. Erinnerst Du dich an den 1. Februar, als wir uns bei dem schrecklichen Verhör (acht Stunden dauerte

246

es für mich) beim Reichssicherheitsdienst in Berchtesgaden wiedersahen? Du weißt, daß mein Anwalt diese Gegenüberstellung für mich erkämpft hatte, weil wir glaubten, Du würdest die Gelegenheit wahrnehmen und Deine Zeugenaussage, auf die sich alles baute, zurücknehmen oder doch mildern. Du hast mich voller Haß angesehen. Es mag Unsicherheit und Reue gewesen sein, was Dich so verhärtete. Als ich etwas zu meiner Verteidigung anführte, schriest Du: „Sie lügt." Du hast gewußt, daß Deine Aussage mich aufs äußerste gefährdete. Du hast gewußt, daß auf Wehrkraftzersetzung und Hochverrat der Tod stand oder jahrelanges KZ. Du hast gewußt, daß ich zwei kleine Kinder habe, die mutterlos zurückbleiben würden, wenn man mich nach Deiner Aussage verurteilte. Du hast gewußt, daß Sepp mich deshalb angezeigt hat, weil er fürchten mußte, seine schöne, vergnügliche Stelle als Offizier am Allensteiner Kasino zu verlieren, wenn die politische Vernunft und die heftige, uneigennützige Liebe zum Frieden allzu populär geworden wären. Nein, ich nehme Deine Entschuldigung nicht an. Ich persönlich habe alles, was mich betraf, auch den Bruch unserer früheren Freundschaft, überwunden. Was ich weder vergessen will noch verzeihen kann, ist der Haß, der aus Deinen Augen sprach. Das warst nicht Du, das war der Wahnsinn, der Dich ergriffen hatte, genau so wie er die vielen andern ergriffen hatte.

Aber nun laß uns Schluß machen mit Haß, Blut und Tod. Was wir wollen (wir, die Überlebenden, die, die wirklich etwas gelernt haben in diesen schrecklichen Jahren), das ist Friede und Menschlichkeit.

Luise

Quellenverzeichnis

Ruth Andreas-Friedrich, Schauplatz Berlin. Ein Tagebuch aufgezeichnet 1938–1945, Reinbek 1964, S. 128–136.
Mit freundlicher Genehmigung der Autorin.

Gretel B., Ein jedes Sternlein ein toter Kamerad, in: Mein Tagebuch, Geschichten vom Überleben 1933–1947. Hg. v. Heinrich Breloer, Köln 1984, S. 108–115.
Mit freundlicher Genehmigung der Verlagsgesellschaft Schulfernsehen, Köln.

Christabel Bielenberg, Als ich Deutsche war. 1934–1945. Eine Engländerin erzählt, München 1996 (C. H. Beck Verlag), S. 12–23.

Elisabeth Block, Erinnerungszeichen. Die Tagebücher der Elisabeth Block. Hg. v. Haus der Bayerischen Geschichte u. v. Historischen Verein Rosenheim, Rosenheim 1993, S. 162–167.
Mit freundlicher Genehmigung der Herausgeber.

Margret Boveri, Tage des Überlebens, Berlin 1945. München 1968, S. 303–317.
Mit freundlicher Genehmigung von W. und E. Dambitsch, Berlin.

Elisabeth Freund, Als Zwangsarbeiterin 1941 in Berlin. Hg. u. kommentiert v. Carola Sachse, Berlin 1996, S. 82–87.
Mit freundlicher Genehmigung des Akademie Verlages, Berlin.

Bella Fromm, Als Hitler mir die Hand küßte, Reinbek 1994, S. 98–117.
Mit freundlicher Genehmigung des Rowohlt Verlages, Reinbek.

Liselotte G., Rede von Adolf Hitler. Abends Strümpfe gestopft, in: Alltag im Ausnahmezustand. Frauentagebücher im zerstörten Deutschland 1943–1945. Hg. v. Susanne zur Nieden, Berlin 1993, S. 445–448.
Mit freundlicher Genehmigung des Orlanda Frauenverlages, Berlin.

Niza Ganor, Wer bist du, Anuschka?, München 1996 (C. H. Beck Verlag), S. 94–102.

Rita H., Ich möchte mal wieder tanzen!, in: Mein Tagebuch, Geschichten vom Überleben 1933–1947. Hg. v. Heinrich Breloer, Köln 1984, S. 394–401.

Mit freundlicher Genehmigung der Verlagsgesellschaft Schulfernsehen, Köln.

Etty Hillesum, Das denkende Herz. Die Tagebücher der Etty Hillesum 1941–1943. Hg. v. J. G. Gaarlandt, Reinbek 1985, S. 144–155.
Mit freundlicher Genehmigung des Rowohlt Verlages, Reinbek.

Eva Jantzen, Merith Niehuss (Hg.), Das Klassenbuch. Geschichte einer Frauengeneration, S. 100–113.
Mit freundlicher Genehmigung des Böhlau Verlages, Köln, Weimar, Wien, 1994.

Ursula von Kardoff, Berliner Aufzeichnungen 1942–1945, München 1992, (C. H. Beck Verlag), S. 351–367.

Hertha Nathorff, Das Tagebuch der Hertha Nathorff. Berlin – New York. Aufzeichnungen 1933–1945, zitiert nach: Frankfurt/Main 1988, S. 38–53.
Mit freundlicher Genehmigung des Oldenbourg Verlages, München 1987.

Luise Rinser, Gefängnistagebuch, Frankfurt/Main 1994, S. 142–158.
Mit freundlicher Genehmigung des Fischer Taschenbuch Verlages, Frankfurt/Main.

Erika S., Als Hitler tot war, in: Mein Tagebuch, Geschichten vom Überleben 1939–1947. Hg. v. Heinrich Breloer, Köln 1984, S. 154–155 u. 164–167.
Mit freundlicher Genehmigung der Verlagsgesellschaft Schulfernsehen, Köln.

Herta Sch., Polenfreundlich sei ich!, in: Blitzmädel, Heldenmutter, Kriegerwitwe. Frauenleben im Zweiten Weltkrieg. Hg. v. Gerda Szepansky, Frankfurt/Main 1985, S. 219–225.
Mit freundlicher Genehmigung des Fischer Taschenbuch Verlages, Frankfurt/Main.

Lore Walb, Ich, die Alte – Ich, die Junge. Konfrontation mit meinen Tagebüchern 1933–1945, Berlin 1997, S. 190–209.
Mit freundlicher Genehmigung des Aufbau Verlages, Berlin.

Marie „Missie" Wassiltschikow, Die Berliner Tagebücher der Marie „Missie" Wassiltschikow 1940–1945, zitiert nach Goldmann-Verlag, München 1996, S. 234–249.
Mit freundlicher Genehmigung des Siedler Verlages, Berlin, 1987.

Resi Weglein, Theresienstadt 21. August 1942 – 21. Juni 1945. Erinnerungen einer Krankenschwester, Manuskript Archiv, Institut für Zeitgeschichte München, Ms 408; Frauen im Nationalsozialismus, München 1997 (C. H. Beck Verlag).

Editorischer Hinweis: Anmerkungen und Quellenhinweise der Originaltexte wurden für diesen Band gestrichen; Textkürzungen der Herausgeberin sind durch eckige Klammern kenntlich gemacht.

Buchanzeigen

Jüdische Geschichte

Mark Zborowski/Elizabeth Herzog
Das Schtetl
Die untergegangene Welt der osteuropäischen Juden
Aus dem Amerikanischen von Hans Richard
3., durchgesehene Auflage. 1992. 363 Seiten
mit 19 Abbildungen. Gebunden

Saul Friedländer
Das Dritte Reich und die Juden
Band 1: Die Jahre der Verfolgung 1933–1939
Aus dem Englischen von Martin Pfeifer
1998. 458 Seiten. Leinen

Saul Friedländer
Wenn die Erinnerung kommt
Aus dem Französischen von Helgard Oestreich
2. Auflage. 1998. 192 Seiten. Paperback
Beck'sche Reihe Band 1253

Niza Ganor
Wer bist du, Anuschka?
Die Überlebensgeschichte eines jüdischen Mädchens
Aus dem Hebräischen übertragen von Wolfgang Jeremias
1996. 123 Seiten. Klappenbroschur

Lucie Aubrac
Heldin aus Liebe
Eine Frau kämpft gegen die Gestapo
Aus dem Französischen von Andrea Spingler
2. Auflage. 1997. 279 Seiten mit 11 Abbildungen. Gebunden

Adam Czerniaków
Im Warschauer Getto
Das Tagebuch des Adam Czerniaków 1939–1942
Aus dem Polnischen von Silke Lent. Übertragung des Vorworts
aus dem Hebräischen von Wolfgang Lotz
Mit einem Vorwort von Israel Guzman.
1986. XXVI, 303 Seiten mit 19 Abbildungen. Gebunden

Verlag C.H.Beck München

Frauengeschichte

Ute Gerhard (Hrsg.)
Frauen in der Geschichte des Rechts
Von der Frühen Neuzeit bis zur Gegenwart
1997. 960 Seiten mit 32 Abbildungen und 1 Karte. Leinen

Hiltrud Häntzschel/Hadumod Bußmann (Hrsg.)
Bedrohlich gescheit
Ein Jahrhundert Frauen und Wissenschaft in Bayern
1997. 356 Seiten mit 89 Abbildungen. Broschiert

Claudia Honegger/Theresa Wobbe
Frauen in der Soziologie
Neun Porträts
1998. 389 Seiten mit 7 Abbildungen. Paperback
Beck'sche Reihe Band 1198

Rahel Levin Vamhagen
Briefwechsel mit Pauline Wiesel
Herausgegeben von Barbara Hahn unter Mitarbeit von Birgit Bosold
1997. 767 Seiten mit 8 Abbildungen und 8 Faksimiles im Text.
Leinen

Martina Kessel (Hrsg.)
Zwischen Abwasch und Verlangen
Zeiterfahrungen von Frauen im 19. und 20. Jahrhundert
1995. 224 Seiten mit 6 Abbildungen. Paperback
Beck'sche Reihe Band 1138

Elisabeth Beck-Gernsheim
Was kommt nach der Familie?
Einblicke in neue Lebensformen
1998. 196 Seiten mit 2 Abbildungen und 2 Graphiken
und 4 Tabellen. Paperback
Beck'sche Reihe Band 1243

Verlag C. H. Beck München